U0029908

坚
持
不
解

作者簡介
約翰·柏格（John C. Bogle）

生於1929年5月8日，逝於2019年1月16日，是先鋒集團和世界第一檔指數型共同基金創辦人兼前執行長。他從布萊爾中學和普林斯頓大學畢業後，終生投入共同基金業，死而後已。

柏格是投資業中著述極為豐富的大師，有28篇論文發表在《財務分析師期刊》（*Financial Analysts Journal*）和《投資組合管理期刊》（*Journal of Portfolio Management*）。1998年，特許財務分析師學會（Chartered Financial Analysts Institute）對柏格展現最崇高的敬意，頒給他專業傑出成就獎。

柏格因為在服務投資人方面極為傑出的終身成就，獲得13所大學頒授榮譽博士學位，包括普林斯頓大學、喬治城（Georgetown）大學、德拉瓦大學（Delaware）、維拉諾瓦大學（Villanova）和三一學院（Trinity）。2004年時，《時代》雜誌（*Time*）提名他為「最具影響力百人」之一。

雖然他的事業生涯在1974年遭到毀滅性的挫敗，雖然他經常必須面對嚴重的健康挑戰（1996年他曾接受換心手術），

他卻在事業生涯和家人親情中過完十分活躍的一生，他和妻子伊芙育有6個子女，還有12個孫子和至少6個曾孫。

他對家人和對投資人、企業家與本書讀者的建議完全相同，都是「無論時局好壞，始終堅持不懈」。

畢生著作

1994年　《柏格談共同基金》（*Bogle on Mutual Funds*）

1999年　《共同基金必勝法則》（*Common Sense on Mutual Funds*）

2001年　《聰明投資50年》（*John Bogle on Investing: The First 50 Years*）

2002年　《品格為先》（*Character Counts*）

2005年　《邁向資本主義的精髓》（*The Battle for the Soul of Capitalism*）

2007年　《約翰柏格投資常識》（*The Little Book of Common Sense Investing*）

2008年　《夠了》（*Enough*）

2010年　《共同基金必勝法則》（*Common Sense on Mutual Funds*）

2011年　《別指望了》（*Don't Count on It!*）

2012年　《文化衝突》（*The Clash of the Cultures*）

2017年　《約翰柏格投資常識》全新增訂&十周年紀念版（*The Little Book of Common Sense Investing*）

2018年　《堅持不懈》（*Stay the Course*）

譯者簡介
劉道捷

國立台灣大學外文系畢業，曾任國內財經專業報紙國際新聞中心主任，現專事翻譯。曾獲中國時報、聯合報年度十大好書獎及其他獎項。翻譯作品包括：《跟華爾街之狼學銷售》、《血戰華爾街》、《2017-2019 投資大進擊》、《2014-2019 經濟大懸崖》、《資本家的冒險》、《下一個社會》、《打敗大盤的獲利公式》、《梅迪奇效應》、《投機：貪婪的智慧》、《大逃稅》、《全球經濟的關鍵動向》等。

一切的起始

　　皇家海軍先鋒號戰艦領導歷史性的1798年海戰大捷，先鋒號是納爾遜海軍上將（Horatio Nelson）旗下艦隊的旗艦。

- 這張古董版畫大約於1820年製成。1993年12月14日，由布萊爾中學1936年班畢業的霍夫曼博士（J. Brooks Hoffman），致贈布萊爾中學1947年班畢業的柏格。

「先鋒」名號的由來

　　納爾遜海軍上將用下述文字，描述旗下艦隊1798年8月1日在埃及阿布基爾灣（Aboukir Bay）的海戰大捷，柏格看到這段文字後，立刻選用「先鋒」，作為自己新創公司的名字。

我指揮的艦隊勢如破竹
各艦艦長判斷睿智無比
加上各級將士如虹士氣
七海三洋絕對所向無敵

1798年8月3日
納爾遜謹識於尼羅河口外
先鋒號戰艦

● 這幅畫描繪威靈頓公爵（Duke of Welling-ton，左）和納爾遜上將，在1805年唯一一次的會面。

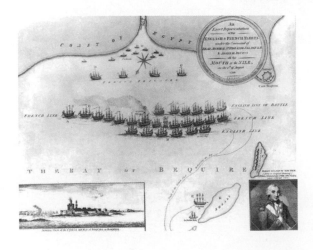

● 1798年8月1日，法國艦隊（圖中）和英國艦隊（圖上與圖下）在尼羅河口海戰中對峙。

柏格家族

• 柏格之母約瑟芬・洛瑞恩・席普金斯（Josephine Lorraine Hipkins），攝於1921年。

• 柏格之父威廉・耶茨・柏格（William Yates Bogle, Jr.），攝於1917年，時任英國皇家飛行隊（Royal Flying Corps）一等中尉。

• 柏格與兄弟大衛・考德維（David Caldwell）、威廉・耶茨・柏格三世（William Yates Bogle III），攝於1935年。

柏格的畢業典禮

　　現代最具顛覆性的兩位企業家，其照片並列在紐澤西州普林斯頓拿騷樓洋基歌小酒館（Yankee Doodle Taproom）的「名人牆」上。

布萊爾中學

普林斯頓大學

- 1947年以特優成績畢業。
- 1951年以優異成績畢業。

普林斯頓大學出身的兩位企業家

- 傑佛瑞・貝佐斯（Jeffrey P. Bezos），1986年班（左）。
- 約翰・柏格，1951年班（右）。

柏格獲頒兩個學位

• 1951 年獲頒普林斯頓大學經濟學文學士學位。

• 2005 年獲頒普林斯頓大學榮譽法學博士學位。

布萊爾中學與普林斯頓大學時期

- 1989年敬獻給柏格雙親的布萊爾中學柏格廳,是由他們的兒子柏格三兄弟捐建,柏格三兄弟都是布萊爾中學校友。

- 1999年敬獻給柏格外祖父母的布萊爾中學阿姆斯壯─席普金斯藝術中心(Armstrong-Hipkins Center for the Arts),也是由柏格三兄弟捐建。

- 1951年自普林斯頓大學畢業的柏格,完成學士論文大約52年後,跟當年的論文指導教授菲立普・貝爾(Philip W. Bell)相見歡;貝爾博士於1946年獲得普林斯頓大學的文學士學位、1956年獲得博士學位,曾在多所大學教授經濟學,擁有傑出的教學生涯。

先鋒集團不可或缺的三位推手

摩根從1928年起擔任威靈頓管理公司董事長,直到1967年4月,把領導公司的重任交給柏格。摩根起初贊成將自己的公司和一群年輕投資經理人合併,後來他們的績效惡劣到令他不安,因而強烈支持柏格於1974年,向威靈頓基金董事會提出的「未來結構研究」報告。

路特在擔任威靈頓基金獨立董事主席時,支持「未來結構研究」報告中提倡的共同化,事實證明,他的支持對先鋒這家新公司的創設十分重要。路特後來在先鋒公司董事會中,繼續扮演這種角色,直到1989年為止。

● 威靈頓管理公司創辦人瓦特‧摩根(Walter L. Morgan)與柏格合影。

● 威靈頓基金獨立董事主席查爾斯‧路特(Charles D. Root)。

歲月易逝，年華漸老

* 1970年。

* 1959年。

* 1986年。

* 2004年《時代》雜誌提名柏格為「全球最具影響力百人」（前景為狄更斯，背景為藍天號）。

對不起，喬伊 · 奎南（Joe Queenan）大記者：

不當賭場接待主管，不當職棒協會理事長，不當聯準會主席，不進入服裝業。

約翰 · 柏格傳承論壇

2000年2月，柏格離開先鋒公司董事會後，成立了先鋒柏格金融市場研究中心，繼續強力發聲，推動共同基金業改革，要求把基金投資人的利益放在第一位。

2012年1月31日，紐約市美國金融博物館舉辦一場全天的「傳承論壇」，慶祝柏格在共同基金業中奮鬥60年。參加論壇的財金領袖代表了美國投資業的「名人堂」。

共同主席：

保羅 · 伏克爾（Paul Volcker，1979年至1987年間擔任美國聯邦準備理事會主席）／阿瑟 · 列維特（Arthur Levitt，1993年至2001年間擔任美國證券交易委員會主委）

主辦委員：

羅傑斯 · 易柏森（Roger Ibbotson，耶魯大學教授）／大衛 · 史文森（David Swensen，耶魯大學首席投資長）／波頓 · 墨基爾（Burton Malkiel，普林斯頓大學教授）／艾倫 · 布蘭德（Alan Blinder，普林斯頓大學教授）／安德魯 · 戈頓（Andrew Golden，普林斯頓大學捐贈基金經理人）／彼得 · 費茲傑羅（Peter Fitzgerald，美國參議員）／約翰 · 畢格斯〔John Biggs，美國退休教師基金會（TIAA）前執行長〕／謝拉 · 布萊爾〔Sheila Blair，聯邦存款保險公司（FDIC）前董事長〕／威廉 · 唐納森（William Donaldson，前美國證券交易委員會主委、紐約證券交易所董事長）

主要策劃人：

納特 · 羅斯塔〔Knut A. Rostad，信託標準研究院（Institute for the Fiduciary Standard）總裁〕

● 柏格與伏克爾合影。

● 柏格三兄弟2012年合影。

Photos© Johnson Sarkissian 2018.

柏格特輯，《指數期刊》（*Journal of Indexes*），2012
年 3 ／ 4 月號

Journal of Indexes

www.journalofindexes.com

the bogle issue

March / April 2012

The Economic Role Of The Investment Company
John Bogle

The Bogle Impact: A Roundtable
Featuring Gus Sauter, William Bernstein, Burton Malkiel, Don Phillips, Ted Aronson and more!

Lessons From SPIVA
Srikant Dash

The Case For Indexing
Christopher Philips

Plus an excerpt from Bogle's forthcoming book and an interview with the man himself,
as well as thoughts on indexes and investing from Agather and Blitzer

獲獎無數的人生

- 2017年11月14日，柏格獲頒芝加哥商業交易所（CME）梅拉梅德—阿迪蒂（Melamed-Arditti）創新獎。左起為諾貝爾經濟學獎得主、麻省理工學院教授羅伯特·莫頓（Robert C. Merton），諾貝爾經濟學獎得主、史丹佛大學教授麥倫·休斯（Myron S. Scholes），以及芝加哥大學教授約翰·古德（John P. Gould）。

- 2016年12月10日，柏格獲頒賓州協會（Pennsylvania Society）傑出成就金牌獎。

- 柏格金融市場研究中心員工合影：創辦人柏格、資深員工艾蜜莉·史耐德（Emily A. Snyder，在先鋒公司任職33年）、麥可·諾蘭（Michael W. Nolan，任職17年）、凱瑟琳·楊克（Kathleen M. Younker，任職16年，左）。借用邱吉爾的話來褒獎他們：「很罕見的是，這麼少人對這麼多人貢獻了這麼多。」

- 2016年賓州協會金牌獎頒獎典禮在華爾道夫大飯店（Waldorf Astoria）舉行，會場上嘉賓雲集。柏格發表受獎演說時，把重點放在他1949年初次搬到費城時，發現「鑽石寶藏就在賓州家家戶戶後院」的經驗。

與美國第42任和首任總統會面

- 2003年7月4日，柏格在國家憲法中心開幕典禮上，跟前美國總統柯林頓合影。

- 2002年6月，柏格在憲法中心建國先賢廳中，跟扮成美國第一任總統華盛頓的演員，以及華盛頓總統的雕像合影。

⟨ 舉世讚譽：柏格其人 ⟩

「如果要樹立一座雕像，紀念對美國投資人做出最多貢獻的人，柏格無疑一定中選。」

——華倫‧巴菲特（Warren Buffett），
波克夏公司（Berkshire Hathaway）董事長

「柏格卓越的事業生涯，橫跨孤獨傳統破壞者到著名搖滾明星的兩極，他創造和發展的指數型基金觀念，改變了個人和投資機構的世界，千百萬投資人都是因為柏格的緣故，才購買指數型基金。」

——大衛‧史文森（David F. Swensen），
耶魯大學首席投資長

「柏格在金融方面的貢獻，媲美古騰堡（Gutenberg）在印刷術上、亨利‧福特（Henry Ford）在汽車製造上，以及莎士比亞在英國文學上的貢獻。」

——威廉‧伯恩斯坦（William J. Bernstein），
暢銷書《投資人宣言》（*Investor's Manifesto*）作者

「100年後，史家只會記得這個時代的兩位投資人，一位是巴菲特，另一位是柏格。史家會注意到哪兩本書呢？一本是巴菲特的聖經——班傑明・葛拉漢（Benjamin Graham）的大作《智慧型股票投資人》（*The Intelligent Investor*），另一本是柏格的任何大作。投資界裡狐狸遍布各處，柏格一直是堅決不屈的刺蝟。」

——史帝夫・高柏瑞（Steve Galbraith），
金德瑞資本公司（Kindred Capital）管理團隊

「在市場歷史中，柏格賜給全世界投資人的智慧和金融常識，超過任何人。」

——阿瑟・列維特（Arthur Levitt），
美國證券交易委員會前主委

「柏格是金融界頭腦最清醒的人。」

——納西姆・塔雷伯（Nassim N. Taleb）博士，
暢銷書《黑天鵝》（*The Black Swan*）作者

舉世讚譽：柏格其書

「只有一個人能夠創造先鋒公司，只有一個人能夠寫這本書，感謝柏格把這兩件事都做得完美無缺。因為有他，很多人的投資獲得了恆久且（巨大的）改善。請好好閱讀敘述這一切過程的故事。」

——克里佛・艾斯尼斯（Clifford Asness），
AQR資本管理公司（AQR Capital Management, LLC）創辦人兼管理人

「柏格為投資散戶創造的福祉，可能超過地球上的任何一個人，他秉持開創性的識見和堅忍不拔的精神，徹底改革、永遠改善了共同基金這個行業。但是我認為，他最偉大的地方在於他憑藉著一股熱情，成為啟迪我們所有人的精神導師。柏格憑著在投資課題上將近70年井井有條的思想，在這本精心撰寫的傑作上，展現敏銳的思考，發揮深思熟慮的智慧。」

——吉姆・柯林斯（Jim Collins），
暢銷書《基業長青》（Built to Last）、《從A到A+》（Good to Great）作者

「有幸從幕後探索這位推動金融民主化鬥士的心靈與動機，讓我至感榮寵，這本傑作確實完成了這項使命。在改善千百萬投資人的生活上，柏格的貢獻確實無與倫比，他讓我們用最低的

成本，為我們的未來儲蓄與投資，讓大家真正能夠像他一樣
『堅持不懈』，我想不出有什麼故事比柏格的故事還重要，柏
格更是把這個故事說得完美之至。」

——羅聞全（Andrew W. Lo），中研院院士、麻省理工學院查爾斯與蘇珊・
哈里斯（Charles E. and Susan T. Harris）金融學教授

「柏格肩負著重責大任。長久以來我一直認為，要推動既有的華
爾街體制，提供一種跟市場與時俱進、卻實際又經濟的工具，讓
散戶和機構法人利用，幾乎是『不可能的任務』。柏格總計十二
本大作，皆透徹地說明了這個重點：就連最精明的投資人，想年
復一年地打敗大盤指數，都是極為鮮見的事情，而且連企圖嘗試
都所費不貲，不僅手續費高昂，積極交易也頗耗成本。柏格截長
補短，他生前提倡的『指數化』，席捲了大部分的投資世界。現
在柏格在他的告別之作中，敘述了一個信心堅定、出身清寒的小
男孩，如何在寄宿學校和普林斯頓大學力爭上游，並躋身投資世
界，一路抗衡既有投資體制和先天的脆弱心臟。《堅持不懈》用
更廣泛的觀點描述這一切，個人在事業上的成敗得失，都得讓位
給對家庭、對社區、對社會和國家的責任。」

——保羅・伏克爾（Paul A. Volcker），
1979年至1987年美國聯邦準備理事會主席

「我擔任先鋒公司的董事28年，足以證明董事會的每一個政
策，都是依據一個簡單的標準來決定——這個政策對個別股
東是好是壞？難怪大家說，柏格是散戶投資人有史以來最好
的朋友。」

——波頓・墨基爾（Burton G. Malkiel），普林斯頓大學名譽教授、
暢銷書《漫步華爾街》（Random Walk Down Wall Street）作者

目錄 CONTENTS

獻　詞

謹此致謝協助塑造我整個人生的親朋師友——傳承、培育我的家族；我的老師與貴人；在我漫長事業生涯中支持我的同事；啟發我（和發我薪資）的先鋒集團股東；以及我遍及各行各業的朋友。

90歲謝詞

即使我在人世間活了將近90年，我仍然勉力遵循已故的蘇格蘭哈利・勞德爵士（Sir Harry Lauder）熱切的建議：

奔向正道盡處

人生之路迢遙漫長，
有歡樂，也有悲傷，
走在路上熱切想望，
心中最愛什麼事項。
財富愛情其中兩樣，
但我們必須持續闖蕩。

克服冗長陡坡我有強大心臟，
抵達彼端也能笑顏綻放；
我有良善思想，也有美景在望，

循著捷徑也能奔往同個方向，
因此就讓勇氣，成為每日前進的唯一導航。

直直奔向正道盡處，
直直奔向盡處，
縱使長路漫漫，我心依然堅強，
繞過轉折，直行正道。
疲倦勞苦不足為障，
直至來到滿盈關愛的幸福殿堂，
那裡就是正道盡處的方向。

▶ 推薦序
以低成本指數基金堅持不懈

李柏鋒｜台灣ETF投資學院創辦人

　　很榮幸能為柏格先生的這本《堅持不懈》撰寫推薦序，因為在投資上柏格與巴菲特是我的兩位主要啟蒙者。柏格不但打造了指數型基金，更是建立了先鋒集團（Vanguard）這家唯一且真正共有制的基金公司，這兩大成就也徹底改變我以及許多投資人的投資方法。

　　怎麼說呢？指數型基金讓投資人有機會採取被動投資，先鋒的基金和ETF持續降低費用率，更是讓投資人每年可以少付出許多投資成本，長期下來的結果就是帳戶裡多了很多錢。柏格總說：「這是樁你不付出，才會有所得的生意。」這句話一語雙關，因為投資人總是在投資上付出太多金錢與時間。

我們都需要深入了解先鋒這家公司

　　很遺憾的是柏格先生在今年初去世了，這本書成為他的遺作。也還好有這本書，我們有機會從柏格的觀點去理解指數型投資以及先鋒公司發展的歷史脈絡。這很重要，因為我們必須對自己的投資有充分的理解，包括所使用的基金或ETF是由誰

發行的？他們又是怎麼看待我們交付資產給他們管理的責任？

　　有趣的是，即便先鋒是他所創辦的公司，柏格也在書中數次提到兩者仍然有許多理念與行為的不一致，甚至連寫書的時候，柏格想調閱擔任董事長期間的基金紀錄都被拒絕。後來，還出現了先鋒的基金董事連續四年調升顧問費，使顧問費率從最初的0.04％倍增為0.08％這種柏格自己都無法解釋的現象。

　　所以，先鋒這家資產管理公司的行為並非全然是柏格先生的意志展現，但是這也不見得是壞事，因為某方面這凸顯了由投資人所共有的特性，而柏格更是早就將公司交接出去，已經換了好幾任的主事者，柏格也在書中一一介紹。正因為有新的主事者，我們今天才有機會投資先鋒的ETF，因為柏格不喜歡ETF，不然第一檔ETF差一點就是由先鋒發行了。其實我覺得很可惜，柏格原本有機會主導ETF市場往更好的方向發展。

柏格討厭ETF的方便交易，
但支持長期持有低成本廣市場的ETF

　　既然談到了ETF，身為台灣ETF投資學院創辦人的我，自然也要好好說明柏格先生如何看待這個日益流行的投資工具，其實書中柏格也的確花了很大的篇幅在談ETF，他說：「ETF很好，前提是你不要拿來交易。我怎麼可能反對投資人購買低成本的標準普爾500指數ETF，當成終身投資呢？」

　　但是柏格的擔心也完全有道理，從數據上就可以看出，ETF更接近讓投機者頻繁買進賣出的交易工具，而不是長期持有並穩定成長的資產配置工具。柏格也提到了：「大約只有六分之一的ETF資產，由注重長期的投資人持有；ETF的成長主要是行銷的結果，傳統指數型基金的成長主要是投資績效的結

果。」

　　不過這是投資人行為上的問題，而非ETF的結構上有缺陷，事實上先鋒還開發出專利技術讓ETF是指數型基金的另一種股份，兩者只是不同通路的同一檔基金。所以，投資人如果能如本書書名《堅持不懈》地長期持有像是追蹤標準普爾500指數的ETF，就是正確使用，這是柏格與巴菲特兩人都認同的智慧型投資策略！

柏格並非完全被動投資，
而是主張使用低成本投資工具

　　另一個讀者可以從本書獲得啟發與思考的是，如果被動投資與主動投資是一道寬廣的光譜，那麼柏格並非站在最極端的被動投資那一端，柏格認為投資人有主導權可以選擇與調整自己的投資策略。

　　柏格其實還主導了先鋒發行價值型與成長型指數基金，也成為現在被歸類在策略型 Beta 的基金型態發起人。柏格認為這個成就既成功又失敗，因為市場接受度很高，但是投資人卻過度頻繁在兩種風格之間切換，導致績效低落。柏格的本意是提供投資人在不同人生階段有所選擇：「正在累積資產的投資人，應該考慮先鋒成長型指數基金；等到投資人屆臨退休，進入分配期，這時就要看先鋒價值型指數基金。」

　　柏格甚至認同主動型基金有機會打敗指數：「對大多數投資人而言，最好的解決方案是廣泛分散投資的股市指數型基金，但經過精心選擇、具有這些特性的主動型基金，績效最有機會超越大盤：注重長期投資，不會有過高的周轉率，而且以遠低於業界標準的顧問費運作。」這也是為什麼先鋒發行不少

主動管理的基金。

所以投資到底該主動還是被動？

不過柏格依然是主動資產管理業界共同的敵人，尤其ETF近幾年大幅成長，除了一再打臉無法有效打敗指數的投資產業，更吸引了相當多資金到低成本的指數型投資工具，換句話說，面子和裡子都掛不住，展開攻擊也就不意外了。

主要的爭論有三：太多被動管理的資金會讓極端情況下資金同時移動而加劇波動、沒有主動選股與擇時就無法提供市場充足的流動性與資產的正確訂價、指數型基金成為各大企業的主要股東可能會影響公司治理。這些爭議在本書柏格也都有深入的討論，很值得大家思考，但對投資人來說，到底該怎麼投資最好呢？

無論是本書或是眾多學術研究都有許多證據支持，投資人的主動決策並無法帶來比指數更好的投資績效，所以為什麼該盡可能採取被動投資不言可喻。不過，長期推廣被動投資概念的我認為，要主動一點或被動一點，投資人要根據自己的投資情況來決定，但是要提醒讀者的是：真正對主動投資有天賦與熱情的人非常少數，有多少人能像巴菲特這樣每天花大量時間閱讀與思考？他已經成為世界首富仍然樂在工作！

我真心相信我們每個人都有自己的專長與興趣，我在寫作上有專業，所以具有相當的影響力，提供大眾理財投資教育，則是我廢寢忘食投入的熱情所在。那麼，資產的成長就採取簡單又輕鬆的被動投資就好了，這也是最適合大多數投資人的生涯理財策略：努力以專業賺取更多收入、輕鬆以指數型工具投資讓資產穩定成長。也希望大家能如同柏格所建議的：在投資上長期以低成本指數基金堅持不懈！

▶ 推薦序
在金融之海引領航向的北極星

綠角｜「綠角財經筆記」部落格格主、財經作家

　　約翰·柏格先生，先鋒（Vanguard）資產管理公司創辦人，在1976年發行史上第一支可供一般投資人使用的指數型基金。柏格是這四十年來，投資界最重要的指數化投資革命背後的推手。

　　《堅持不懈》這本書，闡述了柏格一生認同的投資與人生原則。那就是，找到一個正確的方向，然後堅持下去。

　　投資方面，柏格贊同低成本指數化投資。指數代表的是參與這個市場的所有投資人取得的加權平均報酬。而由於投資要成本、獲利要繳稅，在扣除這些支出後，整體投資人會拿到落後市場指數的報酬。換句話說，假如你可以用很低的成本，取得接近指數的報酬，你就會勝過一半以上的投資人。而且，績效會輪動。過去一年表現好的投資人，下一年未必可以持續有好表現。年復一年，取得接近市場報酬的指數化投資人，在十年、二十年後，取得市場整體報酬的大部分，也會勝過大多的主動投資人。

　　有時候，市場流行成長類股投資。有時候，價值投資風行。身為投資人的你，不必去追隨這些風向可能隨時改變的潮

流。指數化投資，就像高掛天上的北極星，為航行於金融之海的投資人，提供正確的方向。

而在職業生涯方面，柏格也是採用相同的原則。選擇一件正確的事，然後堅持去做。他相信，資產管理公司應以為投資人服務為優先，而不是以獲利為考量。所以先鋒資產管理公司在創辦之初，就設定了投資先鋒基金的投資人，不只是基金的所有者，也會間接地成為公司的股東。這個股權設定消滅了利益衝突。先鋒資產管理公司的整個營運優先目標，就是要把投資人照顧好。這幾十年來，先鋒持續以低廉的收費，為投資人提供高品質的資產管理服務。據估算，這幾十年下來，先鋒為投資人省下了2,170億美金，約當6兆台幣的投資成本。

做對的事，需要堅持下去的勇氣

在投資時，省下的成本就是多出的獲利。也就是說，先鋒為它的投資人多帶來2,170億美元的獲利。但也可以換句話說，先鋒資產管理也放棄了同樣數字的獲利。

與柏格同時期的美國基金界巨頭，富達基金創辦人愛德華・強森（Edward Johnson），身價數十億美金。柏格先生放棄成為同等富人的機會，他選擇服務投資人，為投資人帶來更低的成本與更好的績效。美國投資界有句話說：「當其他基金創辦者選擇為自己創造財富時，柏格選擇創造不同。」（When other mutual fund founders made billions, John Bogle made a difference.）

低成本指數化投資，帶來投資優勢。堅持做對的事，帶來事業成功。這在今天看起來是很理所當然的事，但我們往往低估了它的難度。

當你採用指數化投資，某年市場漲10％，你透過指數化

投資工具拿到9.8％的報酬，你的同事則是選到飆股，一年賺70％的時候，你會做何感想？你能堅持下去嗎？

當先鋒在1974年創立，採用前所未見的投資人共有結構，推出指數型基金，以低成本服務投資人時，歷經了連續七年的資產淨流出。假如當時你處在柏格的位置，你能堅持下去嗎？你會不會想要「檢討」公司的經營策略呢？

在逆境中堅持下去的力量，來自於信心。而信心，來自於徹底的了解。假如你對一個做法、一個信念，只有表面上膚淺的了解，那麼當你遇到逆風時，你會很快地放棄，無法堅持下去。

指數化投資，原理簡單。堅持一個正確的原則經營事業，說來容易。但這些似乎簡單又容易的事，背後其實有非常多的掙扎與困境。

柏格先生，指數化投資之父，以個人在投資業界超過半世紀的經驗與想法，在書中完整陳述了指數化投資的理念以及個人如何面對逆境，堅持下去。這本書，讓讀者不僅看到正確的投資與人生之路，也同時具有堅持下去的勇氣。

本書英文版在2018年12月出版，柏格先生在2019年1月逝世。柏格本人的財富在美國算不上鉅富的行列，但他留給世人的兩大遺產，卻恐怕難有人可以匹敵。

這兩個遺產，第一個是先鋒資產管理公司。到今天，先鋒仍然持續以低成本提供高品質的服務。第二個是他的著作。這些書籍留給後代投資人，正確的投資想法與人生原則。

這兩大財富，你可以輕易取得。拿起《堅持不懈》這本柏格最後的遺作，從書中文字學習這位偉人的智慧，你將可以站在巨人肩上，對自己未來的投資與人生之路，看得更遠也更加透徹。

作者序
一場堅持不懈的革命

　　本書敘述我事業生涯從起始、突然中斷到重回軌道之後的故事，其中充滿創意與創新、勝利與失敗、歡笑與眼淚、純粹的巧合與全然的幸運、對崇高價值觀的承諾，以及果斷堅決和不屈不撓。這一切，都是為了服務所有投資人，讓這些儉省的人們無論是直接投資，或是經由員工儲蓄計畫，都能從金融市場賦予我們的投資報酬中，獲得公允的份額。

　　本書也敘述了一場革命的故事。這場革命的不同之處在於，沒有投擲汽油彈的激進分子，只有一個革命鬥士，堅持一個真正足以改變金融世界的理念──「指數型共同基金」，現在這個理念已經席捲全球，甚至可能已經像宗教教派一樣傳播開來，形成一場指數化革命，而先鋒公司一直是這場革命的領袖。

　　就我記憶所及，我曾經用過「堅持不懈」（stay the course）這幾個字，敦促投資人長期投資，不要為了股市日常的激情吶喊分心。你在本書裡也會看到，「堅持不懈」也是我創設先鋒公司，堅持長期企業策略、克服逆境與對手時的座右銘，那些事情全都無法阻止我們的崛起。

對完整內容的堅持

Part I「從零到五兆美元的先鋒集團」是本書的核心，大致上按照時間先後順序，從我上布萊爾中學（Blair Academy）和普林斯頓大學（Princeton University）時期開始說起，談到我在威靈頓管理公司（Wellington Management Company）度過的早年生活；我崛起成為領袖和淪為失敗的過程；我在1974年如何創建後起之秀的先鋒公司，如何拯救自己的事業生涯；然後旋即在1975年，創設指數型基金，靠著先鋒背離傳統的共同化結構和指數化策略，推動先鋒成為世界最大共同基金家族的故事。

一路看下去，你會看到一系列的「里程碑」，標記著迫使先鋒轉型的重大事件，讓先鋒從最初只有粗略的架構，變成今日涵蓋了基金行政管理、行銷、配銷以及投資管理等業務的完整體系，成為足以和同業公平競爭的基金家族。如果沒有經歷這些轉型，先鋒將在當前指數型基金業界普遍的價格競爭中缺席。

Part II「回溯先鋒旗下的基金產品」敘述先鋒旗下大型基金的歷史，包括威靈頓基金、指數型基金、溫莎基金（Windsor funds）和PRIMECAP基金系列。

Part III「縱觀未來的投資管理」探討投資管理的前途，並揭露我所預見的未來重大變化。

Part IV「約翰·柏格的個人反思」則跳脫金融主題，針對我對人生的洞察、我盡力服務的機構，以及我特別銘記在心的若干名言，寫出類似回憶錄（但格式較為特殊）的文字。

本書應會引起投資人、金融史學家、各式企業家、商界人

士、學者、學生的興趣，當然也包括純粹喜歡擁有美好結局故事的讀者。

對追求精確的堅持

我會提筆寫下先鋒和指數化革命的故事，原因之一是我經歷過這場革命，還身兼革命領袖；原因之二是經歷先鋒整個漫長傳奇的其他人都已經離世。我已經盡力要求自己徹底客觀（而你也有權對此提出質疑），部分透過手邊檔案、部分透過腦中記憶來還原這些事實，並藉著長久以來的筆記加以補強。

話說回來，我寫作本書時，並沒有辦法接觸主要的資訊來源。我曾經請求先鋒公司，准許我檢視自己擔任董事長期間公司為先鋒共同基金所做的紀錄，結果先鋒拒絕我的請求，而且這個拒絕還經過公司董事會的核可！這種莫名其妙的拒絕當然不可能阻止我寫書，我還是決定要堅持不懈地奮戰下去。

這本書能夠面世，得到很多老同事的幫忙，包括協助製作的 Michael Nolan、Emily Snyder、Kathy Younker，負責編審的 Cliff Asness、Andrew Cassel、Andrew Clarke、Rafe Sagalyn、Bill Falloon，在這方面，Monie Hardwick 和 Susan Cerra 出力尤多。我要利用這個機會，向他們每個人道謝。

最後，本書僅代表我自身真誠與深信的觀點，不見得是先鋒現有經營階層的看法。期望你閱讀愉快！

● 註：所有支持書中數據的基本資訊，都請參閱 www.johncbogle.com 網站。

前言
一樁你不付出，才會有所得的生意

波頓·墨基爾（Burton G. Malkiel）

　　我何其有幸，能夠為獨一無二、出類拔萃的金融機構——先鋒公司的重要歷史，撰寫這篇前言。很多自稱「共同」的機構只有名義上的共同化，柏格創設的先鋒公司才是真正達成實質共同化的企業。先鋒公司的所有權屬於把錢委託先鋒代操的人；先鋒的經營方針，也完全只考慮股東的利益，任何「利潤」都以降低費用的方式還給他們；是否創設新的投資工具，也完全取決於能否提供真正的好處給投資人。

　　我擔任先鋒公司的董事28年，足以證明董事會的每一個政策，都是依據一個簡單的標準來決定——這個政策對個別股東是好是壞？難怪大家說，柏格是散戶投資人有史以來最好的朋友。跟柏格有關的證詞中，我最喜歡的是由一群自稱「柏格頭信徒」（Bogleheads）、致力宣揚柏格投資理念的粉絲寫的一段話：「當其他基金創辦者選擇為自己創造財富時，柏格選擇創造不同。」

　　柏格與他們選擇的道路著實大相逕庭，在一個以收取高額費用聞名的行業中，先鋒的收費總是最低。此外，先鋒基金家

族經營時，目標總是設法把所有規模經濟分配給股東，而且長期下來一定會降低費用。柏格的研究清楚顯示，費用是決定投資績效最重要的因素，如果你希望擁有一檔績效達到前四分之一的基金，最可能如願的方法，就是購買費用屬於最低四分之一的基金。正如柏格充滿遠見的說法一樣：「這是樁你不付出，才會有所得的生意。」

但是降低費用只是先鋒創造重大商業成就、現在負責管理5兆多美元資產的原因之一。先鋒也極有創新能力，推出無數在不同情勢下具有不同目標的新金融工具，為投資人提供更好的服務。

先鋒是第一家提供具有短、中、長期三種不同免稅債券基金的公司，後來先鋒又把這種構想運用到應稅債券上，創造了第一檔全債券市場指數基金，接著又創造了第一檔持有整個債市與股市的平衡型指數基金。先鋒在持續推動降低成本之際，還創設了「海軍上將」（Admiral）系列基金，甚至開創了目前大受歡迎的因子投資法（factor investing），在1992年推出第一檔「價值型」基金。

但是有個最重要的創新，讓所有創新都黯然失色，就是先鋒為投資大眾創造的第一檔指數型基金。在我看來，指數型基金是為個人投資者所打造的最重要金融創新。

金融創新經常受到貶抑，經常跟金融工程和複雜的衍生性金融工具扯上關係，那些工具非但連創造它們的人都似懂非懂，還深受評等機構和投資人誤解。受到這些工具所害的人，並非僅限於蒙受懲罰性損失的不幸投資人和全球金融機構。複雜的不動產抵押貸款證券助長了規模驚人的房市泡沫，泡沫破滅時，嚴重的經濟衰退隨之而來，拖垮了全世界的金融體系。

我們可以了解為什麼大家對這種金融科技懷有敵意，難怪很多觀察家會說，過去一個世紀以來，最有價值的金融創新是自動櫃員機的發明。

「並非所有金融創新都能造福社會、有些創新其實有害社會」，這種說法我們虛心接受；但是若說所有新金融工具幾乎都毫無益處，卻是大錯特錯。我認為，指數型基金無疑是我們這個時代最重要的金融創新，而且對於致力儲蓄和投資以求安全退休的個人投資者而言，無疑帶來了驚人的效益。

為所有個人投資者圓夢的金融創新：指數型基金

指數型基金是買進長抱大盤股價指數的所有成份股，讓投資指數型基金的人能夠賺到市場所創造的報酬率，因為指數型基金幾乎沒有什麼周轉率的問題，因此可能把交易成本降到最低，同時又極具稅務效率（tax efficiency）。指數型共同基金和指數股票型基金（ETF）可以用接近零的費用比率購買，投資散戶也自此終於可以賺到市場所創造的全部報酬。

根據標準普爾公司（Standard & Poor's）的研究，截至2017年為止的15年內，超過90％的主動管理型基金，績效不如其對應的基準指數，一般主動型基金每年績效落後基準指數整整一個百分點。指數型基金提供的不是平凡的平均績效，而是幾近於一的高報酬，因此，指數型基金提供的是理想的工具，讓投資人可以把儲蓄用來投資，獲得可能的最高報酬。

柏格創立「第一指數投資信託」時（First Index Investment Trust，今天先鋒500指數型基金的原始名字），遭到專業投資圈的嘲笑，譏之為「柏格的愚行」或「註定失敗的玩意」，甚

至說這種基金是「非美國」的產品。連柏格都沒有預測到,這檔基金和姐妹基金「全股市指數型基金」(Total Stock Market Fund),會成為世界最大的兩檔基金。但是他確實知道,他的創新會讓一般投資人得到應得的公平財富,也知道他以資金委託人福祉為念所經營的先鋒公司,會徹底改變千百萬人獲得財務安全的能力。

試想,一位沒什麼錢的人在1977年底,也就是先鋒500指數型基金創立之初,投資了500美元,然後接下來每個月投資100美元,這樣投資到2017年底的成果如下表所示。以這種最微不足道的投資來說,這個人最後會擁有75萬美元的財富。如果每月投資150美元,這位仁兄會變成百萬富翁。難怪指數型基金會成為「投資人最好的朋友」,難怪柏格會成為「基金投資人歷來最偉大的支持者」。

指數化會危害市場效率嗎?

2016年,投資人總共從主動管理共同基金撤資3,400億美元,投資指數型基金的金額卻超過5,000億美元,同樣的趨勢延續到2017年和2018年,今天有超過45%的投資基金都是指數型基金,基金業出現重大變化。主動型投資經理人無法自稱能創造優異報酬,因此另闢戰場反擊,想出新的口號批評指數化,指控指數化嚴重危害股市和整體經濟。

2016年,華爾街最受尊敬的研究機構之一——盛博公司(Sanford C. Bernstein),發表一篇47頁的報告,標題深具挑釁意味,叫做「沉默的奴役之路:為什麼被動型投資比馬克思主義還糟糕」。這篇報告認為在資本主義市場制度中,投資人

定期定額投資先鋒500指數型基金的成果

年底（12月31日）	累積投資總成本	所購受益憑證總值
1978	$1,600	$1,669
1979	2,800	3,274
1980	4,000	5,755
1981	5,200	6,630
1982	6,400	9,487
1983	7,600	12,783
1984	8,800	14,864
1985	10,000	20,905
1986	11,200	25,935
1987	12,400	28,221
1988	13,600	34,079
1989	14,800	46,126
1990	16,000	45,803
1991	17,200	61,010
1992	18,400	66,817
1993	19,600	74,687
1994	20,800	76,779
1995	22,000	106,944
1996	23,200	132,768
1997	24,400	178,217
1998	25,600	230,619
1999	26,800	280,565
2000	28,000	256,271
2001	29,200	226,622
2002	30,400	177,503
2003	31,600	229,524
2004	32,800	255,479
2005	34,000	268,933
2006	35,200	312,318
2007	36,400	330,350
2008	37,600	208,941

年底（12月31日）	累積投資總成本	所購受益憑證總值
2009	38,800	265,756
2010	40,000	306,756
2011	41,200	313,981
2012	42,400	364,932
2013	43,600	483,743
2014	44,800	550,388
2015	46,000	558,467
2016	47,200	625,764
2017	48,400	762,690

資料來源：先鋒公司

被動式地投資指數型基金，甚至比政府指導所有資本投資的中央計畫經濟還糟糕。報告也指控指數化造成資金湧入一套投資標的，卻完全不考慮其獲利能力和成長機會等因素，只有主動型投資經理人，才能確保新資訊充分反映在股價上。

如果每個人都投資指數型基金，指數化可能成長到極大化，以致股票出現大規模的定價錯誤嗎？如果每個人都追求指數化，誰來確保股價反映不同公司前景的所有已知資訊呢？誰會在不同的股票之間交易，確保市場具有合理的效率呢？指數化投資的矛盾是，股市依然需要一些主動型交易者，針對新資訊進行分析和行動，以便股票獲得有效率的定價，市場具有有效能的流動性，方便投資人買賣股票。主動型交易者在決定證券價格和資金如何分配上，扮演極為重要的角色。

主動型投資經理人受到大量管理費的激勵，而持續扮演這種角色，他們會行銷自己的服務，宣稱自己擁有高於一般人的識見，能夠打敗大盤；然而，他們卻不能像加里森‧

凱勒（Garrison Keillor）廣播小說中神祕的烏比岡湖（Lake Wobegon）[1]居民一樣，全都能創造高於市場平均報酬率的績效。而且，即使主動型投資經理人的比率下降到占總數的10%或5%，還是足以讓股價反映市場資訊。我們今天的問題是主動管理太多，而不是太少。

但是我們姑且進行一場思想實驗，假設每個人都採用指數化，個股不能反映新資訊，再假設一家製藥公司開發出一種癌症新藥，有望使公司的銷售額和盈餘倍增，但是他們的股價沒有上漲到反映這個消息的水準。在我們的資本主義體系中，我們無法想像會沒有交易者或避險基金出面拉抬股價，從錯誤定價中獲利。在自由市場體系中，我們可以預期，不管有多少投資人採用指數化，都會有追求利潤的市場參與者出來，利用這種有利的套利機會。

證據顯示，長久以來，主動型投資經理人表現遜於指數的百分比正在攀升，實際上，雖然指數化的比率上升，股市反而變得更有效率，如下圖所示。實線顯示指數化的長期成長，而且計入股票投資基金改成指數化的比率；虛線顯示主動管理型股票基金績效，不如標準普爾1,500對應基準指數的百分比。這項資料顯示的三年平均線取材自2018年的標準普爾公司報告，報告中拿主動型投資經理人截至2017年底的投資績效，和指數的報酬率相比，結果清楚顯示，即使被動管理型基金所占比率上升，績效超越廣泛標準普爾1,500指數的主動管理型基金比率，仍然一直在下降。

1　編注：烏比岡湖是加里森‧凱勒虛構的一個小鎮，鎮上的「所有的女人都很強壯，男人都長相英俊，小孩都在平均水準之上」，但事實上只是因為小鎮的人們坐井觀天、自視甚高，因此「烏比岡湖效應」（Lake Wobegon Effect）即是指稱自我評價與事實不符的優越感。

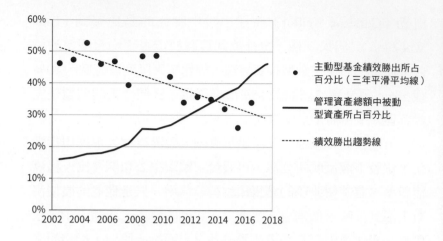

● 主動型基金績效勝出所占
百分比（三年平滑平均線）

—— 管理資產總額中被動
型資產所占百分比

------ 績效勝出趨勢線

資料來源：Strategic Insight Simfund、2018年3月標準普爾公司指數型與主動型評比報告（SPIVA Report）

不錯，指數型投資人是搭便車的人，不必負擔成本，就可以收取主動型交易成果的好處，但是搭別人提供的價格信號便車，幾乎不能算是資本主義制度的缺點，而是這種制度的基本特性，在自由市場經濟中，我們全都從一套依賴別人決定的市場價格中獲益。

指數化會阻礙市場競爭嗎？

對於指數化的第二個批評是：指數化造成不健全的所有權集中，形成從洛克菲勒托辣斯時代以來便不復見的現象。有兩篇學術論文、一篇法學評論雜誌中的文章，和一篇普遍流傳的報紙讀者投書都假設：相同產業公司的共同所有權（增加），可能產生有害的反競爭效果，需要尋求補救之道，以免整體經

濟蒙受損失[2]。

約瑟・艾沙（Jose Azar）、許默斯（M. C. Schmalz）和戴古（I. Tecu）主張：共同所有權可能會使競爭誘因減少，如果同一家資產管理公司是所有航空公司的最大股東，這家資產管理公司會不樂見激烈的價格競爭，以免業界所有公司的利潤率下降。三位作者發現，長久以來，航空業所有權集中的變化，已經跟反競爭誘因有所關聯，導致機票價格比在分散所有權情況下高出3％到5％。艾豪吉（E. Elhauge）建議主管機關和私人原告，針對從事水平持股的投資機構，提出反托辣斯求償案。波斯納（E. Posner）等人建議投資機構，在持有相同產業中多家公司股權時，限制自己的持股比率不超過該產業股權總數的1％。上述補救措施中的任何一種，都會對先鋒之類公司供應指數型基金給受益人的能力，構成致命的打擊。

共同所有權可能產生反競爭效果的主張，看來的確言之成理，但是這裡必須指出的是，絕對沒有直接證據，證明該機制導致票價上漲。對競爭造成傷害的實證支持根本不夠可靠，不足以支持全面性的補救措施，而且其中沒有考慮到，如果不能再提供低成本的指數型基金，也一定會造成傷害。

從我長期擔任先鋒董事的經驗來看，我從來沒有看過鼓勵反競爭的表決結果，而且根本沒有任何證據，顯示貝萊德（BlackRock）和道富公司（State Street）之類的其他指數化巨

2　參閱 T. F. Bresnahan and S. C. Salop, "Quantifying the Competitive Effects of Production Joint Ventures," *International Journal of Industrial Organizations* 4, no. 2 (1986): 155-175; J. Azar, M. C. Schmalz, and I. Tecu, "Anti-Competitive Effects of Common Ownership," *Competition Policy International* 1, no. 3 (2016); E. Elhauge,"Horizontal Shareholding," *Harvard Law Review* 129 (March 10, 2016): 1267-1317; and E. Posner, F. S. Morton, and G. Weyl, "A Monopoly Trump Can Pop," *New York Times* , December 7, 2016.

擎，曾經因為他們擁有一種產業中所有大公司的共同股權，實際鼓勵過反競爭的行為。況且，這樣做也不符合他們的利益，如果特定幾家投資公司控制了市場上每家大公司的可觀股權後，聯合起來鼓勵航空公司提高票價，這的確會對他們持有的航空公司股票有利，卻會讓他們投資組合中仰賴航空公司從事出差旅行的所有其他公司，成本大幅上揚。指數型基金沒有誘因只偏好特定產業。因為指數型基金鼓勵企業經營階層，根據相對績效而非絕對績效訂定薪酬制度，所以反而是明確地鼓勵每種產業中的公司，彼此應該大力競爭。

指數型基金為投資散戶帶來極大利益，競爭和規模經濟促使基礎廣大的指數型基金成本降到趨近於零，散戶現在可以用空前的超高效率，為退休進行儲蓄。先鋒公司開創的指數化改變了千百萬投資人的投資經驗，協助他們為退休儲蓄，還提供建立多元化投資組合的有效工具，協助他們達成其他投資目標，這一切代表指數型基金確實無疑地造福了社會。

若實施一種全面性措施，有可能妨礙眾多家庭達成長期財務目標的能力時，真正良好的公共政策必須將所有利害關係人的利益納入考量。在評估這種史上對消費者最友善的創新有何利弊時，如何讓利大於弊似乎相當顯而易見：即使投資機構交叉持股確實可能減少競爭，但對先鋒公司這種機構會造成破壞的法規，應該當成最後才推動的措施。

I

從零到五兆美元的先鋒集團

 **01** — 1974 年：毀滅產業的預言

　　1974年7月，我到洛杉磯的美國基金公司（American Funds）總部，跟我擔任投資公司協會（Investment Company Institute）理事和兩任理事長時認識的朋友開會。美國基金公司的領導者瓊恩·拉福雷斯（Jon Lovelace）走進會場，說他有急事要跟我討論，他是這家公司創辦人喬納森·拉福雷斯（Jonathan Bell Lovelace）的兒子，以正直、獨立、明智聞名，因此我渴望跟他談話。

　　然而，我已經排定在拜訪他們公司後，要跟別人舉行一場晚餐會議，然後搭隔天早上7時30分的班機飛回費城。「沒問題，」他說，「我明天早上6點，在洛杉磯國際機場的早餐長桌跟你碰面。」

　　我到達時，瓊恩已經現身，稍稍寒暄後，他單刀直入地說：「我知道你打算新創一家實際上由基金股東擁有的共同基金公司。」我說對，我想要設立這種公司。說得好聽一點，瓊恩並不高興，我仍然記得他說的每一個字。「如果你創造出共同化的結構，」他正色說道，「你會毀了這個行業。」

四十多年後，瓊恩說的話顯然有點道理，但如果他是把自己的可怕預測修正為：「你會毀掉我們現在所知道的這個行業。」那麼今天我們會稱讚他的先見之明幾乎完全正確。

第一家共同化結構公司的誕生

不過，話說回來，1974年時，真的沒有人能夠預測到，在極度嚴重空頭市場創立的一家新創公司，不僅克服一切困難存活下來，最後還主導了共同基金業。過去從來沒有人設立過共同化結構的公司，讓公司股權由基金股東擁有，還按「成本價格」銷售與運作。

我們遭到自家公司的董事施壓，延聘先前有過虧損紀錄的外部投資顧問公司；我們的角色起初僅限於基金行政管理，因為我們不准從事投資組合管理或基金配銷。而且我們很快就必須把自己的前途，押在一種前所未見的策略上，也就是押在不倚賴投顧公司的股票投資組合上。

如果這些負面因素還不夠拖累我們，公司嶄新的名字「先鋒」也夠嗆了。

新公司是第一家（到今天為止，還是唯一一家）按照共同化結構成立的公司，且按「成本價格」銷售基金，是由基金公司自己經營、最後由基金股東經營，而不是由替自家股東賺取高額利潤的外部投顧公司經營。我們把這種情形，稱為共同基金治理中的「先鋒實驗」。

看看先鋒的共同化結構，跟所有同業（實際）採用的傳統結構有什麼不同，或許會很有幫助（參見圖1.1）。

圖 1.1 共同化所有權結構與傳統公司結構的差別

預言實現，真理降臨

　　但是在隨後的幾十年裡，先鋒集團，以及創設世界第一檔指數型共同基金所依據的獨一無二結構，和其前所未見的策略，毫無疑問地會改變我們當時所知道的共同基金業。

　　說這是創造性破壞也好、顛覆性創新也好、純粹的幸運也好，或是像某些人說的一樣，是我試圖挽救我的事業生涯也好（這樣說確實有幾分道理）。但是最正確的說法，應該稱之為善業，加上兩三分天時地利。時間最後一定會讓整個投資世界了解：扣除成本前，整體投資人賺到的報酬率，正好等於市場本身的報酬率。

因此，扣除成本後，投資人賺到的報酬率會低於市場報酬率。一個無可辯駁的事實是：整體而言，以共同基金業所服務的一億個家庭來說，要盡量提高他們賺到的金融市場報酬份額，唯一的方法就是盡量降低他們的成本。先鋒集團率先闡釋美國獨立宣言中所謂「我們認為這些真理是不言而喻的」，帶頭行動，終於降低了投資成本，變成世界上成本最低的共同基金供應商。

降低投資人成本的先鋒集團

先鋒集團從1974年創立以來，一直致力於降低投資成本，因此我們今天所知道的先鋒是一家大企業，在全世界代理2,000萬名客戶，管理超過5兆美元的資產，比兩家最大的競爭對手加起來還多。我們在長期共同基金資產中的市場占有率將近25％，幾乎是三家不同公司先前所創最高紀錄15％的兩倍。過去五年裡，我們在業界整體淨現金流量中所占比率高達65％，這更是史無前例的數字。

近年來，投資人平均每個工作天，都把大約10億美元的資金，委託先鋒集團管理，投資大眾對先鋒集團這種令人驚異的支持，在我們這一行裡也是前所未見。

接續共同化結構的指數化策略

市場為什麼普遍歡迎先鋒？我們能夠成長，原因一定和瓊恩極為關心的共同化結構有關，也和隨之而來的策略有關。先鋒基金為投資人兼所有權人賺到的長期報酬率，在業界中經常

數一數二，主因就是共同化結構所創造的極度低廉成本。在先鋒創立之初，那些風雨飄搖、充滿未知的歲月裡，大家根本想不到我們會這麼受歡迎。的確如此，當時我們的基金，經歷了連續83個月的現金淨流出。

同樣地，幾乎沒有人想像得到，這種結構會迫使我們在訂定策略時，把重心放在當時八字還沒有一撇的指數型基金上，但不是天才也知道「策略跟隨結構」這件事，因此先鋒公司創立一年內，我們就創設了世界第一檔指數型共同基金。

基金經理人的「國王新衣」

1924年，美國的第一檔共同基金成立以來，幾乎已經過了一個世紀，但是直到過去20年，投資人才完全擁抱先鋒公司認為是不言可喻的真理。共同基金的國王沒有穿著新衣，標榜「專業管理可以打敗市場」，反而根本沒有穿衣服。事實上，不只共同基金的國王沒有穿衣服，整個共同基金王國都是這樣，因為這個行業無法實現自己默許的首要承諾：專業基金經理人會提高基金投資人的報酬率。

過去，大眾都堅信基金經理人能為客戶的財富增加附加價值，現在這個觀念已為人摒棄。在指數型基金崛起的推波助瀾下，共同基金業的顛覆性革命隨之而生，先鋒公司則是這場指數化革命的領導者。

先不說先鋒公司在第一個十年裡能不能存活，光是不利先鋒出現的因素就多得驚人。借用熱門音樂劇《西貢小姐》（*Miss Saigon*）的歌詞來說，先鋒是「在地獄中孕育，在衝突中誕生」。先鋒公司的創立是一場勉強妥協之後的結果，這

次妥協結束了威靈頓管理公司控制權的醜陋鬥爭，我在這場
鬥爭中，失去了公司執行長的職位，彷彿也喪失了在熱愛行
業中的事業生涯。但是因為一連串出人意表、令人振奮，甚
至可稱為巧合的事件，竟能讓我捲土重來。結果到了2018年
中，先鋒管理了5兆美元的資產，成為世界最大的共同基金公
司，因為公司的低廉成本、投資報酬率和倫理價值觀，而普
遍受到大家的尊敬。

　　怎麼會出現這樣的轉折？我們從頭開始說起吧。

1945─1965 年：
從布萊爾中學到威靈頓管理公司

　　故事起源要追溯到很久以前。1945年9月，我去上紐澤西州頂尖的寄宿學校布萊爾中學，靠著學校豐厚的獎學金和辛苦掙來的工讀金（先當服務生，再當服務生領班），完成了高二和高三的學業，為上大學打下了絕佳的基礎。畢業時，我排名全校第二，而且被視為「將來最可能成功」的學生。

　　我在布萊爾中學的優良成績得來不易，是我能夠錄取普林斯頓大學，成為1951年班一員的主因。我依然靠著獎學金和工讀金支付學費，但是我發現，大學前兩年的學業深具挑戰性，使我在1948年秋季上大二時面臨低潮。當時我第一次上經濟學課程，課本是保羅・薩繆森博士（Dr. Paul Samuelson）所著的《經濟學分析導論》（*Economics: An Introductory Analysis*）第一版。說實話，我覺得這本書很難讀，我在這門學問的初次涉獵上表現差勁。

　　大二開始，我在這門課的期中考拿到很差的成績（D+），要是再繼續拿這麼低的成績，就會失去領獎學金的資格，在沒有其他金錢資助的情況下，我也將失去繼續就讀普林斯頓大學

的機會。但是我盡其所能，終於在學期結束時拿到C-的成績，
雖然只是小小的進步，畢竟也算是一種成就。

開啟未來命運的論文

　　一年後，命運對我招手。我決定要用其他學生沒有碰過的
主題，寫我的畢業論文，因此，亞當・斯密（Adam Smith）、
馬克思（Karl Marx）和凱因斯（John Maynard Keynes）都不
在我的選擇之列，但是我應該選擇什麼題目呢？我大三下學期
時，再次受到幸運之神的眷顧，在當時全新的汎世通圖書館
（Firestone Library）閱覽室裡，瀏覽1949年12月號的《財星》
（*Fortune*）雜誌，我的目光停留在第116頁，開始閱讀一篇描
述我一無所知、從來沒有想像過行業的文章。這篇文章的標題
是〈波士頓錢多多〉（Big Money in Boston），我立刻知道我找
到畢業論文的題目了。

　　文章下方的黑體字副標題，證實了我的直覺，「但是麻省
投資人信託公司（Massachusetts Investors Trust）說，錢不是
一切，該公司會發跡，是因為他們讓投資散戶安心，他們發明
的開放型基金（Open-end Funds）錢途無量。」這篇文章在接
下來的十頁，如實說明麻省投資人信託公司的歷史、政策和做
法，該公司在1924年創立，是第一檔「開放型」基金公司，也
是當時最大的開放型基金[3]。

　　在久遠的當年，「共同基金」這個說法還不常用，或許是
因為除了一個明顯的例外之外，「共同」基金都沒有「共同」

3　「開放型」基金開放隨時贖回和購買；「封閉型」基金資本額固定，不開放隨時贖回和購買。

的性質，事實上，還違反美國《1940年投資公司法》（*The Investment Company Act of 1940*）序文所說的原則，沒有把股東的利益放在最優先，組織、營運和管理的目的，反而都是替控制基金的投顧公司賺錢。

不共同的共同基金

1964到1969年間擔任美國證管會主委的曼紐爾‧柯恩（Manuel F. Cohen）清楚點出共同基金缺少共同性的問題：

> （共同基金）的資費結構為坐擁名聲的基金經理人，提供了發揮巧思的大好良機，畢竟，真正的大錢就在那裡，雖然大家常用「共同」一詞，但創造和銷售這種基金的背後，其實是為銷售和管理基金的人賺錢[4]。

《財星》雜誌的文章根本沒用「共同」這個詞彙，大都是用「投資公司」、「信託」和「基金」等詞。但是在討論這個新興行業的前途時，卻樂觀地說，這個「微型產業」（《財星》形容基金業是整體市場中「相當小的零頭」）卻「快速擴張，而且形成了某些爭議」。更重要的是，這個產業「可能變得極有影響力……在與企業經營階層的爭議中……變成小股東最理想的選擇」。

---

4 出自1968年3月1日，柯恩在加州棕櫚泉共同基金大會中「『共同的』基金」（The 'Mutual' Fund）演講講詞。

投資公司的經濟角色

　　某些偶然的時刻，會塑造我的整個職涯和人生。《財星》
雜誌這篇文章成為跳板，讓我當下決定要以封閉型投資公司的
歷史與未來，撰寫學士論文。論文題目是〈投資公司的經濟角
色〉（The Economic Role of the Investment Company，像我前
面說的一樣，「共同基金」還沒有變成流行的用詞，因此我採
用當時常用的「投資公司」說法）。我全力以赴，花了一年半
的時間研究與撰寫，同時瘋狂愛上這個主題，相信規模20億美
元的「微型」共同基金業會變成巨人，會繼續滋生更多的「爭
議」。這兩點我都猜對了：今天共同基金變成巨型行業，規模
高達21兆美元，是美國最大、最重要的金融產業之一。

　　我深入分析這個行業後，在論文中提出下列結論：

- 「投資公司應該以最有效、最誠實、最經濟的方式營運。」
- 「未來成長的最大化，可以靠降低銷售手續費和管理費
  的方式達成。」
- 「基金不能宣稱自身績效優於市場平均數（即指數）。」
- 「投資公司的主要活動是管理自家的投資組合，其他一
  切都是次要。」
- 「投資公司的主要角色應該是為股東服務。」
- 「（投資公司）沒有理由限縮自身對企業政策的影響力……
  共同基金似乎注定要扛起這種經濟上的重責大任。」

　　不錯，這些結論確實含有濃厚的理想主義，但當時我年方
弱冠，是典型的理想主義學子。看過《財星》雜誌那篇文章

60多年後，我的理想主義幾乎不曾稍減。的確如此，可能是
因為我終身從事投資的關係，今天這種理想主義似乎變得更
濃厚、更堅持。毫無疑問的是，我在論文中確立的很多價值
觀，應該是先鋒公司驚人成長的主因。不管那麼多年前我心
裡想的是什麼，那篇論文都清楚地主張：共同基金股東應該
得到公平的待遇。

加入瓦特・摩根的威靈頓管理公司

我在汎世通圖書館的個人閱讀隔間裡，花了無數時間，研
究和分析這個產業，這番努力功不唐捐，得到的報酬是論文拿
到最高分，以及在普林斯頓大學以優異學業成績畢業的文憑。
更好的是，我1951年畢業後，普林斯頓大學另一位校友、1920
年畢業的瓦特・摩根（Walter L. Morgan）看了我130頁的作品
後，要我到他在費城設立的威靈頓管理公司工作。他後來寫信
告訴手下員工：「主要因為這篇論文的關係，我們要把柏格先
生納入威靈頓的組織裡。」雖然起初我不敢確定，後來卻知道
這是一生難逢的機會。

摩根先生是業界先鋒，也是我的貴人和漫長事業生涯中的
大英雄。我1951年7月加入他的小公司時，這間在1928年創
立的威靈頓基金擁有1.5億美元的資產，當時美國營運中的基
金有125檔，資產總額為30億美元，包括威靈頓在內的10家
公司占有業界將近四分之三的資產。

波士頓是基金業的中心，50家最大型的基金公司中，有22
家設在此地，代表全美基金業總資產的46％。最大的基金業者
是麻省投資人信託公司，1951年時資產規模為4.38億美元，

市場占有率為15％。麻省投資人信託公司不只是主導業者，也是成本最低、而且低於同業很多的業者，費用比率為0.29％（1961年時，費用比率還降到占資產比率0.17％的低點）。當時，設在紐約的基金代表了27％的業界資產，設在明尼亞波利斯（Minneapolis）的基金代表了13％的資產，設在費城的基金則代表了7％的資產。

一家公司管理一檔基金的時代

　　當年，包括威靈頓在內，大部分基金公司都只管理一檔基金（偶爾會管理第二檔規模通常很小的基金）。例如，當時麻省投資人信託公司的五位受託人，也管理麻省投資人第二基金（這種名字根本吸引不了今天的共同基金行銷人員，後來改名為麻省投資人成長股基金），這檔基金的資產只有3,400萬美元，在麻省投資人信託公司4.72億美元的資產中，只占8％。

　　1971年7月9日，我第一次踏進威靈頓公司的費城辦公室，看到的是我開啟職涯的完美環境——規模小、友善、充滿著獻給年輕大學畢業生的大好良機。為數不多（60位）的員工很歡迎我。不久之後，我就參與公司每個層面的業務，包括行政、行銷、配銷、證券分析和股東關係。我開始起草摩根先生寫給我們股東的信，幾年後，就開始寫威靈頓基金年報中總裁寫給股東的信。十年過後，大家都把我看成摩根先生的接班人，我認為自己會終生待在威靈頓。

　　在威靈頓的歲月充滿歡樂和挑戰，我熱切地接下起草威靈頓股票型基金（Wellington Equity Fund，現在叫做溫莎基金）

1958年初次公開發行招股說明書的機會，這檔基金上市，為威靈頓操作的平衡型基金增加了一檔股票型基金[5]。

保守投資的力量

我在威靈頓的頭14年裡，平衡型基金是我們的首要重點，也是我們的力量所在，協助我們穩居平衡型基金龍頭，備受尊敬。精確地說，那個時代的基金業可以說是「保守派」，大部分基金投資組合都分散投資在績優股中。因為我們用債券來平衡股票投資，大家認為我們是最保守的基金公司，就像我們當時的座右銘一樣，威靈頓提供了「一種證券中的完整投資計畫」。

但是我在威靈頓管理公司期望的穩定竟不長久，1965年4月，我像火箭般升到公司總裁時，我在普林斯頓大學畢業論文中描述的傳統共同基金業已經改變，而且不是變得更好。「狂飆時代」（go-go era）如火如荼，主動型股票基金價格高漲，投資人在快速獲利的迷人號角鼓吹下，成群結隊，拋棄威靈頓這樣的保守平衡型基金。然而，無論如何，我在剩下的漫長職涯中，都要因應這些挑戰，甚至還有更多前所未見的挑戰。

5　1960年，我也率先替摩根先生的威靈頓管理公司（非控股）股票初次公開發行，準備公開說明書。

保持航向，堅持不懈

　　從1949年〈波士頓錢多多〉一文開始吸引我起，共同基金業一直是我生活中重要的一部分，我在威靈頓管理公司的事業生涯已經確立，到了1965年，我奉命領導公司，達到我早期事業生涯的巔峰。然而，矛盾的是，威靈頓維持保守路線已經太久，市場卻準備在投機氛圍中，迎接將近十年的繁榮歲月。我在面對未來的挑戰時，需要一盞指路明燈，以及能夠概括陳述這盞明燈的座右銘，這則座右銘就是「堅持不懈」，當時如此，現在仍然如此。

03 1965—1974 年：
狂飆時代的餘波與先鋒公司的誕生

	1965年12月	1974年9月	年成長率
威靈頓資產＊（十億美元）	$2.2	$1.5	−2.6%
業界總資產（十億美元）	$35.2	$34.1	−0.2
威靈頓市占率＊	6.3%	4.4%	—
			年度報酬率＋
標準普爾500指數	92	61	−1.1%
中期美國政府公債殖利率	4.9%	8.0%	5.7%
股六債四基金	—	—	1.9

標準普爾500指數走勢圖

＊ 威靈頓為先鋒公司的前身
＋分別包含股息與利息
資料來源：Yahoo! Finance.

　　先鋒公司誕生前，股價上漲，推動漲勢的第一種力量是題材很棒、資產負債表卻很弱（或不存在）的投機股，然後是估值上升到過分水準的績優成長公司。接著股市不可避免地崩盤到腰斬，跌勢最後終於在1974年10月1日結束。

狂飆時代

　　1960年代中期，基金業開始擺脫保守，進入所謂的「狂飆時代」，很多新秀基金經理人開始推出以投資投機股為主的基金，經驗豐富的基金經理人也大舉跟進。這種股票擁有美妙的題材，卻通常沒有實體或養分支撐。基金業不再關注少數緊抱「績優股」、走中庸路線的股票型和平衡型基金，取而代之的是投機性質更高、價格高漲的股票型基金。

貝果出局，甜甜圈上場

　　借用烘焙業的術語來說，威靈頓是業界的貝果──硬梆梆、脆酥酥又營養豐富，但是到了1965年，業界卻開始愛上甜滋滋、軟綿綿，完全沒有營養成分的甜甜圈[6]。甜甜圈店大增，貝果買家幾乎消失無蹤，我們只能無助地看著業界平衡型基金的銷售占比，從1955年40％的高峰，降到1965年的17％，再降到1970年的5％。到1975年，還慘跌到只剩1％。貝果店老闆該怎麼辦？求生的策略很明顯，就是開始賣甜甜圈。

6　事後回想，傳統共同基金業和貝果的營養成分都被高估了。

　　威靈頓為了求生存，必須跟甜甜圈的「熱門」賣家競爭，富達集團（Fidelity）是狂飆時代的領袖之一，他們旗下的兩檔基金變成了金礦——對富達集團經營階層是這樣，但是最後對客戶卻不是這樣。金融冒險家開始跳上載滿「垃圾」的花車，邊際會計準則創造出最後只是黃粱一夢的績效紀錄，有時甚至變成一場詐欺。

　　企業基金（Enterprise Fund）是特別惡質的例子，1967年這家設在洛杉磯的新秀申報了令人起疑、高達117%的報酬率，主要是靠著以不到市場價格一半的折扣，併購先前由該基金買進的未上市股票，再把股價提高到完全等於市場價格的水準。

　　隔年，企業基金吸引了基金業有史以來最大的現金流量，吸收了空前的6億美元資金，到1968年結束時，資產已成長到9.5億美元。但是市場終於認清現實，到1977年，企業基金的資產慘跌84％，降為不到1.5億美元，而且從1970到1994年的25年間，有22年都呈現現金淨流出。到了2011年，企業基金終於從人間蒸發。

接掌威靈頓後的併購計畫

　　1965年初春，摩根先生擔心大家對投機基金愈來愈趨之若鶩，也體認到自己的保守哲學和事業受到嚴重威脅，因為公司幾乎完全依賴平衡型的威靈頓基金。他告訴《機構投資者》（*Institutional Investor*）雜誌：「我太保守了。」66歲的他決定換人領導和採取激烈行動。到了4月，他把我叫進辦公室，表示我應該立刻繼承他的職位，接掌威靈頓管理公司。他的話我還記得一清二楚：「傑克，我希望你接手，採取任何手段，解決

我們的問題。」

那時我才35歲（而且看起來年輕多了！），但是摩根先生和我一起工作將近15年後，已經相當信任我的判斷。或許我太有自信了，居然認為解決方案顯而易見。想像你正在經營我剛才描述的貝果店，顧客紛紛拋下你，蜂擁到對街的店買甜甜圈，你為了生存下去，一定要開始賣甜甜圈——當時我就是這樣想。

我認定要保障威靈頓的存活，最好的方法是併購一家擁有堅強股票成份的基金公司。我迅速接觸我認為能夠提供這種機會的三家公司。雖然這三家公司中，沒有一家管理那個時代最愛的主動型基金，但每家都著重在股票型基金，應該都可以立刻降低威靈頓對唯一一檔平衡型基金的倚賴[7]。我的計畫是跟這種公司合併，然後在這種更為強大的基礎上推動成長。

慘遭三振，卻未完全出局

我首先接觸洛杉磯的美國基金公司[8]，當時這家股票型基金公司備受尊敬，管理10億美元的共同基金資產，占業界資產總額的3％，是美國的第五大基金公司，結果我們的接觸以失敗收場。接著，我去找波士頓的企業投資人公司（Incorporated Investors），但我再度無功而返，這家公司是獨立股票型基金公司，後來成為百能投資（Putnam）基金家族的一部分。

7　1958年，我們成立了第一檔股票型基金——威靈頓股票型基金（現在叫做溫莎基金），但是這檔基金規模很小（資產9,200萬美元，相形之下，威靈頓基金的資產規模卻高達20億美元），而且一直到1965年，報酬率都相當平庸。溫莎基金的歷史請參閱第13章。
8　由本書第1章提到的拉福雷斯領導。

　　然後，我去找當時規模還很小，資產只有1,700萬美元，卻管理多檔基金、潛力雄厚的富蘭克林保管基金家族（Franklin Custodian Funds），依舊鎩羽而歸。因為老闆查爾斯·詹森（Charles Johnson）做了明智的決定，不採納我所建議的併購。這些基金後來在現在的富蘭克林坦伯頓基金集團（Franklin Templeton Investments）管理下，創造了驚人成長，到2018年，資產已經成長到4,150億美元，使其家族中的億萬富翁至少增加了十倍以上。

迂迴曲折後的成功併購

　　接著，在偶然間，第四家候選者吸引了我的注意。這家小公司設在波士頓，由桑戴克（Thorndike）、杜蘭（Doran）、潘恩（Paine）和路易斯（Lewis）四位年輕的管理合夥人創設，經營一檔顯然相當成功、資產只有1,700萬美元，名叫愛投資（Ivest）的狂飆基金，同時，他們也從事業務蒸蒸日上的退休基金顧問事業。我當時認為，他們提供的投資技能，似乎可以更有效地管理我們正在走下坡的威靈頓基金投資組合，於是我們同意合併。

　　1966年6月6日，摩根先生批准了這筆交易。併購條件訂了出來，併購價格不是用現金支付，而是用威靈頓管理公司的股票支付，當時公司有相當大比率的股權由大眾持有，這是摩根先生1960年把自己的大部分股票公開上市的結果。摩根先生保有控制性的B股，而且把這些股權分給新經理人。

　　加總起來，波士頓四位合夥人持有公司股票的40％，擁有控制性投票權；我控制了28％股權；大眾股東擁有剩下的

32％股權[9]。我身為合併公司執行長，對自己跟新夥伴合作、制訂公司路線、帶領這艘新船的能力深具信心。

從一路狂飆到跌跌不休

但我並非毫不緊張。我在併購慶祝會上，送給每位新夥伴一個名叫「和平美元」的小銀盤，盤子上黏了一個1美元的硬幣，硬幣正面刻了「和平」的字眼。我害怕自己跟這些夥伴之間的和平不會長久維繫，但是我希望我們能夠合力創造和平。

我們五位年輕奇才在隨後的幾年裡，合力創造了一些輝煌成就（也曾經一起登上《機構投資者》雜誌的封面人物[10]）。然後，投資氛圍變得對我們不利，我們陷入低潮，「狂飆時代」變成「跌跌不休」，社會氛圍為之丕變，更糟的是美國成長最快速的「漂亮50」（Nifty-Fifty）股票，在投資熱潮中狂漲後，跟公司的實際價值完全脫節，這時流行的簡單原則是：「別擔心，估值高沒關係，盈餘成長最後會解救你。」

泡沫破滅

全錄、拍立得、IBM、雅芳和迪吉多電腦（Digital Equipment Corporation）之類的股票狂飆，漲到最高峰時，這些股

---

9 我不知道的是，如果爆發委託書大戰，老股東應該可能支持我。
10 請見1969年1月號《機構投資者》雜誌的〈神童奇才接管威靈頓〉（The Whiz Kids Take Over at Wellington）。我在這一期的封面上，變身為有四隻手的四分衛，傳給我的每位新夥伴一顆美式足球。

票的本益比升到50倍以上。但是現實最後終於占到上風,這些股票開始崩盤,帶動空頭市場跌勢,到了1973年,漂亮50股票泡沫終於破滅,就像1990年代末期發展出來的「新經濟」泡沫一樣。

參與這場泡沫的不只是共同基金經理人而已,也包括原本穩重的信託公司、保險公司之類絕大部分投資機構,甚至連大學捐贈基金都軋上一角〔這場狂潮中的領袖、羅契斯特大學捐贈基金經理人伯特·崔力普(Bert Tripp)難堪之至,因為他用紅色油墨印刷基金年報的封面〕。美國股市從1973年初的高點,下跌到1974年的10月初,跌幅超過五成。

從多翻空

同時,威靈頓的新事業模式開始出問題。我們四位積極進取的新夥伴帶來(或隨即推出)的四檔新基金中,有三檔崩潰。從高峰到谷底,愛投資基金的資產價值減少了65%,後來這檔基金黯然熄燈,被丟進金融史的垃圾桶裡。

夥伴成立的兩檔姐妹狂飆基金表現同樣差勁,最糟糕的是,原本保守的威靈頓基金在積極進取的新經理人管理下,資產價值大跌,1966到1976年的十年間,這檔最重要的平衡型基金,創下美國平衡型基金有史以來最差勁的績效紀錄(請參閱第11章)

1960年,威靈頓管理公司業主摩根推動公司初次公開發行時,出售了半數以上的股權,公司股票公開上市後,我們現在可以對我們的併購夥伴發行新股,但即使在這件併購案推動十分成功的日子裡,我都質疑我們這種所有權由大眾持有的結

構，是否對我們的共同基金股東最有利、是否對公司在業界競爭最有利。

受託責任與利益衝突

我們從一個明顯的事實說起好了。我們經理人同時對我們的共同基金股東和管理公司股東，負有受託責任，但是，原本沒有上市的基金管理公司公開上市後，這種利益衝突的情形會惡化。1971年9月，我坦白說出我的憂慮，我在我們公司投資專家年度會議上講話時，開場白引用的片段文字，就是大法官哈倫・史東（Harlan Fiske Stone）1934年在密西根大學法學院演說的節錄：

> 剛剛結束的金融時代中，大部分的過失和重大錯誤，將來會歸咎於未能遵循受託原則，未能遵循像聖經中所說「一個人不能事奉兩個主」這麼古老的準則……名義上擔任受託人，卻最不考慮自己所管理資金金主利益的情況，顯示我們極度忽視這個原則的必然含義[11]。

我補充說，現在正是從對客戶有利的角度，調和投資專業和投資業務之間利益衝突的時候。

接著我建議，要解決這種利益衝突，方法之一可能是「共同化，由基金買下基金管理公司……不然就是內部化，就是由

---

11 史東的講詞〈法律對公眾的影響〉（Public Influence of the Bar），轉載自 1934 年 11 月出版的《哈佛法學評論》（*Harvard Law Review*）48 卷第一期。

活躍的經理人擁有基金管理公司，根據『成本加成』的原則談判，訂立契約，同時訂有獎勵績效和效率的規定，但是不能透過公開銷售的方式，把盈餘資本化」。我這樣說時，完全沒想到自己在短短的三年內，不但坐而言還起而行，實際推動了共同化。

找錯代罪羔羊

由於1973到1974年間的空頭市場，1966年併購案形成的良好夥伴關係也隨之破裂。市況惡劣，基金報酬率不佳，意味著我們的業績差勁，權力政治又在旁推波助瀾，完全摧毀併購案後我和新加入基金經理人之間的信任。我們保守的旗艦基金——威靈頓基金的資產，從1965年20億美元的高峰，暴降為不到10億美元，再一路降到4.8億美元。威靈頓管理公司的盈餘急轉直下，股價跟著暴跌，從1968年每股50美元的高峰，跌到1975年的4.25美元。

出身波士頓的這些夥伴很快地就找起代罪羔羊。雖然他們應該為所管理基金的惡劣績效負責，他們卻不是在自己人之中找代罪羔羊，反而找上了我，原因可能是我擔任執行長，負責推動併購案，而併購案嚴重破壞信任我們的投資人所獲得的投資報酬率。但是我為了完成併購案，已經把大量的投票權，讓給這些新經理人。他們在嚴重空頭市場期間的1974年1月23日聯合起來，把我開除，然後起用他們的領袖羅伯・杜蘭（Robert W. Doran），出任威靈頓管理公司的執行長。

「前基金領導人的回歸」

這種結果背後的不合理要怎麼解釋，我要留給比我聰明的人去做。但是那時是我整個事業生涯中最傷心的時刻——事實上，還是我到當時為止，唯一的傷心時刻，我決定反擊。共同基金業有一個典型的特色，就是基金和管理公司的董事之間，重疊的程度相當高，但是法律規定基金須由過半數的獨立董事監督。

1974年1月24日，我被威靈頓管理公司開除後的隔天，威靈頓旗下11檔共同基金的董事會在紐約開會。我身為每一檔基金的董事長，宣布董事會開會，而且立刻提議要宣布從威靈頓管理公司獨立出來，完成我們這些基金的共同化、選舉我們自己的主管、任命我們自己的員工，而且授權他們根據「成本價格」的原則，經營這些基金。

隨之而來的，是這些基金和他們的獨立投顧公司之間的權力鬥爭，這種鬥爭史無前例，我懷疑以後大概也不會發生。連《紐約時報》（*The New York Times*）都猜不透到底是怎麼回事，在1974年3月14日的早版中，刊出標題為〈前基金領導人的回歸〉的報導。在早版後面的幾版中，報導和我的照片沒有改變，但是在原來的標題後面加了黑體的大問號。以下是這篇報導的片段：

前基金領導人的回歸？

　　約翰‧柏格一月下旬遭到開除，被迫離開年薪10萬美元的威靈頓管理公司總裁兼執行長的職位後，同事預測，他會在預定一周內召開的下次董事會中設法反擊，以

便東山再起⋯⋯據了解，柏格先生認為，現在可能是基金「共同化」、也就是基金接管自己的投資顧問公司的適當時刻。

標題中那個令人難忘的大問號暗示：這場戰爭背後的鬥爭結果殊難預料。

改變一切的董事會議

在1974年1月的董事會會議上，威靈頓各檔基金的董事要求我，提供兩份包含多種選項的研究，讓他們因應這次危機。就我所知，這種情況是共同基金業多年來絕無僅有的狀況：多檔基金與其執行長（我），跟基金的長期投資顧問、當時幾乎徹底控制各檔基金事務的威靈頓管理公司之間，爆發十分異常的對立。威靈頓管理公司的新執行長是我先前的合作夥伴杜蘭。

我尋求並珍惜董事會賜給我的機會，我的年輕幕僚助理詹・德納多斯基（Jan Twardowski）和我，最後會提出一份分析，涵蓋公司目標與基金報酬率、成本、顧問與配銷合約、業界做法，以及各檔基金的未來展望。我們的研究最後總共會超過250頁，並命名為〈威靈頓旗下投資公司家族的未來結構〉（The Future Structure of the Wellington Group of Investment Companies）。

里程碑 1　1974 年 1 月
〈威靈頓旗下投資公司家族的未來結構〉

　　這份後來以「未來結構研究」聞名的報告一開始，就列出董事會可以採擇的七項方案：

- 選項一──維持現狀：繼續維持現有所有關係。
- 選項二──基金員工推動內部行政管理。
- 選項三──基金員工推動內部行政管理與配銷。
- 選項四──共同化：基金取得威靈頓管理公司所有跟基金有關的活動，包括投資顧問服務。
- 選項五──新的外部投資顧問公司。
- 選項六──為基金家族尋找新的外部投資顧問公司。
- 選項七──建立全新的內部組織。

　　我們很快就把研究限縮在看來最合理的第二、第三和第四個選項中。我們稱這三種選項「最不激進」，因為不久之後，基金家族要從威靈頓管理公司手中，「依次承接額外的功能時──先接管行政管理、再接管配銷，最後接管投資管理，這些選項對兩個組織的干擾最少」。選項四明白表示要推動「共同化」，選項二則暗示要進行共同化。
　　我們在「未來結構研究」報告中的前段，就列出我們的理由：

　　　　共同基金業把這種（現有）結構當成標準，已經歷時
　　50 年，我們面對的問題是這個結構如此傳統、早已廣為大

眾接受，而且在這個新興產業成長之際、道德和法律標準比較不嚴格之時，讓業者如此滿意，但這個結構是否真的是最適於近來和將來的標準？是否真的是最適於威靈頓基金家族的標準？或者，更確切地說，這個基金家族該不該像「獨立」一詞這麼清楚暗示的一樣，為自己的命運，追求更大的控制權？

我贊成基金家族營運完全共同化，方法是藉著買下威靈頓管理公司的共同基金業務，「恢復原狀」，恢復到我原來創造、卻在1966年的併購案中變了樣子的原狀。不錯，共同化完全是我的想法，我知道公司共同化後，永遠不會讓我賺到像極多華爾街人士所賺到的那種個人財富，但是我認為，如果我想恢復自己的事業生涯，這樣做是最後一個絕佳機會[12]。

然而，不論創新多麼有理、多麼合理，沒有前例的創新很難贏得保守董事們的批准，董事會所留任的謹慎法律顧問也不可能贊同，這位法律顧問正是現任華爾街律師、前任證管會主委理察‧史密斯（Richard B. Smith）先生。

最初這個建議很快便無疾而終，但是董事會找到了折衷辦法。實際情形不完全像1776年時，13個殖民地叫英國國王喬治滾到一邊去那樣，但中心思想就是基金獨立——基金有權擁有自己的領導階層，有權以基金股東的利益為依歸，推動營運，不受基金的外部投資顧問公司宰制。但是我們很快就要踏

---

12 別忘了，一開始反對創設新結構的阻力很大，幾乎沒有人贊成建立這個後來規模達到 5 兆美元的組織。

出的第一小步，卻是導致威靈頓基金家族完全共同化，自行推動業務活動，不再依賴威靈頓管理公司的開始。

成功的基金獨立運動

　　戰鬥大致結束後，史密斯通知我，說他曾經告知董事會，不論他們做出什麼決定，都必須是全體一致同意。因此結果無可避免地變成：董事會採用對現狀干擾最少的做法，就是威靈頓基金家族要創立一家新的子公司，公司唯一的責任是從事行政管理，我會繼續擔任基金家族的執行長，也會成為新子公司的執行長。

　　我們把「行政管理」定義為包括基金財務事務、保管股東紀錄、法務和法令遵循，以及處理購買與贖回事宜。最重要的是，新子公司要負責監督威靈頓管理公司提供的配銷與投資顧問服務。「配銷」包括銷售組織的控制、廣告和所有行銷活動。「投資顧問服務」包括證券分析、選股、投資策略、投資組合監督和處理所有交易活動。

不可或缺的恰克・路特

　　說實話，連這樣的正面結果，幾乎都完全要靠基金董事會的獨立董事委員會主席——已故的「恰克」・查爾斯・路特（Charles D. Root Jr.）的領導，才能達成。路特是經驗豐富的退休金公司高階經理人，他相信我的品行、領導能力和我對基金業的全面了解。

　　路特是深具智慧、熱情、堅定信念和品格的人。如果沒有

他，董事會幾乎一定會遵循業界的慣例，讓基金的投顧公司，主導基金家族各基金執行長的選擇，這樣的話，出任各基金執行長的人一定不是我。不錯，路特鮮活地證明我常說的一句話：「就算只有一個人，也可以大有作為。」

只有內部行政管理還不夠

對我來說，我們的「未來結構研究」報告中的選項二，就是只有行政管理部門內部化的做法，只是杯水車薪而已。基金家族董事會禁止旗下基金，從事基金受益憑證的行銷和配銷，也禁止提供旗下基金家族投資顧問服務。我知道，如果我們的新組織要成功，就必須推倒這些高牆。

我在1974年3月11日發給董事會的備忘錄中，不留情面地指出：

> 從人事的角度來看，選項二是很小的做法，但是從金錢的角度來說，規模卻很大，而且從觀念的角度來看，是很重要的做法。下一步——根據選項三增加「內部配銷」，似乎也特別適宜。但是，如果大家現在不能接受這種做法，或許只要經過一段時間後、在兩三年內，等到大家接受這種做法時，才會讓大家在共同基金配銷方面，面對真正重大的挑戰[13]。

> 基金踏出這一步後，很可能只要再多經過一段時間，

---

13 我也在備忘錄中指出：「走向不收手續費配銷系統的可能性，會導致所有配銷收入完全消失。」這句話似乎沒有人注意到。

基金董事會才會首次重新慎重考慮，然後改變我們基金家族接受業界傳統積習、聘用外部投資顧問的做法。

基金家族要踏出最後一步，進而完全獨立的原因，可能跟控制投資顧問那種重要功能和人事有關，或是跟所涉及的成本和所達成的績效有關。然後，問題或許會從「是否要做」，變成到底「何時實施」，讓威靈頓旗下的基金家族變成完全獨立。

熱情如火的變革之路

董事會的初步決定，有如所羅門王在兩位婦女爭奪一個嬰兒的爭訟中，做出「把嬰兒切成兩半」的裁決那樣。威靈頓管理公司會繼續擔任基金家族的投資顧問和配銷商，我要創立一家具有共同化嶄新結構的新公司，但是我只負責受益人委託中最狹隘的一部分，不得從事任何投資管理或配銷活動。

我們開啟這趟長途航行時，只有28位船員，雖然我們負有監督威靈頓公司的投資和配銷活動的特殊任務，卻只能負責從事基金家族事務的行政管理。

行政管理只代表共同基金活動三角形中的一邊，而且可以說是最不具企業精神的一邊，三角形的另兩邊──投資管理和基金配銷比較重要，是可以創造價值和成長的地方，這兩部分都會留在威靈頓管理公司我的競爭對手手中……但是只會留幾年而已。

不是天才也知道，我們的命運要由我們創造什麼類別的基金而定，也由這些基金是否能夠獲得優異的投資報酬、如何（以及多有效地）行銷這些基金而定。在我們被禁止從事這些

活動，只准監督這些活動的情況下，我知道眼前的路相當崎嶇艱難。因為我的目標是最後要建立一個基礎廣大的公司，在我接下這個新的領導角色時，態度就跟我過去扮演領導角色時一樣，就是「熱情如火向前衝」！

創造響亮名號的挑戰

雖然董事會為自己創設的公司加上嚴苛的限制，我們卻信心十足，深知我們可以克服。我們藉著共同基金業從來沒有嘗試過的新結構，一定會奮力打響我們的招牌。

我們該怎麼為具有這種潛力的公司命名？新成立的公司保留原有的名字似乎很合理，但是，董事會認定威靈頓管理公司應該保留威靈頓的名號，威靈頓基金也應該保留這個名字。

我認為這個決定愚蠢而短視，威脅要辭職，但是獨立董事領袖路特提出了一個挑戰後，我決定留下來。他說：「傑克，你可以替公司取任何名字，然後奮力出擊，把這個名字變成整個該死的鬼共同基金業中最響亮的名號！」

從此以後，這正是我致力達成的任務。

里程碑 2　1974 年 9 月
「名字有什麼意義？」

離新公司成立只剩幾星期，我們還沒有決定新公司的名字。這時，命運再度對我微笑，這在我的事業生涯中極為常見。在某個巧合的際遇中，我偶然看到了英國戰艦先鋒號的名

字，這是1798年納爾遜爵士在尼羅河口之戰中乘坐的旗艦。1974年季夏，一位古董版畫經銷商來到我的辦公室，帶來一些拿破崙戰爭期間跟英國軍事戰役有關的版畫，主題是威靈頓公爵率領軍隊凱旋歸來，而46年前，摩根先生正是用威靈頓的名字，為他的第一檔共同基金命名。

我買下經銷商的版畫時，他讓我看一些同時代英國海戰的同類版畫。我一向沉迷於大海永恆的神祕，便買下了這些版畫。這位經銷商高興之餘，送我一本版畫原始出處的書籍。

就像25年前我在汎世通圖書館瀏覽《財星》雜誌一樣，我翻閱經銷商送給我的《大不列顛1775-1825年海戰圖鑑》（*Naval Battles of Great Britain 1775–1815*），翻到尼羅河口之戰的歷史傳奇時，深受感動。納爾遜爵士的艦隊幾乎擊沉了法國的每一艘戰艦，卻只損失了一艘英國的巡防艦，創造了至今似乎是歷史上最徹底的海戰勝利，完結了拿破崙征服世界的美夢。納爾遜的捷報快傳到英國海軍總司令部時，捷報下端「尼羅河口外，英國戰艦先鋒號」的艦名正下方，就是納爾遜爵士的簽名。我沒有絲毫遲疑、沒有諮詢半個人，當下就決定以「先鋒」作為我即將創立公司的名字。

先鋒：新旗艦的誕生

納爾遜旗艦的名字、和威靈頓公爵遠洋征服相似之處、經由納爾遜爵士領導統御所表現出來的驕傲海軍傳統，以及這個名字本身的意義（新趨勢的領袖），在在讓我難以抗拒。先鋒集團在1974年9月24日登記後，就此誕生。董事會任命我

為董事長兼執行長,負責領導當時的27位員工。我們無視先例,贏得了完全以基金股東的利益為依歸、自行營運的這場獨立戰爭。

命名的驚險過關

我為新公司選擇的名字必須獲得董事會的批准(這一點也不值得訝異),但是我提出批准公司名稱的申請時,察覺到很多董事、而且可能是大部分董事,都不像我那樣,對先鋒的名字這麼激情擁護。他們正確地理解到,我想替一家毫不起眼、只受命負責推動基金家族行政管理的公司,取一個可能成為全方位共同基金家族的名字,而不只是從事最初卑微業務的名字。

為了爭取董事的批准,我補充說:「先鋒的名字有個好處,就是會讓報紙上我們的基金資產價值表正好刊登在原來的位置上──字母V的地方刊載先鋒(Vanguard),接著字母W的地方刊載威靈頓(Wellington)。」隨後會議氣氛明顯改變,董事會迅速批准我們的新名字。我選的公司名稱驚險過關,留住先鋒的名字是重大勝利,因為這個名字顯然通過了時間的考驗。

第一次小衝突

戰鬥開始時,威靈頓基金董事會不同陣營的實力差距很小,六位任職很久的董事大都出身費城,都是應摩根先生之邀出任董事,另三位董事都出身波士頓,都是由我的舊夥伴任命,三位「內部董事」──杜蘭、桑戴克和我都是威靈頓管理公司員工,都保留了投票權,不過在「未來結構」建議案上,我們的投票權都遭到免除。

　　除了我們三位業主董事外，董事會所有成員對於即將來臨的戰鬥，似乎都樂於維持獨立立場。但是碰到要投票時，六位出身費城的董事〔包括在德拉瓦州執業的律師理察‧柯倫（Richard "Dick" Corroon）〕似乎都傾向於支持我推動共同化的立場；三位來自波士頓的董事，則傾向支持杜蘭和桑戴克維持現狀、撤除我的執行長職位並繼續推動業務的立場。

　　居於領導地位、出身費城的獨立董事路特顯然信任我，贊成我推動共同化的意願，這對我來說真是太好了，因此我相信（我也不知道為何相信）分裂的董事會最後會統一起來，批准我所提議七個選項中的一個。

遊戲結束了嗎？

　　但是一個潛在的問題迅速出現，在1974年2月21日的下一次董事會議中，路特宣布詹姆斯‧米契爾（James F. "Jim" Mitchell Jr.）已經年滿70歲，達到擔任董事的隱含年齡限制。路特提議米契爾繼續擔任董事，到董事會做出最後決定為止。波士頓幫的董事強烈反對。柯倫是我深為倚賴的一票，看來他似乎可能加入波士頓幫，反對米契爾繼續擔任董事。投票結果看來會變成4票對4票，有效結束米契爾的董事職務，粉碎我繼續擔任基金家族領袖的希望，我害怕的是這場遊戲已經結束了。

驚險獲勝

　　當時多數董事贊成任命我的情勢即將消失，我的第一個念頭是「我輸了」，我正打算提議休會，向柯倫解釋他的決定可能產生的影響時，路特說：「噢，我們已經跟米契爾談過，他同意留任。」一貫秉持紳士精神的柯倫說：「這樣一來，取消

他的職務就會非常難堪了，他應該留任。」我鬆了一大口氣。

因此，那天禮貌占了上風，呼應威靈頓公爵在滑鐵盧之戰中險勝拿破崙後說的話，我們的戰役也是「驚險獲勝」。

基金股東批准

先鋒公司從1974年9月18日、也就是公司登記六天前開始營運，但是要到1975年的2月19日，美國證管會才批准我們說明基金要改組的投票委託書，然後我們才郵寄委託書給基金股東，要求他們批准改組基金，也批准付給威靈頓管理公司的顧問費小幅降低5％左右。1975年4月22日，基金股東以壓倒性的票數，批准我們的提議。1975年5月1日，新的服務協議生效，基金家族付給威靈頓管理公司的顧問費就此降低。

接下來的十年裡，隨著先鋒的地位增強，高達90％、遠高於上述幅度的費用削減會隨之而來。我們明智地提出降低費用的建議，因為這種建議的功效，要到基金資產大幅成長後，才會發揮出來（請參閱第5章）。

先鋒的成立大致上沒有受到新聞界的注意，今天你搜尋財經媒體，看看當時他們是否知道有一家新公司誕生，你一定會一無所獲，更不用說查到有家公司打破共同基金結構的傳統規則了。

成熟的共同基金家族出現

我的預言正確得有點過分，但是我預測的時程顯然太謹慎了。1975年9月，新公司創設才不過一年，基金董事便批准先鋒，成立一種由內部進行行政管理的「無管理」共同基金，世界第一檔指數型共同基金就此出現。

才過了一年半後的 1977 年 2 月，我們的基金家族廢除所有銷售手續費，而且接管基金本身的行銷和配銷責任。最後，到 1980 年 3 月，我們的基金家族創設了自己的投資顧問單位，管理自己的債券和貨幣市場基金。

這時離公司創立才不到五年，先鋒已經變成我當初想望的成熟基金家族，我們已經做好準備，樂意而且有能力（其實是渴望）藉著推行與眾不同的共同化結構、以及史無前例的指數化策略，打響我們的名號。這種聯合行動會帶動一波驚人的創造性破壞，實際上還會摧毀「我們當時所知道的」基金業。

「瘟疫降臨你們兩家頭上了嗎？」

後來，我們開始吸引大家的注意時，卻得到不友善的待遇。《富比世》（Forbes）雜誌在 1975 年 5 月號的一篇報導中，用輕蔑的態度看待我們的新式共同化結構，報導的標題是〈瘟疫降臨你們兩家頭上了嗎？〉（A Plague on Both Houses?），這句話出自莎士比亞的悲劇《羅密歐與茱莉葉》（*Romeo and Juliet*），總結了報導對威靈頓管理和先鋒兩家公司的蔑視。

幾十年後，當時的《富比士》雜誌總編輯威廉・鮑德溫（William Baldwin）為了這篇帶有惡意的報導道歉了兩次。第一次是在 1999 年 2 月 8 日，他說：「事後看來，我們不應該刊出那篇挖苦先鋒集團的文章。」後來他在 2010 年 8 月 26 日出刊的《富比士》雜誌中寫道：「我樂於正式撤回《富比士》1975 年 5 月刊出的一篇報導，柏格……是一貫大聲疾呼、傳播降低成本福音的人，我認為他為投資人創造的福祉，超越上個世紀中的任何金融家。」

堅持
不懈

截然不同的反應

其他共同基金業者很可能與 1975 年 5 月《富比士》雜誌那篇報導對先鋒的態度相同,但是他們大致上不重視先鋒集團的誕生(他們對於未來的發展毫無所感)。事實上,對我們基金獨立新結構發表評論的人少之又少,因此兩則對我最重要的評論深深銘刻在我心底,一則評論是我在本書作者序提過的話,是洛杉磯美國基金公司領袖拉福雷斯所說的警告:我們的共同化結構會「毀了這個行業」。

第二則評論出自布蘭登‧巴林傑(Brandon Barringer)之口,巴林傑曾經擔任威靈頓基金投資委員會委員,是老牌投資專家,以智慧淵博、眼光遠大聞名,1974 年他聽說我要成立先鋒公司時,從休養中的賓州醫院病房打電話給我:「你剛剛革了共同基金業的命,傑克,恭喜你的成就。」先鋒的共同基金治理實驗就此展開。

事實證明,拉福雷斯和巴林傑兩位先生都說對了。

因此,從第一個戰場的硝煙升起後,我們一直堅持不懈,先鋒生存下來了,下一場戰鬥很快就要開始。

保持航向,堅持不懈

「堅持不懈」的指導原則再度得到證明,是我守護職涯正道的堅定決心,是我克服挑戰,度過 1965 年到 1974 年間傷心與失望的要領。這場戰役漫長而艱苦,但是促成的結果──蒼穹中的新星先鋒公司,有朝一日會帶動共同基金界的革命。事後回想,我不知道自己到底怎麼在戰鬥的壓力下,(像

66

今天別人說的一樣）「保持冷靜」。但是借用英國詩人魯德亞德・吉卜林（Rudyard Kipling）的話，我「坦然面對勝利和災難，榮辱不驚」，我知道自己想要創造什麼成就，知道先鋒的新穎共同化結構，是接下來發展世界第一檔指數化共同基金的關鍵。

03

04 指數基金革命：
從初試啼聲到引領市場 [14]

	1975年12月	2018年6月	年成長率
指數資產	1,100（萬美元）	6.8（兆美元）	37.4%
業界資產	459（億美元）	18.3（兆美元）	15.8
指數型基金占有率	0%	37%	
			年度報酬率
標準普爾500指數	90	2,718	11.5%
中期美國政府公債殖利率	7.2%	2.1%	6.9
股六債四基金	—	—	10.0

標準普爾500指數走勢圖

資料來源：Yahoo! Finance.

---

14 請注意：先鋒成立第一檔指數型共同基金，是我們歷史上的重大事件，因此我把這一整章，
都用來說明創造這檔基金的非凡故事。

這檔指數型基金是先鋒公司的第一個創作，這張圖清楚顯示，這檔指數型基金不但存活了下來，還在股價長期上漲期間欣欣向榮，創造出11.5％的年度報酬率，整整比標準普爾500指數創設後74年間9.6％的報酬率高出19.8％。

1951年播下的種子

指數化是我1951年在普林斯頓大學時想到的構想，我在學士論文中寫道，共同基金「可能無法宣稱績效高於市場指數」。隨後的歲月裡，我深入參與威靈頓基金對卓越投資表象的追尋，卻一直沒有結果，更不用說我一廂情願地希望我的併購案夥伴，能夠賺到可以長久維持的優越報酬率了──這兩件事只是更加證實了我對主動型基金經理人的擔憂。

這些跟主動投資管理有關的第一手經驗，給了我一個教訓：對絕大多數的投資人來說，尋找穩操勝券的基金經理人很難，而且最後反而會一無所獲。1974年10月初，我閱讀諾貝爾經濟學獎得主薩繆森博士發表在《投資組合管理期刊》（*The Journal of Portfolio Management*）創刊號上的〈判斷的挑戰〉（Challenge to Judgment）時，先前的教訓重新回到我的腦海中。我在創立新公司後不久，能夠看到這篇影響深遠的論文，真的是太奇妙、太讓人高興的巧合了[15]！這時機可以說是再完美不過。

薩繆森博士找不到「最基本的證據」，足以證明基金經理人能在「重複且持續的基礎上」，有系統地創造優於標準普爾500指數報酬率的績效。實際上，他還請求任何人在任何地方

---

15 不錯，薩繆森博士就是25年前讓我在普林斯頓大學備感挫折的教科書作者。

創立一個模仿標準普爾500指數的指數型基金，他寫道：「到現在為止，還找不到一檔便於投資、模仿整個市場，不收手續費，又把交易手續費、周轉率和管理費，壓到可行的最低水準的指數型基金。」

創立指數型基金的動機與機會

薩繆森的詰難像閃電般擊中我，點燃了我的信念，認為新創的先鋒公司有個與眾不同、甚至獨一無二的機會，可以經營一檔被動管理的低成本指數型基金，而且至少可以獨占市場、呼風喚雨好幾年。我們的共同基金業競爭對手中，沒有一家想創設低成本（實際上是等同成本）的共同基金。如果「策略跟隨結構」，只收名目成本的指數型基金很完美，而且是我們的新公司獨一無二的產品。

我們所有的同業都有機會創設指數型基金，但只有先鋒有機會又有動機創設。畢竟基金公司成立所謂的共同基金，目的是要增加管理資產，進而提高顧問費和公司獲利[16]。不管怎樣，在基金業中，這樣就是「美國的正道」。然而，剛獨立的先鋒尋求的是（而且後來的確這樣做）把付給投資顧問過高的費用，降到遠低於大企業和州退休基金的水準。指數型基金還更好，不需要投資顧問，不必付半點顧問費。

先鋒裡只有三個人（其實已經是先鋒整個策略小組），有資格開發指數型基金的投資觀念和行銷計畫，第一位是我自己，第二位是普林斯頓和賓州大學華頓商學院（Wharton）的

---

16 請注意第 2 章所引用前證管會主委柯恩 1968 年的講詞。

年輕畢業生德納多斯基〔他後來擔任法蘭克‧羅素證券公司（Frank Russell Securities Company）總裁〕，第三位是同樣出身華頓商學院的詹姆斯‧賴普〔James S. Riepe，他後來出任普信集團（T. Rowe Price）副董事長〕，我們開始創造模仿標準普爾500指數的指數型基金，而且為預定9月開會的董事會，準備了正式的建議書。

說服先鋒董事成本很重要

　　有鑑於先鋒誕生前曾經發生過衝突，我知道董事會會質疑我的客觀性，因此我在簡報中把薩繆森博士的論文標為「圖1」，甚至放在用來證明我這項建議的參考資料前面。

　　下一張圖裡，我提出令人信服的證據，證明指數化過去運作很有效，我列出1945到1975年的30年間，每一檔股票型共同基金的年度報酬率，然後計算簡單平均數，再拿來跟標準普爾500指數比較。

　　結果如下：標準普爾500指數的年度平均報酬率為11.3％，股票型基金年度平均報酬率為9.7％，指數化每年的優勢達到1.6個百分點。這是堅強有力的統計證據（你也可以說是「最基本的證據」），證明被動型指數的報酬率優於主動型基金。這些資料證實了24年前我在學士論文中得到的結論，只是當時我只有口耳相傳的說法支持我[17]。

---

17 這種差距並非統計上的異常。我在 2016 年 1 月，替《財務分析師期刊》（*Financial Analysts Journal*）寫的一篇論文裡，為 1985 至 2015 的 30 年間，複製了上述測試，結果如下：標準普爾 500 指數的年度報酬率，比一般主動管理的大型股混合型基金，高出 1.6 個百分點，指數化的優勢和我 1975 年向先鋒董事報告的一樣。兩種結果的優勢幾乎全都出自指數型基金的成本優勢。

不需管理的基金

我急於說明這種退休金帳戶的優勢，對董事會展示了一組假設性的投資成果：如果最初投資100萬美元在標準普爾500指數帳戶，30年後會得到的終值是2,502萬美元；一般股票型共同基金得到的終值是1,639萬美元；指數型基金的優勢高達863萬美元，沒有什麼比這些數字更有說服力了。

1975年9月，先鋒的董事在董事會議上，對我提議的指數型基金抱持懷疑，他們提醒我，我們當初在威靈頓基金董事會中，咬牙苦戰後才贏得的授權，禁止我們的新公司從事投資顧問和行銷服務。

我辯稱，先鋒經營指數型基金並不違反這項禁令。[18]指數型基金只是持有標準普爾500指數中的所有500檔股票，不聘用投資顧問，因此應該不必「管理」，公開承銷則可以委託外部券商聯合推動。

不論我的說法誠不誠實，「指數型基金不必管理」的主張贏得勝利，董事會中的爭議比我預料的少，一致批准我的提案（投票後，一位董事決定不再擔任董事，撤回自己的任命）。

第一檔指數化投資信託

1975年12月31日，我們在德拉瓦州為「第一指數投資信託」[19]申報信託聲明書，這個名字反映我們希望搶得先機，成

---

18 只不過到了五年後的1980年，我們建立了先鋒固定收益部門，管理我們的債券和貨幣市場基金時，這個禁令就會完全取消，詳情請見第5章。

19 這檔基金現在稱為先鋒500指數型基金（Vanguard 500 Index Fund）。

為世界第一檔指數型共同基金的決心。到1976年4月，我們已經準備好公開說明書，預測管理指數型基金的成本中，營運支出每年應該只有0.3％，交易成本應該只有0.2％，遠低於主動管理型基金（包括周轉成本和銷售手續費攤銷）高達2％至3％的成本。我創造這種動搖前例的投資策略，只有一個簡單的論點，就是「成本的小小差異，可以產生優越的長期報酬」。

基於開辦追蹤指數的共同基金很複雜，我們提議的基金必須開創新局。這檔基金跟指數化的退休金帳戶或集資式的信託基金不同，必須處理聯邦法律規定、日常現金流量，和幾千、幾萬甚至幾十萬股東帳戶的事務。

我們在初步計畫中，說明我們提議如何盡量降低投資組合交易的手續費成本、如何發展營運效率，以免削弱我們緊密追蹤指數的能力。1976年5月，董事會檢視我們對其質疑的回應後，批准我們向證管會申報的第一指數投資信託公開說明書和註冊聲明（我們選擇的名字安然通過證管會職員和不少反對人士的挑戰）。

誰是第一？誰又留到最後？

毫無疑問，第一指數投資信託是第一檔指數型共同基金。到現在我仍然有點驚訝的是，1975年時，為什麼這種開創性的指數型共同基金，會由我來創造？這種基金怎麼創建？但是，首先要問的是，為什麼過去沒有人創設這種基金？

1960年代末期，富國銀行（Wells Fargo Bank）曾經利用學術模型，發展出導向指數化投資的原則和技術，替新秀麗公司（Samsonite Corporation）建構了一個規模600萬美元的指

數化退休基金帳戶。

富國銀行最初的努力沒有成功，他們選擇紐約證券交易所股票的一檔相等權數指數，作為投資策略，根據某些人的說法，這種策略的執行變成了「噩夢」，富國銀行就在1976年放棄這個策略，改採標準普爾500指數的市值加權新策略，所選的指數正好跟我們一年前替先鋒第一指數投資信託選的指數完全相同。新秀麗後來會面臨破產，放棄該退休基金計畫。

1971年，波士頓的百駿財務管理公司（Batterymarch Financial Management）在獨立自主的情況下，決定追求指數化投資的構想。這個構想首先由別人在1971年的哈佛商學院研討會上鼓吹，卻沒有人響應，百駿財務管理公司因此贏得了1972年《退休金與投資》（*Pensions & Investments*）雜誌的「爭議成就獎」（Dubious Achievement Award）。兩年後，到1974年12月，百駿終於吸引到第一家客戶，但是該公司的指數化做法很快就會無疾而終。

更多失敗的指數化做法

1974年，芝加哥的美利堅國民銀行（American National Bank）模仿標準普爾500指數，創設了一檔共同信託基金，但該行和這檔基金現在已經不存在了。當時新介入共同基金業的美國運通公司（American Express），也試圖提供指數型基金，於1975年向證管會申報註冊聲明書，表示要提供一檔指數型基金，讓退休金客戶選擇（初期投資100萬美元），但申請遭到擱置，美國運通的新領導階層就在1976年初撤銷註冊。

這些新興的指數化策略做法沒有一項能夠開花結果，沒有

一個火種能夠點燃指數化的烈焰。所有暫時性的試探，都不能創造出任何一檔永續成功的指數型基金，只有一個例外，就是先鋒第一指數投資信託。

40年後，早年試圖領導指數化革命的這些指數型基金，累積的資產加總起來仍是零。

里程碑3　1975年9月
第一指數投資信託如何創立

先鋒第一指數投資信託不是複雜演算法的產品，也不是現代投資組合理論或效率市場假說的產品，1975年時，我甚至從來沒有聽過如今（在投資史上）著名的芝加哥大學教授尤金・法馬（Eugene Fama），或達特茅斯大學（Dartmouth）教授肯尼斯・傅蘭奇（Kenneth French）。後來，我了解效率市場假說時，可以看出不均衡、而且經常難以預測的市場效率，使效率市場假說變成指數化不可靠的基礎。

說真的，我決定創立指數型基金時，根本沒有應用統計學的知識或能力（我猜是這樣）。丟臉的是，當時我並不熟悉現代投資組合理論或效率市場假說[20]，但是，這並不重要。

第一檔指數型共同基金也不是芝加哥大學和富國銀行量化研究的產品。的確如此，我後來研讀芝加哥大學對指數型基金起源的研究時，才知道自己創立第一指數投資信託時，從來沒

---

20 我後來開創了「成本很重要假說」（Cost Matters Hypothesis），當時不太有人引用，現在大家已經普遍接納了。

有聽過芝加哥大學那篇星光熠熠論文上的任何一位作者。

作者群確實是1970和1980年代金融學術界中最最重要的超級巨星，例如約翰‧麥昆恩（John McQuown）、詹姆斯‧佛爾汀（James Vertin）、威廉‧福斯（William Fouse）、費雪‧布雷克（Fischer Black）、哈利‧馬克維茲（Harry Markowitz）、尤金‧法馬、傑瑞米‧格蘭森（Jeremy Grantham）、狄恩‧李巴倫（Dean LeBaron）、詹姆斯‧羅利（James Lorie）、莫頓‧米勒（Merton Miller）、麥倫‧休斯（Myron Scholes）和威廉‧夏普（William Sharpe）。雖然我是普林斯頓大學1951年班的畢業生，因為對財務有興趣才會寫那篇學士論文，但是簡單說，那段期間，我對學術界和金融界的動態一無所知。

第一指數投資信託的誕生出於偶然且近乎直覺，德納多斯基是先鋒公司最初28位成員中的一位，是第一檔指數型基金的第一位投資組合經理人，我要讓他來說明1975年初發生的事情：

> 有一天，你問我可不可以操作一檔指數型基金，嚇了我一跳，經過幾天的研究後，我回答可以。我用程式設計語言（APL），在一個分時系統上，利用簡單的股本加權運算法和公開資料庫，寫出指數型基金程式。坦白說，這件事很容易，不過你對承銷商成功推銷這個構想，開始推動巡迴說明會時，我還是覺得相當緊張，我居然要用我寫的一套小型程式來管理真正的資金！

難道我的意思是，普林斯頓大學的一位文學士和另一位電機工程學士，加上華頓商學院的管理碩士，比芝加哥大學、史丹佛大學和哈佛大學培養出來的所有博士、碩士還聰明嗎？當然不是。

但是我要再次強調的是，先鋒500指數型基金不但是第一檔指數型共同基金，也是早期任何一種結構的指數化嘗試中，唯一通過時間考驗、存活下來的指數型共同基金。到2018年，這檔基金的資產達到6,200億美元，是世界上兩檔最大共同基金中的一檔，僅次於資產規模6,600億美元的先鋒全股市指數型基金。

初次公開發行

現在該我去替先鋒開路了，去為這檔按「成本價格」操作的基金籌資，這樣我們才能推動這種指數型基金，而不須動用我們還沒有賺到的錢在行銷和促銷上。我們需要聘請一群華爾街投資銀行家，負責初次公開發行事宜，以確保新基金擁有夠多的資產，足以持有幾百檔股票。

我莽撞地寫信給董事會，說我們的目標是「承銷5,000萬美元到1.5億美元的指數型基金」。

在當年，先鋒的基金完全透過經紀商銷售，要收取銷售手續費，可是在1973和1974年間股價暴跌將近50％後，共同基金的銷售急劇惡化，但我們還是立即努力爭取一群頂尖的全國性經紀商參與承銷。

經過我們極力遊說後，培基斯圖亞特證券〔（Bache Halsey

Stuart），現在的保德信證券（Prudential Securities）〕、潘恩韋伯（Paine Webber Jackson & Curtis）和雷諾茲證券（Reynolds Securities）同意加入承銷團隊，條件是我們要找到第四家大型券商，擔任主辦承銷商，結果這家券商由添惠證券公司（Dean Witter）出線。添惠證券公司初次公開發行部門的領袖羅傑‧伍德（Roger Wood）支持創設這種基金的構想，堅定擔負起領導承銷的責任，總之，我們找到了華爾街四家最強大的共同基金配銷商。

幸運再度加持

1976年6月號的《財星》雜誌刊出一條橫幅標題，宣布〈指數型基金時代來臨〉，使我們的信心大增。《財星》總編輯阿爾‧埃爾巴爾（Al Ehrbar）在一篇引人注目的六頁報導中，宣布「指數型基金現在意圖改造整個專業化的基金管理界」。

他把重點放在退休基金上，寫道：「它們現在的管理很糟糕，負責退休基金的企業經理人，沒有創造追平市場指數的績效，反而把基金交給在扣除費用前，績效就一向較差的專家。」埃爾巴爾用一系列嚴謹的資料和指數化理論的詳細說明，支持他的立場，反駁每一種可能的反對，對德納多斯基和我來說，埃爾巴爾的報告是靈丹妙藥。

薩繆森博士回歸

大家對宣布承銷的接納不算熱烈，卻還算不錯。但是很少有人像德納多斯基和我一樣，認為指數型基金代表共同基金業

新時代的開始。

　　薩繆森博士的評論最熱烈，他是我念大學時教過我的教授（後來變成諾貝爾獎得主），也啟發我踏出推動指數化的第一步。

　　薩繆森博士在1976年8月出刊的《新聞周刊》（*Newsweek*）上撰文，對終於有人回應他兩年前的詰難表示欣慰，他寫道：「在比我預期短的時間內，我暗示性的祈禱得到回應。我從一份清新的新公開說明書中，看到有一檔名叫第一指數投資信託的東西要上市。」他承認這檔基金只符合他六項要求中的五項：

一、基金可供家資不豐的普羅大眾購買。

二、基金意在符合基礎廣泛的標準普爾500指數。

三、基金的年度費用只收0.2％。

四、基金的投資組合周轉率要維持極低水準。

五、基金要提供「所需的最廣泛分散投資，以便盡量提高平均報酬率、盡量降低投資組合變化與波動率」。

　　這檔基金沒有達成他的第六項要求——不收手續費，但是，他和藹地承認「教授的祈禱很少得到完全的回應」。事實上，應該只要再過六個月，薩繆森博士的最後一個祈禱就會得到回應，屆時先鋒會取消所有銷售手續費，變成「不收手續費」的基金。但是在此之前，因為我們顯然需要招募經紀人，支持基金的承銷，這檔基金必須收取最初的銷售手續費（根據共同基金業當時的標準，我們收取的手續費很低，比較小額的投資收取6％，逐漸遞減到100萬美元以上收取1％）。

巡迴說明會招徠失敗

　　然而，我們在全國十多個都市舉辦巡迴說明會時，我的副手賴普和我都覺得，券商代表似乎不特別熱衷於推廣我們的概念。畢竟，基本上，指數型基金暗示他們的專業——替客戶選擇管理良好的基金，彷彿一場輸家的遊戲。

　　1976年8月31日初次公開發行結束時，結果是徹底的失敗，只募到1,130萬美元的投資人資金，連標準普爾指數500檔成份股中，每檔股票各買一張的錢都不夠[21]。

　　承銷商覺得抱歉，建議我們撤銷承銷，把錢退還給投資人。「不行，」我記得自己告訴他們，「我們現在擁有世界第一檔指數型基金，這是重大成就的開始。」

「柏格的愚蠢行為」

　　凡是推出新構想的人，都應該預期會遭到別人懷疑，然後在構想實現時，會遭到譴責和抨擊。第一指數投資信託不只一次被人說成「柏格的愚蠢行為」，中西部一家券商還在華爾街貼滿海報，上面畫著美國政府憤怒地用一個大橡皮圖章，在這檔基金的受益憑證上，蓋上作廢的銘記，海報的標題大聲疾呼：「指數型基金不符美國之道，請幫忙撤銷指數型基金！」

　　富達集團董事長愛德華‧約翰森（Edward C. Johnson III）不認為富達會在短期內跟進，發行指數型基金（但是到1988年，他會做一模一樣的事情）。他告訴新聞界：「我相信

---

21 譯注：美股為大股，每張股票為 100 股；台股為小股，每張股票為 1,000 股。

絕大多數投資人不會滿足於平庸的報酬率，追求最佳績效才是王道。」（今天，富達管理的所有股票型基金資產中，整整有30％是指數型基金）。

另一家競爭對手則推出傳單，咄咄逼人地問：「誰想讓平庸的外科醫生開刀？誰想接受平庸律師的諮詢、當平庸的註冊代理人，或是做些和一般標準相去無幾的事情？」這張傳單的結論意在鼓勵投資人，「追星的人不會抓著一把塵土飛上天」。當然，大多數基金投資人長久以來一直都在追星，但是，投資已經上漲的基金，卻像是抓著一把塵土去投資。

只買到500檔股票中的280檔

因為我們的承銷目標相當樂觀，金額為1.5億美元，我們對最後的募資數字並不滿意。但是我十分欣喜，至少我們可以建立自己的指數型基金了！德納多斯基身為這檔基金的第一任投資組合經理人，當然立刻就把這檔基金最高的1,100萬美元資本，投資在標準普爾500指數的成份股上。

因為資產有限，購買所有500檔股票的交易成本很高，因此最初的投資組合只包括280檔股票──200檔股本最大的股票（代表該指數將近80％的權重）；加上經過精心選擇，可以吻合指數其餘成份股面貌的另外80檔股票。到1976年12月31日，我們的資產已經成長到1,400萬美元，在211檔股票型基金中，排名第152。

「匠人所棄的石頭，已成了房角的頭塊石頭」

這檔基金的出身就是這麼寒微。到1982年底，第一指數投資信託的資產超過1億美元，在263檔基金中，排名第104。到1988年，我們的資產達到10億美元的里程碑，在1,048檔基金中，排名第41。到2018年中，先鋒500指數型基金〔包括為投資機構設計的姐妹基金——機構指數型基金（Institutional Index Fund）〕的資產合計為6,400億美元，規模僅次於先鋒全股市指數型基金（資產7,420億美元），在美國5,856檔股票型共同基金中，排名第二。

先鋒公司繼續擔任指數化的主力，擁有3.5兆美元的指數型共同基金資產，管理美國指數型基金6.8兆美元總資產中的51％上下。先鋒管理傳統指數型基金（TIF，指專為長期投資人設計的大盤指數型基金）將近80％的資產；在指數股票型基金（ETF，指所有可以像股票一樣交易的各式指數型基金）中，也占有25％的占有率。

我確信即使沒有先鋒公司，還是會有人創造出指數型基金，但是可能要延後10到20年。然而，我們的共同化結構卻還沒有人複製，但指數化仍然是改造傳統共同基金業的主力，指數化確實是推動整個金融界革命的力量。

法國大文豪雨果（Victor Hugo）說得對：「一種觀念的時代來臨時，任何軍隊莫之能禦。」不錯，近年我們已經看到指數化主導股票投資，但是，指數化會欣欣向榮早已可見一斑。第一指數投資信託花了大約20年，終於得到投資大眾日漸升高的歡迎，也受到來自各方面的攻擊，但指數化的成功重新肯定了聖經詩篇118首的教訓：「匠人所棄的石頭，已成了房角的頭塊石頭。」

先鋒500指數型基金：真實世界的成就

　　到2018年中，先鋒500指數型基金的承諾顯然已經實現，而且還綽綽有餘，不只因為這檔基金的資產成長驚人，也不只因為這檔基金孕育了一大堆全新的指數型基金，改變了整個基金業，讓投資人而非基金經理人坐上主導地位，而是因為以標準普爾500指數為基礎的指數型基金，努力造福將儲蓄託付給這個全新觀念的平民百姓。

　　要說明這點，我想不出有哪個例子，勝過第一指數投資信託近乎失敗的承銷券商律師的經驗（為了保護他的隱私，我只簡單稱他為「律師」）。他因為擔心沒有投資人購買這檔基金，決定在初次公開發行中，購買1,000股。

　　把時鐘撥到2011年秋天，這位「律師」和承銷主辦人、先鋒公司的兩位同事和我，在紐約市共進晚餐，一起慶祝1976年承銷的35週年。

15,000美元成長到1,127,704美元

　　我們在享受老友之夜時，談話生動而坦白，每個人都說了一、兩個小故事，最後，律師站起來說：「我希望讓承銷順利，就以包括6％銷售手續費在內的15美元承銷價，買了1,000股，後來我把所有股息都再投資下去，稅負另外繳交。來這場晚宴前，我看了一下最新的基金對帳單，看到的數字如下：我現在擁有4,493股，以今天250.99美元資產淨值計算，

這些股票目前的資產價值為1,127,704美元[22]。」說著，律師在熱烈的掌聲中坐了下來。

這似乎讓人難以置信，但這個故事卻真實無疑。這個小故事的重點是，絕對不要低估投資報酬率複合成長的威力，反而要經常避免投資成本複合成長的專制。

注意事項

這裡有兩個重要的警告：一、指數的11％報酬率是根據2018年的名目美元計算，指數型基金的實質年度投資報酬率應該是7％（經過平均4％的年度通貨膨脹率調整）。律師的投資實質價值應該低多了，只有256,284美元（？）。二、在未來的歲月裡，極不可能再出現標準普爾500指數11％的年度報酬率，因為1976年時，股票的估值相當便宜，現金殖利率相當高（3.9％）；2018年時，估值似乎偏高，現金殖利率卻相當低（1.8％）。

賺到了錢，才能稱為大獲全勝

1995年8月，《錢》（*Money*）雜誌把那一期的大部分版面，都用來探討指數化的成就。執行總編輯泰勒・馬蒂森（Tyler Mathisen）在所寫的頭條社論中，擁抱指數化的觀念，呼籲讀者「徹底重新定位自己身為投資人的期望」。他描述指數型基金的優勢——低廉的操作成本、交易成本與資本利得稅曝險，

22 該資料已更新到 2018 年 6 月 30 日。

好比當代三大男高音多明哥、帕華洛蒂和卡雷拉斯同台獻唱一樣讓人驚嘆。

頭條社論中慷慨地宣稱：「柏格獲勝：指數型基金應該成為今天大多數投資組合中的核心。」最後，他以個人致敬作為社論的結尾：「因此，本文在此向柏格個人致敬，你有權稱之為指數化大獲全勝。」

巴菲特和史文森的背書

馬蒂森深具洞察力的背書只是起頭，一年後，投資巨人巴菲特加入行列，在他1996年致波克夏公司股東的信中寫道：「擁有股票最好的方法，是透過收取最低費用的指數型基金，遵循這條道路的人，一定會打敗絕大多數投資專家締造的淨成果……」

巴菲特在2016年的波克夏公司年報中，還錦上添花地說：「如果要豎立一座雕像，紀念對美國投資人做出最多貢獻的人，柏格無疑一定中選。幾十年來，柏格敦促投資人，投資超低成本的指數型基金。柏格在他的聖戰中……經常遭到投資管理業者嘲笑。然而，今天他可以滿意地知道他幫助了千百萬投資人，為他們的儲蓄，賺到遠超過其他方式所能賺到的報酬率，他是他們的英雄和我的英雄。」

耶魯大學捐贈基金長期經理人大衛・史文森（David Swensen）在2005年出版的大作《打敗大盤的股市策略》（*Unconventional Success*）中，加入自己對指數型基金和先鋒共同化結構的背書：「投資人投資由非營利機構管理的基金，會得到最好的待遇，因為基金管理公司把重點完全放在為投資人謀

福利上，沒有用獲利動機，妨礙投資人的報酬率，沒有外界企業利益跟投資組合經理人的選擇衝突，非營利公司把投資人的利益放在最前面、放在最中央……最後，非營利投資管理機構管理的被動管理指數型基金，代表最可能滿足投資人期望的組合。」

三位投資巨人的共同肯定

2005年，薩繆森博士在這些慷慨的評語中，又加上一份重大的背書：「我把柏格的這項發明，看成媲美輪子、字母、古騰堡印刷術，以及紅酒和乳酪的發明：共同基金從來沒有讓柏格致富，卻提升了共同基金投資人的長期報酬率，這是太陽底下的新事物。」

把巴菲特、史文森、薩繆森這三位投資巨人，拿來跟1927年紐約洋基隊著名的「殺手打線」（Murderer's Row）相提並論，幾乎沒有不合理的地方——當時貝比·魯斯（Babe Ruth）的打擊率達到0.356，打出60支全壘打；盧·賈里格（Lou Gehrig）的打擊率高達0.373，打出47支全壘打；厄爾·康伯（Earl Combs）的打擊率達到0.356，打出6支全壘打。

為什麼要試著對他們投球呢？

保持航向，堅持不懈

先鋒公司的指數型基金從兩個角度展現了堅持不懈的鋒芒。第一，我們身為企業體，對一種改變世界的構想，必須堅定不移，然後保持耐心，應付整整20年單調乏味的遲延，才得

到投資人的接納。第二，投資人對簡單、廣泛分散投資、成本最低的標準普爾500指數型投資基金堅定不移，會得到真正驚人的報酬率。

04

05 — 1974—1981 年：嶄新的開始

	1974年9月	1981年12月	年成長率
先鋒資產（十億美元）	$1.5	$2.7	8.8%
業界資產（十億美元）	$34.1	$241.4	32.3
先鋒市占率	4.4%	4.9%	—
			年度報酬率
標準普爾500指數	69	123	15.0%
中期美國政府公債殖利率	8.0%	14.0%	6.6
股六債四基金	—	—	11.9

標準普爾 500 指數走勢圖

資料來源：Yahoo! Finance.

在股市低潮時創立公司並不好玩，投資圈瀰漫悲觀氣氛，我們卻認為情勢不可能惡化，結果的確如此。崩盤後的六年間，標準普爾500指數漲勢幾乎沒有中斷，一共上漲了175％。但是，先鋒的資產基礎成長80％，增加到27億美元的過程中，卻掩藏了我們的市占率降到空前新低，降到只占業界資產總額1.7％的事實，然而，我們始終堅持不懈。

1975年的嶄新一步

董事會批准我們成立指數型基金，讓先鋒公司可以從1975年起，踏出新的一步。第一指數投資信託的存在，表示不論我們的行動多麼無力，我們都在受到限制的情況下，進入共同基金三角形中的第二邊——也就是投資這一邊（我們的基金是無「管理」的基金）。下一步在1977年踏出，是要承接行銷和配銷責任，這一步完成後，就要開始進入三角形的第三邊，也就是最後一邊，取得擔任整個先鋒基金家族主動投資顧問的權利，這個目標會在1981年達成。

基金配銷中的異常狀況

從開始爭取先鋒公司的獨立時起，即使我們繼續依賴經紀商和自營商，但是我知道，致力以基金股東負擔最低年度費用比率的方式營運，其實並非正常狀況。當時我們對購買我們共同基金的投資人，收取7.5％到8.5％的買進銷售手續費。先鋒幾乎像所有的同業經理人一樣，配銷策略跟證券經紀商密不可分。

我們開創性的指數型基金初次公開發行後，我立刻決定必須解決這種異常狀況。1976年秋天，我致函先鋒公司董事，大略說明我打算放棄支持威靈頓將近半世紀之久的配銷制度。

根據這種制度，威靈頓管理公司擁有全權，可以獨家跟銷售先鋒基金給客戶的券商網絡打交道，先鋒的董事曾經同意不侵犯威靈頓的地盤。

我們再度設想出新穎的解決方案，我向董事會提議採取另一個史無前例的步驟，就是解除先鋒和威靈頓管理公司已訂定將近半世紀的配銷契約，我們要以「不收手續費」、不付銷售佣金、完全無需透過經紀商的方式，銷售我們的基金。我們不再依賴賣方銷售基金，要改為由買方自行來購買。

我（再次精確、但可能並不誠實地）對董事會宣稱，我們沒有違反禁止先鋒從事配銷工作的保證，我們只是把配銷這道程序取消。

控制行銷與配銷的激進行動

大戰隨即爆發，仍然負責配銷先鋒基金的威靈頓管理公司堅稱，這麼激進的行動會變成「災難」，會摧毀兩家公司。我主張，短期內這樣的改變多少一定會打亂我們的事務，長期卻會引領我們踏進未來的管理時代，注重投資人的利益、消費主義和投資人的選擇，而不是停留在當前由券商主導的業務導向時代。

是否採行這種做法的決定，要在1977年2月7日在紐約市舉行的夜間董事會會議做成，會中的討論很熱烈，爭議很多，政治意味很濃厚，但我相當有信心，認為我可以以「一票之差」，獲

得「壓倒性」勝利，拿到七張贊成票、六張反對票。結果我所想的還不夠樂觀，1977年2月8日半夜1點，董事會終於投票時，贊成票有八票，反對票有五票。我們在那天早上10點，向新聞界和大眾宣布這個戲劇性的決定，我們贏得了勝利。

我們這家瘦弱的企業依據狹隘的授權，開始營業才不過18個月，就走上成為完整共同基金家族的康莊大道，先負責行政管理，接著指數型基金的管理開始上路，現在還要負責行銷和配銷。

但是，奮鬥還沒有完全結束，1974年董事會批准威靈頓基金行政管理內部化，是在一致同意、幾乎沒有引起大眾注意的情況下完成。1975年的指數型基金管理內部化問題，也是透過全體同意，大眾的反應卻相當負面。但是配銷內部化的決定卻相當突然，威靈頓基金股東反對我們向證管會所提出的申請，要求在1978年舉行正式的行政管理聽證會，獲得了證管會的同意。

里程碑4　1977年
失敗的痛苦

我們向證管會提出申請，要求證管會批准先鋒多檔基金聯合動用資產中的一小部分金額，推動基金的促銷和經銷，但須接受某些限制。證管會一向都堅持相反的立場，也就是基金不能動用自己的資產，推動基金的配銷活動。這種政策忽略了現實狀況——基金經理人支付的配銷費用，來自他們對基金提供投資建議所賺到的巨額利潤。

　　我們體認到這種矛盾很荒謬，要求證管會准予豁免，讓我們的基金可以動用一定的金額，直接推動基金的配銷。由於我們已經爭取到管理費的削減，又要承擔配銷所需的成本（在「不收手續費」的環境中，這種成本低多了），我們每年應該可以替基金股東淨節省80萬美元。

　　證管會的法規聽證會整整進行了十天，聽證會的大部分時間裡，我都在證人席上作證。據說這是美國《投資公司法》1940年立法以來，跟該法有關、時間最久的法規聽證會。最後，主持聽證的證管會行政法官梅克斯·雷晶史泰納（Max O. Regensteiner）做出駁回我們申請的決定！我們回到原點，我很生氣，沉浸在失敗的痛苦中。

　　雷晶史泰納法官的決定讓我們陷入困境，雖然他支持證管會原始的決定，讓先鋒公司可以在證管會的最終裁定後，立刻推動配銷計畫，但在那之前，他卻尋求修正計畫中所說，配銷費用分由多檔先鋒基金承擔的做法。

　　因此，我們陷入不確定的氛圍中，達摩克里斯之劍（sword of Damocles）用一條細線纏著，懸掛在我們頭上，我們在這種情況中，依然愉快地像以前一樣，推動基金的配銷活動，也在申請案中做了好幾項技術性的修正，消除了雷晶史泰納法官的疑慮。

　　1980年，我們針對計畫進行了一些微小的修正，其中最值得注意的是：任何基金承擔的配銷費用比率，都不得超過其淨資產的0.2%（2017年，任何一檔先鋒基金的這個比率都不超過0.03%）。雷晶史泰納法官終於批准我們的計畫。

里程碑5　1981年2月
勝利的興奮

　　頭上那柄威脅我們的利劍，終於在1981年2月25日解下。證管會針對我們的申請做出最終決定，判決先鋒獲勝。證管會的話遠勝過我的描述，說明得一清二楚：

　　　　（先鋒的計畫）符合美國《1940年投資公司法》的規定、政策和目的，實際上，該計畫會進一步提升該法的目標，確保掌握該基金的董事在獲得每種服務比較明確的相關成本與績效資訊後，會更有能力評估這些服務的品質。

　　　　（該計畫）有助於改善對股東揭露的事項，使股東針對該基金的運作，做出更明智的判斷。此外，該計畫顯然會強化該基金的獨立性，容許該基金視情況需要，更方便地改聘投資顧問。該計畫也會在合理的公平範圍內，嘉惠每一檔基金。

　　　　明白地說，「先鋒」的計畫會促進共同基金家族的健康和活力，促使其中各檔基金進一步地繁榮發展；促成該基金實現因顧問費用削減而得到的龐大節餘；提供該基金直接而沒有利益衝突的控制權，控制其配銷功能。

　　　　因此，我們認為，批准本申請案堪稱適宜。

　　這項決定是一致通過的決定。長期的「勝利之喜」，壓過了短暫的「失敗之苦」，自然也就不足為奇了。

指數型基金的苦苦掙扎

　　市場初期對第一指數投資信託的接納令人失望，1977年2月取消銷售佣金的做法幾乎無法扭轉這種情勢，必須等投資人慢慢適應，基金的績效得到若干證明之後，才可能看到投資人的資金持續流入。

　　1977年中，第一指數投資信託的資產在1,700萬美元上下停滯不前，我發現一個大幅增加其資產的機會。先鋒負責行政管理的其他共同基金中，有一檔名叫艾克希特（Exeter Fund）的基金，是一種交換基金（投資人用免稅的低成本證券，交換分散投資的投資組合），擁有5,800萬美元的資產。艾克希特基金不能發售新受益憑證給投資人，因此最後必須併入另一檔基金。

　　1977年9月，我提議把這檔基金併入第一指數投資信託，威靈頓管理公司卻建議併入溫莎基金，我們跟威靈頓管理公司激烈辯論後，董事會批准我的建議，第一指數投資信託的資產暴增四倍以上，達到7,500萬美元，終於有足夠的資源，可以擁有指數中的所有500檔股票。

標準普爾500指數的優勢消退

　　這樣做在指數型基金成立後的早年，並沒有什麼幫助，標準普爾500指數的報酬率，落在一般基金經理人的後面。標準普爾500指數在1972年到1976年間，創造驚人表現，勝過70％的股票型基金；在1977年到1982年間，表現卻讓人失望，大約只勝過四分之一的股票型共同基金。

標準普爾500指數先前可觀的優勢大幅逆轉，幾乎無助於這檔指數型基金吸引額外的資產（幾乎所有新的基金觀念都受到這種逆轉之害）。但是我們即將進入新的1980年代，在未來的十年裡，指數會再度超越一半以上的傳統管理股票型共同基金。

即使第一指數投資信託合併了艾克希特基金，資產規模還是要到1982年，才跨越1億美元大關。要到1984年，第二檔指數型共同基金才會加入基金業（第二檔指數型基金由富國銀行經營，也追蹤標準普爾500指數）。到1990年，基金業只有五檔指數型基金，總資產為45億美元，仍然只占所有股票型共同基金資產規模的2%左右。

狂飆時代、漂亮50股票時代及其後遺症

總之，先鋒的指數型基金踏進股市時，股市環境相當可怕，整個共同基金業都跳進了狂飆時代，包括先鋒公司創立前的威靈頓管理公司在內，好像這個時代永遠不會過去一樣，實際上並不是這樣（世上沒有什麼會永垂不朽）。

隨後的漂亮50股票狂潮也一樣，1973年至1974年間泡沫破滅時，股價腰斬，基金業「專家管理」的名聲也破滅無遺。

基金業一開始就由股票型基金主導，平衡型基金資產中持有的股票比率，通常超過60%，這一行的前途如何，要看股市的表現。但在狂飆時代，很多原本保守的共同基金經理人，卻大致持有由投機股構成的部位，在漂亮50股票的時代，則大致持有估值偏高的股票，這個產業已經忘掉自己的起源，1973年到1974年的股市崩盤其實是罪有應得。

股市暴跌造成共同基金資產減損，失望的投資人爭先恐後贖回受益憑證，共同基金總資產從1972年底的580億美元，暴減到1975年9月的360億美元，業界的資產損失了大約40％。

威靈頓的資產暴減75％

1972年初，共同基金的淨現金轉為負值，一直減少到1978年，先鋒幾乎無法免於這些趨勢的影響，雖然我們的基金具有偏向平衡型基金的傾向，我們的表現卻更不好。1965年，威靈頓基金聲勢如日中天時，資產規模升到20億美元的高峰，到1974年的股市低谷時，卻暴降到4.5億美元，減幅超過75％（第11章會更詳盡地談到威靈頓基金的歷史）。1981年時，先鋒在業界資產中的占有率只有5.8％，很快就會進一步降到1985年的5.2％，再暴降到1987年的4.1％。

威靈頓基金家族（然後是先鋒基金家族）的每月現金流出，始於1971年5月，要到1978年1月才會停止，負現金流量持續了83個月，流出的現金超過5億美元，大約是先鋒基金家族最初資產的三分之一。先鋒董事詹姆斯‧席爾（James T. Hill）說：「我們正在大失血。」他說得對，而且不只我們如此，說傳統共同基金業面臨滅絕，一點也不誇張。

救世主誕生——貨幣市場基金

這個行業需要救世主，而我們在名叫貨幣市場基金的新產品中，找到了救世主。

第一檔貨幣市場基金——準備基金（Reserve Fund）是在
1971年，由布魯斯·班特（Bruce R. Bent）和亨利·布朗（Henry
B. R. Brown）創立的，基金的投資組合包括短期貨幣市場工具、
商業票據和美國國庫券，這種基金的每股淨值應該維持（精確
地說，是會致力維持）為1美元。當時銀行儲蓄帳戶年利率受到
限制，最高不得超過5.25％，貨幣基金持有的短期票券殖利率
卻高達9％，因此這檔基金立刻大為成功，幾乎一夜之間，基金
業許多大公司都模仿起這檔基金。

貨幣市場基金的資產從1977年的40億美元，膨脹到1981
年的1,850億美元。這時美國聯邦準備理事會（Fed）已經取
消銀行儲蓄帳戶的利率限制，開放新競爭者到貨幣市場基金中
競爭。此外，利率會逐步暴降到歷史新低的水準，短期美國國
庫券的殖利率在1981年升到超過16％的高峰後，從2008年到
2015年間，跌到跟零利率只有一線之差。2008年中，貨幣市場
基金的資產總額為2.7兆美元。

起步遲緩的先鋒貨幣市場基金

我們的貨幣基金起步遲緩，到1975年6月4日才創設白廳
（Whitehall）貨幣市場信託基金〔現名先鋒首要貨幣市場基金
（Vanguard Prime Money Market Fund）〕，請威靈頓管理公
司擔任投資顧問。雖然先鋒跳上貨幣市場基金列車的時間比較
晚，卻帶動我們大力成長，先鋒基金的資產總額從1974年的
14.7億美元，增加到1981年的41.1億美元。

三層式的債券型基金

1977年我們決定不收手續費後，想到了另一個轉型的構想，利用一種空前未有的策略，創造了一系列的市政公債基金。我已經逐漸認定，能夠長期正確預測股市的股票基金經理人很少；因此我也認為，可以精確預測利率方向和水準、正確預測債券市場的債券經理人很少。

但是我們的同業卻提供「管理型」免稅債券基金，暗示他們可以正確預測債券市場，承諾達成不可能實現的承諾。因此我們決定劍走偏鋒，不是創設唯一的免稅債券基金，而是成立三層式的債券型基金，提供一種長期投資組合（最高殖利率）、一種短期投資組合（最低波動性）和你一定已經猜到的中期投資組合（兼容並蓄）。事實上，你很難想像這麼一個平凡的構想，過去卻沒有人嘗試過。

簡單卻從沒有人嘗試過的創新

這種簡單的創新幾乎在一夜之間，改變了投資人對債券投資的想法，業界大公司迅速在自己的債券型基金中，採用這種構想。這種改革有助於為債券型共同基金帶來新生命，債券型基金的資產會從1977年的110億美元，增加到2001年的1兆美元以上。到2018年中，債券型共同基金的資產為4.6兆美元，貨幣市場共同基金的資產總額再增加了2.7兆美元。

我們很容易想像到，先鋒的低成本結構會提供公司驚人的殖利率優勢，所以我知道，先鋒接管旗下固定收益基金管理權的時機已經到來。1980年，我在不滿意我們的市政公債和貨幣市場基金的報酬率和成本之餘，向董事會建議終止跟外部投顧

（威靈頓管理公司與花旗銀行）的合約關係，建立自己的固定收益專家團隊。董事會同意這麼做。

（威靈頓管理公司與花旗銀行）的合約關係，建立自己的固定收益專家團隊。董事會同意這麼做。

里程碑6　1980年
終於完整的三角形：先鋒踏入投資管理領域

如果創立了目標到期債券型基金的簡單決定，可以說成是「絕妙之舉」，那麼，選擇外界經理人管理新共同基金的行動則恰好相反。我們選擇了金融巨擘花旗銀行作為基金家族的顧問，可惜花旗銀行根本不能勝任。1980年一開始，先鋒決定結束這層關係。

當時，我們規模較大的貨幣市場基金（資產4.2億美元）要付高昂的費用，給當時的經理人威靈頓管理公司。我心想，時機已經成熟，現在應該建議董事會採取重大行動，用先鋒公司取代花旗銀行，擔任我們的市政公債基金經理人，同時建立先鋒自己的內部管理員工，取代威靈頓，管理我們自己的貨幣市場基金，這樣一方面是為了降低費用，一方面是得到獲取規模經濟所需要的「臨界質量」（critical mass）。

1980年9月舉行的董事會出現激烈爭執。一方面，換掉共同基金顧問花旗銀行根本不是問題，因為先鋒公司採用按「成本價格」的結構，在換掉貨幣基金顧問威靈頓公司後，會產生龐大節餘，但是在先鋒公司裡，建立新的債券專家團隊卻帶有風險。最後，我的建議通過，先鋒在擴大權責範圍上，踏出了重要的另一步。我們也決定把目標到期（defined-maturity）的觀念，應用在我們新的應稅債券型基金上，由公司內部員工負責管理。

奇怪的異常

董事會就我的提案投票時,出現了一個奇怪的異常現象:八位董事投票贊成創設擬議中的固定收益部門,而且因為董事身兼貨幣市場基金和市政公債基金董事,他們也要針對結束投資顧問合約這件事投票。但是其中一位董事單獨以擔任先鋒公司董事的資格,投票贊成創設固定收益部門(他認為「這是公司的大好良機」);卻以身兼市政公債基金和貨幣市場基金董事的資格,投票反對這個提案(「因為先鋒缺少管理這種基金的能力」)。因此投票結果是9票對0票,以及8票對1票,提案通過,新時代就此開始。

我們的內部經理人以非常低的成本,改善了先鋒債券型基金的「相對可預測性」,促使客戶的淨報酬率上升。「相對可預測性」的概念是指扣除成本前,獲得跟同業類似的報酬率,在這種情況中,債券型基金(尤其是目標到期債券型基金)的價格和殖利率,大致是由利率水準和期限結構決定,長期而言,一旦扣除成本,先鋒的基金總是會打敗同業。(「績效起起伏伏,成本永遠都在。」)

先鋒會主宰固定收益領域,似乎是顯而易見的事情。到2018年,我們變成遠超過同行的最大固定收益型共同基金經營者,在共同基金業的固定收益部門,占了18%的市占率(有關先鋒固定收益基金更多的詳情,請參閱第15章)。

先鋒固定收益部門成型

先鋒涉足基金主動管理領域,不但在財務上有重大意義,也是觀念上的關鍵突破,我們1975年創立第一指數投資信

託，成為代理投資顧問時，可以說是「首創」之舉，但董事會
1980年的決定才明確地讓我們踏入基金主動管理領域。先鋒創
立六年後，共同基金三角形的所有三邊終於全部就位。

　　董事會批准後，我們開始建立自己的固定收益投資團
隊，我們新成立的固定收益部門領袖是易安・麥金農（Ian A.
MacKinnon），曾是費城某大銀行固定收益證券資深經理，他
召集六位專家和少數幾位行政員工，組成團隊。我們開始管理
自己的市政公債和貨幣市場基金時，這些基金的資產總額大約
為17.5億美元。

新基金的樣貌

　　從我們1974年創立到1981年初期，先鋒傳統的股票型和
平衡型基金從占了資產基礎的98％，降到只剩57％，同時我
們的固定收益（債券和貨幣市場）基金資產比率，卻從2％飛
躍上升到43％（參見表5.1）。實際上，除了受益憑證周轉率
低很多、業務相當穩定的長期投資之外，我們也因為貨幣市場
基金，開始涉足成交量很高的新業務。

	基金資產 （十億美元）	先鋒共同基金資產所占比率（單位：％）			
		股票型基金	平衡型基金	債券型基金	貨幣市場基金
1974	$1.47	42%	56%	2%	0%
1981	$4.11	42	15	8	35
變化	+$2.64	0	−41	+6	+35

表5.1　先鋒的資產基礎劇烈變化

顧問費削減超過200次

　　1974年9月我們創立先鋒公司時，支付給威靈頓管理公司
的費用顯然必須削減，以便反映應該移轉給新公司的行政管理
費用。

　　此外，我成功地主張：削減的費用必須包含基金實際承擔
費用的「加成」，因為加成大致上是反映威靈頓提供這種服務
的利潤率。我們的董事會支持這種觀點，1974年內，先鋒總共
承接了62.7萬美元的費用，但是顧問費減少了77.4萬美元，結
果我們在第一年裡，就讓基金股東省下了14.7萬美元（當時這
筆錢看來似乎很多）。

　　1977年，先鋒開始不收手續費後，各檔基金要吸收配銷系
統的運作成本，這是威靈頓公司免於承擔配銷和行銷服務時，
我們必須承擔的成本。這些成本一年的總額估計為213.1萬美
元（再度涵蓋「加成」的部分），基金支付給威靈頓管理公司
的顧問費為296.2萬美元，結果這一年的額外淨節省為83.1萬
美元，先鋒基金股東得到的這些節省，讓先鋒基金家族的總費
用比率從占資產的0.69％，降為0.65％。

這一切只是起頭

　　這兩次基金費用全面削減比較像是徒具形式，先鋒基金股
東獲得的節省很少，全部只占基金資產的0.04％，對基金家族
和投顧公司沒有什麼影響。但是基金家族從1977年接管配銷
業務後，可以完全根據股東的福祉，獨立運作。

　　現在先鋒董事在觀念上，跟退休基金受託人的立場相同，
現在可以跟我們的基金股東，一檔接一檔地談判基金顧問費的

結構和水準，否則我們可以取消合約。因此我們開始談判，最後談成對我們的基金股東很公平的費用，這樣就叫做受託人責任（Fiduciary Duty）。

掀起費用削減潮

先鋒承接配銷成本造成的費用削減實施後，我們等了一年，才提議大幅削減付給威靈頓管理公司的顧問費，後來這項削減由股東在1977年的投票委託書中批准。我們的投顧公司接受這200多次大幅削減費用，幾乎毫無異議，甚至也沒有怨言，但這怎麼可能呢？

首先，先鋒基金現在處在有力地位上，如果威靈頓不同意削減費用，就會面臨高度獲利的顧問合約遭到解約的風險，相關收入會完全消失。我有先見之明，把早年的削減幅度安排得很小，最高比率的削減不但帶有預期性質，還要看每一檔基金的資產是否巨幅增加而定。我相信我們會「成長到」可以推動這些費用削減，但威靈頓管理公司可能不這麼認為。

里程碑7　1978年
我們開始削減費用吧！

令人高興的是，事實證明我的削減費用策略正確。先鋒的主動管理型基金資產從1977年的15億美元，飛躍成長到2018年中的9,700億美元，我們付給基金經理人的費用因為根據基金資產訂定權數，平均費率從0.35%，降為0.09%。

如果1977年的費率仍然適用，先鋒主動管理型基金的顧

問費總額，應該會高達34億美元，而不是先鋒基金股東實際付出的8.38億美元，結果光是先鋒的主動型基金，就節省了25.62億美元，過去所有的談判都值回票價了！

基本上，費率這麼驚人的減幅只是把基金管理的規模經濟，從投顧公司身上，轉移到基金股東手中。這個過程從1978年開始啟動，現在證明了這是價值連城的里程碑，是先鋒基金一系列200多次定期削減費用的開始，這波費用削減潮一直持續到1993年。

威靈頓基金的例子

威靈頓基金付給威靈頓管理公司的顧問費削減，是基金資產飛躍成長到可以要求削減費用的範例。從這檔基金股東在1977年的投票委託書中批准費用開始，到1995年的18年間，這檔基金的費用一共降低九次，反映威靈頓基金支付的費率，從0.31％削減到0.05％，全部減幅整整高達82％，表5.2就是這些費用削減的資料。

到1996年，威靈頓基金的資產躍增為80億美元，遠高於1977年的7.06億美元。到2006年，這檔基金的資產上升到400億美元，該基金的董事連續四年，每年把顧問費調升0.01％，使顧問費率從最初的0.04％，倍增為0.08％（我無法解釋提高100％的理由）。不錯，付給威靈頓的費用從1978年的100萬美元，增加為2017年的8,100萬美元，但是根據1977年的原始費率表，費用總額應該會達到2.4億美元，估計每年的削減金額驚人，將近1.6億美元。這樣對投顧公司是一大勝利，但是對威靈頓基金股東也是一大勝利。

費率	年度	基金資產 （百萬美元）	有效費率	減幅
基礎費率	1975	$776	0.31%	—
第一次削減	1977	$706	0.23	−32%
第二次削減	1979	$606	0.16	−30
第三次削減	1981	$521	0.23	+40
第四次削減	1983	$614	0.16	−30
第五次削減	1985	$813	0.15	−19
第六次削減	1987	$1,331	0.15	−0
第七次削減	1989	$2,099	0.12	−20
第八次削減	1991	$3,818	0.10	−16
第九次削減	1993	$8,076	0.05	−50
累積減幅				−82%

表5.2　1977—1993年間，威靈頓基金費率削減狀況

費用全面削減

　　先鋒一直極力全面降低付給外部投顧業者的顧問費，威靈頓基金的費用削減只是其中一個例子。

　　我們在推動全面公平合理顧問費的使命上，始終持之以恆，削減會先實施在延聘威靈頓管理公司作為外部投資顧問的每一檔先鋒基金上。費用能夠削減，起因是我們的基金擁有力量強大的談判地位。表5.3顯示了原始先鋒家族中主動管理型基金節省的巨額費用。

	1977			2018		
	資產 （百萬美元）	顧問費率	顧問費金額 （百萬美元）	資產 （十億美元）	顧問費率	顧問費金額 （百萬美元）
威靈頓 （Wellington）	$706	0.27	$1.91	$106	0.07	$74.4
溫莎 （Windsor）	528	0.43	2.27	20	0.08	16.1
衛斯理收益 （Wellesley Income）	133	0.39	0.52	56	0.05	28.0
摩根成長 （Morgan Growth）	81	0.42	0.34	13	0.15	20.4
探險家 （Explorer）	10	0.48	0.05	13	0.17	22.9
長期債券 （Long-Term Bond）	49	0.45	0.22	16	0.03	5.0
吉利美* （GNMA）	25	0.15	0.04	24	0.01	2.4
總計	$1,532	0.37%	$5.35	$248	0.08%	$169.2

＊先鋒的吉利美基金在1980年創立。

摘要
2018年1月先鋒基金2,480億美元資產所付顧問費金額
（百萬美元）

1977年費率表	$1.004
2018年費率表	$226
估計的節省金額	$778

資料來源：先鋒公司

表5.3　1977—2018年間，先鋒原始主動管理型基金顧問費

談判先鋒新基金的費用

　　因為在先鋒公司成立初期，這些老基金占公司資產的百分之百，費用削減在我們降低公司整體費用比率的能力上，扮演了重要的角色。但是我們推出新基金時，跟顧問公司的談判甚至要在基金還沒成立前，就要開始。因為獲得先鋒的認可應該會帶來大量資產，這些投顧公司都樂於配合（也有部分勉強配合）我們遠低於業界標準的顧問費要求。

　　無論如何，這些費率在資金市場中都具有高度競爭力，表5.4顯示先鋒若干新基金和同類基金群組的費用比率比較[23]，可看出投資人投資先鋒公司外部管理基金所得到的重大優勢。

	2017年費用比率		
	先鋒基金＊	同類基金	先鋒優勢
PRIMECAP基金	0.33%	1.17%	0.84%
溫莎二號基金（Windsor II）	0.28	1.04	0.76
股票收益基金（Equity Income）	0.19	1.15	0.96
資本機會基金（Capital Opportunity）	0.38	1.17	0.79
醫療保健基金	0.33	1.23	0.90
能源基金	0.35	1.36	1.01
平均	0.31%	1.19%	0.88%

＊係所有股票類先鋒基金加權平均費用比率
資料來源：先鋒公司

表5.4　先鋒主動管理型基金與同類基金費用比率比較

---

23 我們的競爭對手沒有這樣明確說明顧問費，我們則呈現了涵蓋一切、包括顧問費和所有其他基金費用的費用比率。

2017年內，先鋒所有主動管理型股票基金（包括老基金）支付的有效顧問費率平均為0.15％，不到這些基金0.31％平均費用比率的一半，也比同類主動管理型共同基金1.19％的未加權平均費用比率，少了超過75％。

先鋒從1978年起，開始推動降低付給外部投顧公司費用的運動，到1993年，這項任務已經接近尾聲。我們的老基金（1978年時已經營運的基金）獲得龐大的利益，後來成立的新基金也一樣，新基金成立前，我們就已先談成低廉的費率。

指數型基金和債券型基金成本仍然較低

先鋒的主動管理型股票基金現在只占公司資產基礎的10％，遠低於1977年開始時的48％，我們公司在基金業界龐大的整體成本優勢中，有一大部分來自我們的股票指數型基金，這種基金現在占先鋒資產基礎的62％。

這些指數型基金以按「成本價格」計算的基礎，從先鋒公司獲得投資管理服務，這些基金的投顧費用在基金0.07％的平均費用比率中，占了不到0.01％。

由內部專家管理的先鋒債券型基金，也是成本低廉、價格競爭力強大的基金。2017年時，由先鋒固定收益部門管理的基金所付出的顧問費，平均占基金資產的比率不到0.01％，因此這些基金的整體費用比率平均只有0.08％，只占同類基金整體費用比率0.77％的一小部分。

投資支出和營運支出

底線是：估計先鋒集團的基金2018年的總投資費用為8.38億美元，占集團總資產的比率只有0.02％，和1977年的0.35％相比，降低了94％。

先鋒的成長也在基金股東的會計成本和其他營運成本上，釋出強大的規模經濟。這些成本不包括投資監督成本，代表了基金費用比率中「單行項目」的總和。隨著先鋒的資產基礎升到愈來愈高的水準，營運成本從1977年時占先鋒資產的0.25％，降到2018年的0.08％。這樣的下降反映出，規模經濟為我們的基金股東產生相當龐大的利益。

先鋒的總費用比率

把剛剛提到的兩個因素結合起來，也就是把急劇降低的顧問費率和超乎尋常的規模經濟加在一起，就產生了先鋒總費用比率，這個數字普遍被認為是衡量基金效率的最佳指標。在先鋒漫長的歷史中（參見圖5.5），先鋒的加權平均費用比率暴降84％，從當年占資產的0.66％，降到2018年的0.1％，這種驚人降幅凸顯同業基金的費用比率降幅相當微小，只有下降9％，也就是從1977年的0.64％，降到2017年的0.58％（根據資產加權）。

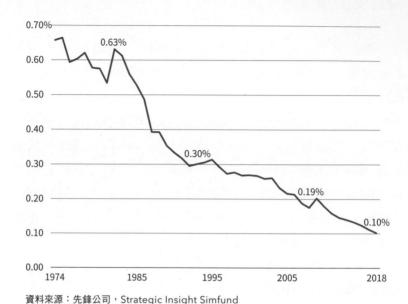

資料來源：先鋒公司，Strategic Insight Simfund

圖 5.5　1974—2018 年，先鋒的費用比率

替基金股東節省 2,170 億美元？

　　本章前半章提出很多的比率數字，像 0.05 ％啦、0.85 ％啦，這些資料可能讓你覺得厭煩，但是，我希望為我們建立一個穩固的立足點，好把重點放在低成本上──永遠放在為我們的投資人爭取低成本上。現在我們要找點樂子，談談真正的金錢。先鋒按「成本計價」結構產生的影響，是每年把幾十億美元，變成投資人的節餘。

2017年裡，我們估計，先鋒的低成本讓投資人節省了290億美元的費用和支出[24]。如果我們把這個過程，倒退回先鋒創業時的1974年，考量平均規模經濟以及跟投顧公司談出的適當費用結構，那麼先鋒為投資人創造的總節餘，可以相當公平地估計為2,170億美元。我創立的公司能夠回饋這麼多錢給股東兼投資人，讓我深感自豪，股東兼投資人確實拿到了其中的每一分、每一毛。

進軍世界

從1978年開始的降低費用，為先鋒和先鋒股東都帶來好處。1987年，先鋒的業界資產占有率降到4.1％的低點後，會逐漸上升到1997年的8.7％，再升到2007年的13.1％，然後在2018年中，升到將近25％（參見第9章）。先鋒生存下來，準備迎接未來的成長了。此外，我們取得了（所有基金的）配銷權，以及（替我們的指數型基金、貨幣市場基金和大部分債券型基金）遂行投資管理的控制權。

我們終於把我們的範圍，擴大到共同基金三角形的所有三個邊——行政管理、經銷與行銷，以及投資管理。到1981年，先鋒已經變成羽翼豐滿的共同基金家族，準備進軍全世界了。

---

24 我們得出這個估計的方法是：計算一般主動管理型基金和一般先鋒基金的加權平均費用比率，再把其間的差額乘以先鋒的總資產金額。以 2017 年為例，4.5 兆美元的平均資產乘以 0.65％費用比率優勢，得到的答案就是替投資人節省了 295 億美元。

保持航向，堅持不懈

把先鋒從早年骨瘦如柴的結構，改造成羽翼豐滿、能夠從事共同基金需要的所有服務，這個過程開始得很快。1977年，我們的公司才成立三年，就取得了受益憑證配銷的控制權。為了達成這個目標，堅持不懈至為重要，在1981年證管會法官反對我們的提議，證管會卻熱烈支持我們的計畫、推翻法官的判決期間，堅持不懈尤其重要。

但是要為我們的基金股東服務，我們還有非常、非常多的工作有待完成，最值得注意的是，我們跟威靈頓管理公司（後來還跟其他外部投顧公司）談判新的顧問合約，促成可觀的費用節省。我們甚至可能過於「堅持不懈」，在後來18年中的9年，繼續降低費用、談判未來的降價。雖然我們的基金資產基礎只略為上升，我們仍然堅持不懈，為未來的可觀成長，奠定了堅實的基礎。

06

1981—1991 年：
為未來的成長奠定基礎

	1981年12月	1991年12月	年成長率
先鋒資產（十億美元）	$4.2	$77.0	21.5%
業界資產（十億美元）	241.4	1,454.1	12.7
先鋒市占率	4.9%	6.2%	—
			總報酬率
標準普爾500指數	123	417	17.6%
中期美國政府公債殖利率	14.0%	6.0%	13.1%
股六債四基金	—	—	15.9

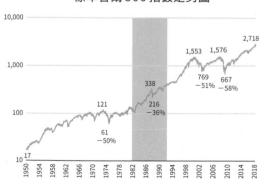

標準普爾500指數走勢圖

資料來源：Yahoo! Finance.

　　對股票與債券而言，1980年代是另一個重要的時代，但是大家最記憶猶新的，很可能是1987年10月19日的「黑色星期一」，光是這一天，股價就崩跌23％（很少人記得那一整年裡，標準普爾500指數上漲了5.3％）。

1981年的好事臨門

　　1982年開年後，我們利用兩件事情湊在一起的機會，開始行動。第一件事是證管會終於在1981年做出決定，授予先鋒控制和操作基金所有行銷和配銷活動的權限，這個決定對先鋒未來的成功至為重要。

　　第二件事是先鋒在1981年，獲准監督我們的固定收益基金的投資活動。我們在短短七年內，達成我在1975年「未來結構研究」中所說，要從我們的外部投顧業者獨立出來的核心目標。

　　證管會1974年默許基金行政管理內部化後，又在1981年，正式決定我們的基金配銷內部化，加上我們從1981年起，開始對旗下的基金提供顧問服務，先鋒公司終於正式拋棄傳統的共同基金業結構，擺脫規範威靈頓／先鋒基金將近半世紀的桎梏。

翻轉傳統基金模式

　　傳統模式有效地把共同基金交給獨立的投資顧問公司控制，先鋒則徹底翻轉這種傳統模式。先鋒公司由旗下的基金擁有，基金又由基金股東擁有，因此先鋒讓基金股東穩穩地控制公司。雖然我們的新模式後來創造驚人成長，但是即使在經過

6

1
9
8
1
|
1
9
9
1
年
：
為
未
來
的
成
長
奠
定
基
礎

40多年後，這種模式在共同基金業中，似乎仍是只此一家，別無分號。

證管會委員一定很清楚，雖然他們批准了我們空前未有的模式，我們這一行的其他同業還是按照舊模式經營，投顧和承銷商之類的投資管理公司，仍然牢牢控制了基金公司，負責基金的運作，主導和控制基金的每一種行動。

誰的利益優先？

我們的同業把自己的財務利益放在最前面，放在基金股東的利益之前[25]，我們的做法正好相反。共同基金治理中的「先鋒實驗」，現在要放在市場上測試了。

整個1980年代期間，我經常對員工吹噓先鋒資產的驚人成長，部分原因是為了維持和提升我們已經建立的堅強士氣。但實際上，我們的成長大致反映基金業的迅速成長。1980年代期間，共同基金資產從2,410億美元，躍增為1.45兆美元，貨幣市場基金帶頭衝刺，資產從20億美元，飛躍上升為5,700億美元，包辦了將近半數的成長。

第5章提過，投資人爭相湧向貨幣市場基金。貨幣市場基金因為高利率和相對低的風險，創造了一種快速成長的新資產基礎，事實上，這種資產基礎可能拯救了共同基金業，先鋒的成長甚至更快。

雖然我們很晚才涉足貨幣市場業務，我們在1981到1991這十年間的成長卻令人振奮，從42億美元成長到770億美元。然

---

25 第一章所引用證管會主委柯恩的話再度提醒我，共同基金明顯缺乏共同性。

而，我們的市占率卻只微幅增加，從4.9%提高到6.2%，因為我們堅持兩個規則：一、市占率增加是我們服務客戶成功的指標，不是我們的目標；二、市占率必須靠努力贏取，不能用錢去買。

先鋒踏入主動管理的世界

1977年我們在債券型基金中，開創「目標到期」的觀念時，我根本不知道這種觀念是我們躍進主動投資管理的預兆。1981年9月，情形清楚顯示，我們在先鋒公司裡創立的固定收益部門已經達到臨界質量時，我們踏出了一大步，把3.5億美元的債券資產，改交給我們自己的固定收益部門管理，代表我們第一次涉足主動投資管理領域。

雖然先鋒公司早從1976年起，就管理自創的500指數型基金（原始名稱為第一指數投資信託），這檔基金追求的只是追蹤標準普爾500指數的表現，而且我認為，這檔基金是沒有人管理的基金。但是，就像我常說的一樣，我總是認為，我們是把主動固定收益管理的方法看成「虛擬指數化」，因為我們的政策一直是建立相對有預測性、跟市場相近的投資組合。

指數化擴大應用到債券市場中

固定收益部門的創設，加快了我們為個別投資人成立業界第一檔債券指數型基金的決定。1986年的大部分期間裡，我們一直在為債券指數型基金奠定基礎，但是最後的啟發是來自《富比士》的報導，這篇文章提及，大部分固定收益共同基金只能提供二流的報酬率，成本卻更高昂，然後哀怨地問道：

「先鋒公司，我們需要你時，你在哪裡？」

這種詰難正是我所需要的一切。1986年，先鋒公司成立先鋒債券市場基金，再度成為開路先鋒。證管會不准我們用「先鋒債券指數型基金」的名字，因為證管會投資管理部的職員不能接受這種現實——債券指數型基金僅憑檔數相當有限的個別債券，就能複製涵蓋幾千種債券的債券市場指數績效。後來證管會不再反對，於是我們把名稱改成先鋒全債券市場指數型基金。

我們的債券指數型基金在未來的歲月裡得到證明，既是藝術上的成就，也是商業上的成就，追蹤（現在名叫）彭博巴克萊美國綜合債券指數（Bloomberg Barclays U.S. Aggregate Bond Index）的成績令人嘖嘖稱奇。這檔基金成立十年後，已經晉升十大債券型共同基金，到1992年，債券型基金會取代貨幣市場基金，成為我們最大的資產類別，占我們當時970億美元資產的33％，當時這個金額似乎已經很可觀。但是，到了2018年，先鋒全債券市場指數型基金的兩種（幾乎相同的）投資組合，資產總額增為3,560億美元，是固定收益部門管理的1兆美元固定收益資產中最大的一部分。

里程碑8　1985年
取消賓州州稅

我們也在1985年跟賓州州議會合作，大幅削減共同基金繳納的賓州特許經營稅。我們的很多基金常年依據總資產，向賓州繳納大約0.10％（10個基點）的特許稅，承受這種令人無

法接受的負擔。如果基金股東這種0.10%的稅負仍然存在，我們現行的費用比率可能從0.11%提高到0.21%，巨幅提高10個「基點」，等於一年總共增加50億美元的負擔。我們若不把先鋒公司的總部搬到別州，就要設法改變稅法，而我們選擇後者。

我們的遊說活動由費城律師約瑟夫・布萊特（Joseph E. Bright）領軍，他又取得前副州長恩斯特・柯萊恩（Ernest Kline）的支持。賓州的其他基金公司也希望加入我們，一起努力，但是我拒絕了他們的好意，我無意在解決這個稅務問題上，破壞自己的獨立判斷，並可能被迫私下向州議員付錢，這樣可能像美國在立法過程中所做的妥協一樣，形成一種混亂的過程。

賓州州議會兩院都體認到這個問題的重要性，以450票對0票，無異議通過法案，取消這項苛稅，州長狄克・桑柏格（Dick Thornburgh）在1985年12月19日簽署法案，完成立法。

兩次危機的降臨

1981年至1991年間，債券與股票市場出現一些狂亂的時期，我們的某些創新就是為了因應這些外部事件。我們在1987年4月的市政公債市場危機期間，幾乎被極大的來電量淹沒，隨後我們訓練整體員工中的每一位，為了無可避免的下次危機來臨、電話量必然激增時，做好應付的準備。雖然下一次危機來得太快了，但是我們的瑞士軍隊已經做好準備。

里程碑9 1987年
我們的瑞士軍隊

　　謠傳國會可能取消市政公債利息免稅的傳統時，市政公債市場崩盤，引發了短期的痛苦，流動性枯竭，市場結算時也當然以低了許多的價格結算。但是我們能夠賣掉夠多的資產（幾乎總是以極低的價格賣出），提升我們基金的現金水位，應付所有市政公債基金面臨的龐大贖回潮。

　　這次崩盤暴露了先鋒公司營運上的一個弱點，我們處理基金股東電話的能力急劇下降，不管他們來電是為了尋求資訊，還是詢問受益憑證當時價格，或是想贖回手中的受益憑證，在這種非常時期，有太多電話遭到延誤，有些電話我們根本沒有接聽。

　　我們盡其所能應付這些來電，但是我擔心無法用電話聯繫到先鋒公司的股東，可能會開車到我們的辦公室來，造成馬路上塞滿汽車，接著被地方電視台盡責地拍下來，在晚間新聞節目中播放，引發恐慌。

　　如果僅指派一位全職員工，處理罕見又是暫時性的暴增來電量，這種做法完全沒有幫助，因此我決定讓每位員工都接受回答來電的訓練。據說瑞士每位公民都必須接受軍事訓練，因此大家說：「瑞士沒有軍隊，他們全民皆兵。」因此我們在公司裡，創造了自己的「瑞士軍隊」。

　　訓練所有員工有第二個好處，在我們做好應付來電激增的準備時，訓練中的每一點都一樣重要。受訓會提醒我們的中高階經理人，他們是投資人服務團隊中的一員，會強化「我們所

119

服務的是真人,而不只是數字」這樣的印象。結果,並不是所有經理人都樂於接受這種新任務[26]。

黑色星期一

　　1987年10月19日黑色星期一,股市投資人恐慌之餘,造成標準普爾500指數一天之內慘跌23%[27],我們動員自己的瑞士軍隊,準備應付來電量的激增,我們的因應遠遠不如人意,卻成為所有準備不足的競爭者嫉妒的對象。

　　隔年,我們延聘顧問業者麥肯錫公司(McKinsey & Company),評估我們的科技策略,希望在客戶服務和公司運作兩方面,都成為基金業的領袖。我們看似不願大量運用科技,以便達成這些目標的想法(一種「我們擔當不起領袖角色」的心態),是我在1992年一次高階經理人會議中殺死的「聖牛」,我告訴經營團隊,「我們擔當不起的是無法成為領袖」,第7章會描述這段故事。

再成立32檔基金

　　1981年內,指數型基金仍然處在休眠狀態,要到飛躍而起還是十多年後的事情,因此我們繼續創設主動管理型股票基

---

26 我喜歡接電話,1987年黑色星期一那天,我接了104通電話,還不時在同僚之間走動,展現我的謝意和樂觀。
27 從1987年6月的高峰到10月的低點,標準普爾500指數下跌40%,但是全年爬升了5%。

金，還開拓新局，成立了7檔由我們延聘的外部投顧公司管理的股票型基金，以及2檔新的股票指數型基金。在先鋒董事會准許公司從事傳統資金管理，以及後來先鋒固定收益部門成立後，我們額外創設了13檔目標到期債券型基金，其中5檔是免稅債券型基金，持有加州、紐約州、賓州和俄亥俄四個州（後來增加紐澤西州）發行的長期市政公債。

我們也為這四州的居民，創設免稅貨幣市場基金，以及另外6檔目標到期應稅債券基金，持有的資產主要是美國財政部發行的公債和票券。

我們也成立了9檔股票型基金，其中7檔由我們新聘的外部投顧公司管理，另兩檔是指數型基金，意在擴大狹隘的指數化領域，當時它完全由標準普爾500指數型基金構成。成立大量新基金是要賭未來的發展，但也是努力分散我們的資產基礎，維持先鋒的成長，直到指數化的力量全面發揮。

先鋒國際成長基金（Vanguard International Growth Fund，1981年成立）是最早「出走美國」的主要股票型基金，只持有非美國企業股票。一開始，先鋒國際成長基金是原本愛投資基金的另一個投資組合，愛投資基金分為兩部分，一部分叫做美國成長投資組合（U.S. Growth Portfolio），另一部分叫做國際成長投資組合（International Growth Portfolio）〔我們後來會增加一檔國際價值型基金（International Value Fund）〕。

1985年，國際成長投資組合另外獨立後，創造令人矚目的績效紀錄[28]。我們選擇倫敦的施羅德投資管理公司（Schroders

---

28 非美國股票的資產價值跟著飛躍增加，1986會計年度內，先鋒國際成長基金增值驚人，高達96.6%，頭五個會計年度的累積成長率高達283%。

Investment Management）擔任這檔基金的經理人，理察‧傅克斯（Richard R. Foulkes）會負責操作、創造優異績效到2005年退休為止。

先鋒計量投資組合（Vanguard Quantitative Portfolios，1986年成立）的創立背景，是在投資領域逐漸接受電腦做出的股票分析和策略後，依賴計量技術和策略的基金可能會在股票型基金競技場上，扮演吃重的角色。先鋒計量投資組合會由波士頓的富蘭克林投資組合公司（Franklin Portfolio Associates）管理，該公司是新一代的計量經理人，因為和傳統主動型基金雇用的全職分析師和策略師相比，電腦的成本低多了，因此我們可以談到0.24％的超低顧問費。

我們在為先鋒計量投資組合所做的少數廣告上，下了一個標題：「現在先鋒把相對可預測性帶給每一位投資人。」這檔基金從成立之初到2005年，一直都能夠抗衡無成本的標準普爾500指數，只是優勢很小（這檔基金的年度報酬率為11.9％，指數的年度報酬率為11.6％）。2005年以後，這檔基金的表現略遜於標準普爾500指數（年度報酬率為8％，指數年度報酬率為8.7％）。1997年，先鋒經營階層決定把這檔基金改名為先鋒成長收益基金（Vanguard Growth and Income Fund），我覺得好像變得乏味許多。

先鋒擴大市場指數型基金（Vanguard Extended Market Index Fund，1987年成立）是所謂的補充基金（completion fund），因為我們發現先前的500指數型基金不包括中小型股，因此成立這檔基金，意在吸引投資500指數型基金、卻又希望增加投資市場其他股票，以便持有全市場投資組合的投資人（這是現代投資組合理論的重要特性）。這檔新基金也會滿足認定中小型股會提供

優異報酬率的投資人。

這檔基金從1987年成立以來，都能提供11％的報酬率，略高於標準普爾500指數的10.5％。這檔基金吸引很多投資人的注意，目前的資產基礎為670億美元，是先鋒旗下20大基金之一，在今天的4,752檔基金中，排名第27名。

變身主動管理型基金公司

先鋒主要是以指數型基金聞名（占先鋒今天資產基礎的78％），但1981年時，整整有98％的先鋒資產屬於主動管理性質。在指數化風行前的歲月裡，我十分看重和信任有經驗的經理人，注重長期投資，不會有過高的周轉率，而且以遠低於業界標準的顧問費運作。雖然我仍然認為，對大多數投資人而言，最好的解決方案是廣泛分散投資的股市指數型基金，但經過精心選擇、具有這些特性的主動型基金，績效最有機會超越大盤。

先鋒PRIMECAP基金（Vanguard PRIMECAP Fund，1984年成立）的成立背景為，1983年，資本集團公司（Capital Group）最能幹的三位基金經理人離職創業，成立自己的投資顧問公司──PRIMECAP管理公司（PRIMECAP Management Company）。我和其中兩位〔霍華·蕭（Howard Schow）和米契爾·米立亞斯（Mitchell Milias）〕很熟，有一次我去加州，就去他們設在巴沙迪納的辦公室拜訪。

他們希望管理資金，先鋒希望組織、經營和配銷一檔新共同基金，讓他們管理。他們卻似乎面有難色地說，管理共同基金「不是我們長期計畫中的一部分」。但是我們的交情很好，

123

互相信任,於是先鋒PRIMECAP基金就在1984年11月1日成立。他們為這檔基金創造完美的報酬率,從這檔基金成立以來,他們創造的13.8%年度報酬率,排名都名列前茅,遠高於成長型基金平均10.5%的報酬率,也遠高於標準普爾500指數11.3%的報酬率(這檔基金從2004年起,已經不再接受新客戶申購)。事實證明,PRIMECAP基金是先鋒皇冠上最耀眼的明珠(請參閱第14章,更詳細了解其歷史)。

明星基金(STAR Fund,1985年成立)本身不收任何費用,投資人只要付標的先鋒基金的費用,因為組合基金(fund-of-funds,共同基金投資組合持有的資產完全由其他共同基金構成)的結構對我總是很有吸引力。但是我發現,層層疊疊的管理費不僅有違道德,收費也不合理,所以創立這檔基金。

明星基金是「特別稅務優惠退休基金」(Special Tax-Advan-taged Retirement Fund)的簡稱,證管會不准我們使用這個名稱,但STAR的名稱保持不變,今天仍然如此。這檔平衡股債投資組合完全由11檔主動管理型先鋒基金構成,報酬率類似先鋒其他平衡型基金,2018年中的資產為220億美元。

第二檔溫莎基金

溫莎二號基金(1985年成立)是1985年最大膽的行動。5月,傳奇性的先鋒溫莎基金經理人約翰‧聶夫(John B. Neff)敦促我關閉溫莎,不再接受新客戶,我們長久以來就一致認為,關閉這檔基金的時間會到來,因此時機來臨時便果斷行動。

溫莎基金資產為23億美元,是當時最大的股票型共同基

金，資本流入金額很高[29]。聶夫擔心進一步的快速成長，會妨礙他繼續創造優異績效的能力，我毫不猶豫地同意他的看法，於是溫莎基金從1985年5月15日開始不接受新客戶。

溫莎對先鋒的現金流量卓有貢獻，我並不樂見關閉基金帶來的損失，我雖然無意「殺雞取卵」，但仍然需要一檔基金，尋找高於平均現金殖利率的低估股票，因此我們在1985年6月24日，創設了溫莎二號基金。

讓市場的譏嘲噤聲

董事會聽完渴望擔任新基金投顧的業者說明後，我們選擇了設在達拉斯的Barrow, Hanley, Mewhinney, and Strauss公司擔任投資顧問，隨著後來這檔基金的成長，我們增添了經理人的人手，處理激增的資產。先鋒公司旗下負責股票管理的計量股票部門（Quantitative Equity Group）在1991年加入，賀奇吉斯威利資本管理公司（Hotchkis and Wiley Capital Management）在2003年加入，拉撒德資產管理公司（Lazard Asset Management）在2007年加入，桑德斯資本公司（Sanders Capital）在2010年加入，Barrow, Hanley, Mewhinney, and Strauss公司繼續管理整個投資組合中的最大部分（要進一步了解溫莎基金的歷史，請參閱第13章）。

市場對創設第二檔溫莎基金的策略性行動報以噓聲。雖然我用溫莎為新基金命名，主要是為了點明這檔基金是先鋒

---

29 溫莎基金不再接受新投資人時，資產相當於標準普爾500指數總市值的0.28%。2018年初，占有標準普爾500指數0.28%市值的基金，表示必須操作630億美元的資產。

公司的第二檔價值型基金，我還是遭到抨擊，說我利用溫莎的名號和聶夫的名聲。常見的批評是：「噢，溫莎二號基金絕對不會像溫莎基金那麼好！」但比較兩檔基金1985年起32年多以來的年度報酬率，溫莎基金為10.1％，溫莎二號基金為10.5％（這還不是先鋒批評者唯一的錯誤）。到2018年中，溫莎二號基金的總資產為480億美元，溫莎基金的總資產為200億美元。

先鋒的專業化投資組合

在列舉我們1981年到1991年成就的同時，本於良心，還是不能忽略我漫長事業生涯中的重大失敗。1984年5月，我太急於跟主要對手富達大肆宣揚的國防航太、休閒娛樂和科技等八大類股基金競爭，為了因應挑戰，採用了更有條理的做法，組建由五大類股構成的先鋒專業化投資組合，包括黃金貴金屬（現在叫做貴金屬礦業）、科技、能源、服務業經濟和醫療保健。

我早該知道才對。1951年，我在普林斯頓大學為學士論文研究基金業時，就觀察過五大「類股」公司的表現，包括集團證券（Group Securities）、分散投資基金（Diversified Investment Funds）、管理基金（Managed Funds）、合併基金（Incorporated）和基石監管基金（Keystone Custodian Funds），五家公司的資產合占業界總資產的10％。

例如，集團證券發售15檔產業基金，資產相當集中在鋼鐵業股票和菸草股，兩者約占1億美元公司資產基礎中的45％。基金經理人的構想是促進基金的交易，進而促進投資人根據市

場趨勢，交易15種產業的股票，但這些基金很快就開始支持不住，到1961年，所有15種產業基金都停止營運，併入集團證券公司管理的其他基金。即使這些基金（有一陣子）的行銷很成功，但投資有著極為嚴重的缺陷，以致害慘投資人，還得從市場主流中退出。

我覺得，我在漫長事業生涯中所犯的錯誤，大都出現在我放棄主打投資主題，改為主打行銷時出現，幸好這種情況極少。先鋒專業化投資組合原始的五大類股基金中，服務業經濟和科技兩種類股基金已經消失，雖然我必須為自己的失敗懺悔，卻也必須指出：倖存的類股基金中有一點相當諷刺，就是先鋒醫療保健基金可能已經為投資人，創造了共同基金業歷史上最高的長期報酬率。

先鋒股票收益基金（Vanguard Equity Income Fund，1988年成立）擁有300億美元的資產，是同類基金中規模最大的一檔。我們發現有個方法可以凸顯先鋒的成本優勢，就是把重點放在現金殖利率上，因為追求收益的高成本基金在這點上劣勢盡顯（但是你必須正視！）。我們很有自信，因為先鋒股票收益基金的費用比率很低，和其他基金相比，可以讓投資人享有現金殖利率溢價的優勢。

2018年初，同類的基金平均殖利率為2％，先鋒股票收益基金的平均殖利率為2.5％，但是在扣除分別為0.83％和0.17％的費用比率前，這些基金的毛殖利率相當類似，先鋒股票收益基金為2.7％，同類基金為2.6％。但是因為先鋒的成本較低，因此可以把高出來的0.5％殖利率優勢中的25個百分點，直接提供給投資人。

達成三大目標的豐收十年

若不論先鋒專業化投資組合的慘敗，先鋒在1980年代的十年裡，達成了三大目標：一、建立了我們的資產基礎，我們在這段期間推出的基金，現在的資產總值大約為6,500億美元。二、加強我們債券事業的力量。三、促使我們保持精明、專注和創造力，等待指數化無可避免的勝利。我們當時只有三檔指數型基金，1980年代末期起，這三檔基金開始迅速成長，但到1991年，資產才只有70億美元而已，在先鋒當時770億美元的資產基礎中，只占9.1％。

瞻望未來

到了1990年代，指數型投資第一次出現競爭跡象，富達集團雖然一直致力推行主動管理基金，卻創立了兩檔股票指數型基金，都模擬標準普爾500指數。跨進這個領域的公司很少，而他們所收的價格較高，所以先鋒最能吸引認真考慮指數化投資的人。例如，普信集團的標準普爾500指數型基金從1990年推出到1995年，費用比率都維持0.45％。

接下來的五年裡，我們會繼續衝刺，發展指數型基金，擴大這些基金的吸引力，吸引抱持特定目標的投資人。我們創造出業界的第一檔平衡型指數型基金（1992年）、第一檔成長型指數基金（1992年）、第一檔價值型指數基金（1992年）和第一檔生命策略基金（LifeStrategy Fund，1994年），最後這檔基金是我們的目標退休基金（Target Retirement Fund，2003年）的先驅。

1981年到1991年的十年，為我們壯大先鋒的其他進展奠定了基礎。我們會在1993年內，根據具有競爭力的價格和其他因素，提高把成本分配到不同基金之間的彈性，也會強化我們調整投顧公司和基金費用表的能力，同時透過我們的海軍上將基金，急劇降低大額投資客戶的費用比率。海軍上將基金成本很低，現在是我們資產基礎中最重要的一環。

保持航向，堅持不懈

隨著先鋒基金資產增加將近20倍——從42億美元，增加到770億美元，我們仍繼續堅持不懈，也一直等待（我認為）指數化勢不可免的勝利。1981年到1991年的十年間，我們創立多達32檔的新共同基金，包括13檔新的固定收益基金、2檔指數型基金和9檔主動管理型共同基金（除了一檔外，其他基金都極為成功）。我們繼續遵循我們的指導原則，把投資人放在最優先。我們也努力讓先鋒為未來的變化做好準備，以便應付競爭日益激烈的共同基金服務和配銷環境。

07 1991—1996 年：
迎接共同基金業的新時代

	1991年12月	1996年12月	年度成長率
先鋒資產（十億美元）	$77	$236	21.1%
業界資產（兆美元）	1.5	3.4	18.5
先鋒市占率	6.2%	7.0%	
			年度報酬率
標準普爾500指數	417	741	15.2%
中期美國政府公債殖利率	6.0%	6.2%	6.2
股六債四基金	—	—	11.7

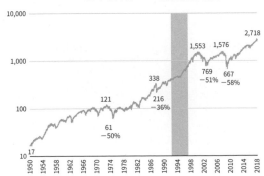

標準普爾500指數走勢圖

資料來源：Yahoo! Finance.

只要在五年間，股價穩定上漲、沒有重大修正，可能都不是壞事一場！從1991年到1996年，股票創造高達15.2％的年度報酬率，遠高於1900年到1974年間8.6％的長期平均報酬率，以15.2％的年率計算，股票在這麼短的期間裡價值倍增。

春雷乍響

1991年到1996年這次短暫卻豐饒的期間開始時，好比春雷乍響，正是我們該採取重大步驟，大力推展指數化的時候。我們早從1975年起就不屈不撓，從不改變讓先鋒500指數型基金涵蓋整個美國股市的使命，於是這檔基金已經變成美國第七大股票型共同基金，在先鋒的資產基礎中占了14％，且開始快速成長。

這檔基金並未精確地複製整個美國股市，只代表大盤85％的市值，卻稱得上是適當的代表。我們只要輕易地提供一檔姐妹基金，持有百分之百的美國市場總市值即可，有什麼必要改變這檔基金呢？因此，1992年我們推出先鋒全股市指數型基金（Vanguard Total Stock Market Index Fund）[30]。到2013年，這檔基金變成世界最大的股票型基金。

我們也在1992年，創設了第一檔混合資產（債券和股票）的先鋒平衡型指數基金，成為我們的生命策略基金（1994年推出）和目標退休基金（2003年推出）的先驅。目標日期基金（Target-date funds）很快會成為員工儲蓄計畫中最受歡迎的投資標的。

---

30 先鋒全股市指數型基金和其他指數型基金的詳情，請參閱第 12 章。

1993年，先鋒的費用比率出現結構性改變，因為我們獲准不完全根據基金的成本，也可以根據競爭對手所收取的費用比率，訂定我們的個別基金費用比率。現在先鋒的價格競爭力大增，但我們還有更多的任務有待完成。

消滅不可侵犯的三隻聖牛

我們通常會在5月下旬，辦理經營階層的年度靜修會，每次我都會以冗長的先鋒「商情咨文」報告，揭開靜修會的序幕。只要可能，我都喜歡宣布能夠反映我們創新精神的意外決定，為了讓人感到意外，事前我都不會告訴別人（應該說幾乎沒有告訴別人）。

例如1992年時，我的報告主題是〈聖牛〉，我舉出整整12條經營階層認為絕對不可違反的公司政策，其中最主要的3條（我稱之為3隻聖牛）是：

一、「我們不會成為科技上的領袖。」
二、我們不會（不能）提供量身打造的投資建議和資產配置指引。
三、我們不需要比照任何同業減免費用。

一年內，上述不可侵犯的事項沒有一項還存在。

先鋒無法成為科技領袖？

第一個神聖不可侵犯的事項——不追求科技上的領袖地位，不會長久延續下去。不錯，我曾經告訴《富比士》雜誌：

「運用科技所費不貲，我們負擔不起，無法成為這方面的領袖。」但是科技在基金營運上所造成的差異，已經變成愈來愈重要的因素，我們的資產基礎月復一月，動輒成長數百億美元，因此我告訴經理人：「我們要成為科技領袖……我們擔當不起的是無法成為領袖。」

靜修會後幾個月，我們開始了所謂的「資訊科技之旅」，首先是認清我們需要顧問公司，大規模研究現有的科技，然後擘畫出未來要走的路線圖，公司所有的高階員工都要參與一整天的會議，聽取許多家顧問公司的建議。

要決定聘請哪家顧問公司時，我們辦了一場投票，我的六位同事都贊成跟本地一家科技公司結盟，因為我們曾經在很多方面合作過。我卻不同意，我基於顧問業巨擘麥肯錫公司的規模、眼界、專長和名聲，贊成麥肯錫的提議。

麥肯錫贏得了這項任務（我認為經營團隊了解我做這個決定的基礎，我也沒有聽到有人抗議）。麥肯錫的建議十分正確，我們遵照他們畫的路線圖，追求共同基金業中的科技領導地位。我們能夠成功，大部分要歸功於已故的羅伯‧狄史蒂芬諾（Robert A. DiStefano），他的專長、領導能力和判斷帶領我們站上業界領袖的地位（近年我們在科技上的領導地位遭到挑戰，畢竟要因應我們的快速成長的確不容易）。

不提供量身打造的投資建議和資產配置指引？

第二個神聖不可侵犯的事項——不提供量身打造的投資建議和資產配置指引，是因為我長久以來，都懷疑要事先找到能夠持續超越大盤的基金經理人，是無用（甚至愚蠢）的做法。

但是指數型基金終於開始愈來愈受投資人歡迎，我認為在

這種時候，財務顧問愈來愈應該把重點放在資產配置上，而不是放在選擇能夠打敗大盤的個別主動管理型基金上。

我們在兩年內，開辦了自己的顧問服務，延聘出身永道會計師事務所（Coopers & Lybrand）的理察・史蒂文斯（Richard Stevens）來主導。史蒂文斯雖然在2001年時離開公司，但先鋒顧問服務的資產基礎卻在2018年初成長到1,000億美元。

不需要比照任何同業減免費用？

第三個神聖不可侵犯的事項，是1993年我對先鋒高階經理人演說的主題——「具有競爭力的基金訂價」。我說我們應該「警告」競爭對手，讓他們知道別想用比我們費用比率低的價格跟我們競爭，我們一定會設法發揮創意，用他們意料之外的方式，選擇性地降低我們基金的費用比率。

我在1992年的領導階層靜修會上，對公司經理人宣布，我們會藉著創設由4檔基金構成的一系列低成本基金，展現我們的競爭決心，這4檔基金的投資標的是美國票券，包括貨幣市場票券和短、中、長期公債，初始投資金額相當高，下限是5萬美元。這4檔基金應該會以「海軍上將」為名，展現這些基金的價值排名「高高在上」。這些基金的費用比率應該只有0.10％，不到我們現有債券型基金費用比率的一半。

新推出的產品立刻大受歡迎，讓我們在基金的選擇性訂價方面，得到寶貴的經驗。到2018年中，4檔國庫票券基金擁有的資產總額為320億美元，雖然不能算是爆炸性的成就，卻可以提供超低的費用比率和較高的殖利率，進而提供較高的總報酬率，同時只有最低的信用風險，到期日也保持不變。

隨後的幾年裡，股務紀錄科技進步，讓我們可以為現有的

共同基金，再加進海軍上將系列基金。我們從2000年起，逐漸為先鋒提供的幾乎所有基金，提供價格較低的海軍上將系列選項。到2018年中，我們的海軍上將資產總額達到1.7兆美元，是先鋒所有基金中最大的單一系列基金，整整占了我們資產基礎的三分之一。

海軍上將的概念開啟了先鋒基金訂價方法的革命，這個龐大系列的基金，現在的資產加權平均費用比率只有0.11％，大約是我們「投資人」系列基金平均費用比率0.2％的一半；和主動管理型系列基金0.63％的加權平均費用比率相比，海軍上將系列的費用比率也低了80％。

指數化的新觀念

這段期間裡，先鋒也開始改寫共同基金的遊戲規則——不是創造純粹的股票型基金、債券型基金或貨幣市場基金，而是經過改造、滿足投資人不同需求的共同基金，我們頭兩檔新的指數型基金就代表這種策略的開始。

成長型與價值型指數基金

1989年，我在費城證券分析師協會（現改名費城財務分析師協會）發表演講，承諾要創設成長型與價值型指數基金：「現在只欠結構健全的成長股指數和『股票收益股』（價值股）指數發展出來。」

1992年5月30日，標準普爾公司推出這兩種指數，我們很快就在1992年11月2日，創造了兩檔新的指數型基金，把標準普爾500指數成份股，分成成長型與價值型兩大投資組合。

投資人應該怎麼看待這兩檔基金？我的看法很簡單：正在累積資產的投資人，應該考慮先鋒成長型指數基金，因為這檔基金的報酬率中，有很高的比率可能來自長期資本增值，來自應稅股利收益的比率相當低，而且波動性比較高。等到投資人屆臨退休，進入投資生涯中的分配期時，應該追求比較高的股息收益和比較低的波動性，這時就要考慮先鋒價值型指數基金。

理想與現實的對立

這種構想如此簡單明瞭，卻掩蓋了市場上實際發生的狀況。我在發給股東的年報中，一再警告根據這兩種市場類別短期報酬率的期望值，在兩種基金之間轉換，可能會適得其反。我也表示，長期而言，我預期成長股指數和價值型指數會產生類似的報酬率。

投資人對我的警告置若罔聞，令人驚異的是，我的預期卻得到證實，幾乎完全正確。在這兩種基金問世後的四分之一個世紀裡，成長型指數基金的年度報酬率為8.9％，價值型指數基金的報酬率為9.4％，幾乎相同。但是投資人在兩種基金之間太頻繁轉換了，賺到的年度報酬率遠低於基金的年度報酬率，投資人在成長型基金上賺到了6.1％，在價值型基金上賺到了7.9％。我覺得訝異，還有點尷尬，因為我認為的指數型投資大躍進，竟遭到這麼多成長型與價值型指數基金投資人的誤用。

因子基金熱潮

諷刺的是，這兩種基金為「因子基金」（Factor-Fund）熱潮鋪好坦途，這股熱潮從2000年代中期開始，很快變成迅速

成長的指數股票型基金類股產業。「因子」可以說是具有類似
金融經濟學家所說，具有績效超越大盤之類投資特性的類股。
「成長」和「價值」顯然是兩個截然不同的因子。到2018年
初，因子基金的淨現金流量和前五年相比，已經占到ETF所有
淨現金流量的20％以上（我會在第8章中指出，ETF策略如何
對投資人造成負面影響）。

　　雖然我們設計的成長型與價值型指數基金，意在發揮跟後
續基金截然不同的功能，晨星公司（Morningstar）還是將其列
為頭兩檔「策略型Beta」基金。這兩檔基金也是這個領域中最
大的基金[31]。到2018年中，成長型指數基金的資產總額為790
億美元，價值型指數基金為660億美元。

為投資人降低成本

　　我們秉持的降低投資成本哲學，跟同業截然不同，同業
一直堅持高價路線，百般不願把共同基金資產成長帶來的規
模經濟分享出來，寧可推出費用比率比現有基金高的新基
金。不過投資人的成本意識逐漸升高，這種策略會愈來愈難
以推動。

　　最後，海軍上將系列基金及其超低成本的先鋒姐妹基金會
誕生，根本起因就是我們的共同化結構，以及盡量提高基金股
東賺到的報酬率，而不是像同業那樣，盡量提高基金管理公司
的報酬率。

---

31 大家可能會希望：投資人在先鋒價值型與成長型指數基金之間轉換的不利經驗，可能沖淡
　後來基金行銷業者的熱情，不再把可能帶來危險的武器交到客戶手中，但實際上並非如此，
　客戶也因此受害不淺。

　　因為個別共同基金可以在股東核准後自行訂定費用，我們
創造海軍上將基金系列時，沒有引發任何官方管制上的問題；
但是我認為如果先鋒要在價格上更有競爭力，我們應該需要更
大的彈性。海軍上將基金是好的開始，但是我們的終極目標是
降低我們所有基金的價格，這樣做不容易，但我們還是達成了
目標。

價格競爭：1993年的委託書爭議

　　根據原始先鋒服務協議條款的規定，我們必須依據相當嚴
格的標準，把成本分配在不同基金之間——包括每一檔基金的
直接成本，以及根據某基金占先鋒基金總資產比率、股東總數
等要素分配的間接成本等，這在某種程度上，阻礙了我們戰術
性配置成本的能力。

　　我們需要這種能力，以便在不同的市場區隔中，選擇性地
降低費用，尤其是對擁有龐大資產的投資人降低費用，這種訂
價上的彈性可以讓我們變成更難對付的競爭者。

　　證管會通過我們1993年的委託書後，我們尋求基金股東
批准我們修正服務協議，讓我們的基金有能力從事價格競爭。
我們會繼續根據先前批准的嚴格配置方法，但是，就像我們在
1993年投票委託書聲明上寫的一樣，增加一條規定，會讓先鋒
基金能夠以「意在促進先鋒公司生存發展、又具有競爭力的價
格，提供具有競爭力的投資服務」。

里程碑10　1993年
對手的攻擊踢到鐵板

　　即使我們的共同化結構，確保我們有能力在成本上跟同業競爭；但1993年在委託書中提議的規定，才終於讓我們得到在價格上競爭的彈性。這項重要的里程碑是改變遊戲規則，為我們的主動管理型基金和被動管理的指數型基金，打開了價格競爭的大門。但是這麼重大的改革卻幾乎沒有人注意到，沒有一位先鋒基金的投資人提出質疑，新聞界和競爭對手亦然。

　　諷刺的是，我們1993年委託書提議招徠的唯一負評，是因為一個不相關的提案，這個提案讓先鋒公司能以最優惠的財務條件，取得興建總部新園區所需的1.6億美元經費。我們的業務成長飛快，而我們還預期會有進一步的躍進，而且我們的判斷正確，1992年底時，我們的基金資產總值為920億美元，十年後，2002年結束時，資產已經暴漲到5,550億美元[32]。

　　就是這麼平凡無奇的融資提案，而不是讓我們能夠從事價格與成本競爭的突破性提案，引起競爭對手富達集團的注意。說白一點，他們不喜歡我們融資興建先鋒園區的提案。於是他們使出絕招，要求證管會針對我們提議的融資安排，舉行聽證會，這一招即使不是空前未有，也是世所罕見。

　　我可不覺得好笑，就像1992年12月1日《華爾街日報》

---

32 平心而論，我們1993年的基金委託書很長（30頁以上）又很複雜，有多達8項需要股東批准的重大提案，包括再降低顧問費的提議。

（*The Wall Street Journal*）的報導一樣，我說富達要求舉行聽證會的做法，不是「遭到收買，就是愚蠢、卑劣、傲慢地干涉我們的內政」。新聞媒體也就此爆發激烈的言辭之爭，但是，當證管會投資管理部顯然不願舉辦這種繁瑣、昂貴又耗時的聽證會時，富達撤回了申請。

後來，證管會職員建議我不要再多加置喙，而且是用相當直白的話告訴我：「閉——嘴。」而我開心地答應他們的要求（這種狀況可不常見！）。在1993年4月12日舉行的股東會上，我們的所有提案都獲得批准。

先鋒公司1993年的委託書涵蓋很多方面，有一項提案在每一方面，都跟上述融資建設先鋒新園區、以及在市場上進行價格競爭兩項提案一樣重要，那就是授權每檔基金的董事會，「不必獲得基金股東的批准，就可以改變和選擇新投顧、簽訂新的投顧合約」。

這項授權董事依據股東／客戶利益採取行動的提案，起源是我們獨一無二的共同化結構。因為我們的內部化營運，以及可以和投顧公司獨立談判的做法，我們認為先鋒在選擇和改變投顧公司方面，應該擁有完全的獨立性，而且只向基金股東報告即可。我們主張，先鋒的董事在選擇外部投顧時，完全沒有重大的利益衝突問題，因此應該像退休金計畫和捐贈基金的受託人一樣，在選擇投顧上享有同樣不受約束的自由。

里程碑11　1993年
自由選擇投資顧問與調整顧問費

　　到1993年，我們已經經營將近20年，各檔先鋒基金已經推動降低費用200多次，每次降低費用都要耗費鉅資舉行股東會（95％以上的基金股東通常都會批准經營階層的委託書提案，使投票在本質上變成徒具形式，這早已不是祕密）。我們的提案會取消要求股東批准費用變更的規定，改成承諾基金要變更顧問費或投顧公司，一定會提前30天通知股東。這項把決定權放在董事會手中的提案，像我們的其他提案一樣，獲得基金股東壓倒性通過。

嚴重錯誤

　　然而，隨著時間過去，我知道自己犯了嚴重錯誤，又已經不在其位，不能改正錯誤了。要是可以重來，我會把提案改成只限定於降低費用的情況，若要提高費用，還是必須徵求股東批准（我擔任執行長的歲月裡，從來沒有建議提高費用過，只建議降低費用200多次）。

　　我批准1993年那份委託書提案時，完全沒想過我們將來會有提高費用的需要。然而，從1993年起，先鋒經營階層卻很少向董事會建議降低費用，卻至少建議過五次提高費用[33]。

---

33 我的接班人在先鋒公司裡，繼續運用顧問費中的斷點，早年我跟威靈頓管理公司談判時，就是運用這種斷點，也就是說，基金資產成長時，這些額外的基金資產所付的顧問費率必須降低。這種方法會讓先鋒的基金股東、而不是外部投顧公司，得到大部分的規模經濟利益。

就我所知，只有我注意到這幾次提高費用的情形，因此先前的錯誤更使我痛苦。

不算巧合的是，我們也在1993年的委託書裡，提議為我們的十多檔基金進一步降低費用，所有這些提案都獲得股東的批准，對先鋒股東而言，1993年實際上代表了兩座里程碑。

平衡型指數基金

成立成長型與價值型指數基金一週後，我們又在1992年11月9日，創設了業界的第一檔平衡型指數基金。這檔基金從成立以來，資金的配置都沒有改變過，一直維持全股市指數占60％、全債券市場指數占40％的比率。

這檔基金表現超越同類基金，低成本發揮了很大的作用，在1.9個百分點的優勢中，占了整整1.1個百分點。

平衡型指數基金具有的優勢包括廣泛分散投資的投資組合、低成本和不算高的風險，可以由時間架構非常長期的投資人，如退休金和大學捐贈基金持有，當成核心投資組合。事實上，平衡型指數基金即使跟美國最大、理當最高明的美國捐贈基金相比，也不遑多讓。在2017年6月30日為止的十年內，先鋒平衡型指數基金的平均年度總報酬率為6.9％，輕鬆勝過一般平衡型共同基金的4.4％，以及最大大學捐贈基金的5.0％。這些基金的累積報酬率如下：先鋒平衡型指數基金為92％，一般平衡型共同基金為54％，最大捐贈基金為63％。

孕育平衡型基金家族

　　先鋒平衡型指數基金創造了強勁的投資報酬率，在基金市場上也創造了強勁的成就，到2018年初為止，資產規模達到380億美元，在美國所有605檔平衡型基金中排名第五。

　　平衡型指數基金對於先鋒的重要性，遠超過該類基金本身強而有力的歷史，因為在我們的基金組合中，這檔基金是另外兩種版本平衡型投資的先驅，第一種版本是我們的生命策略基金，第二種是我們的目標退休基金，事實證明，目標退休基金在改變基金業方面，是繼貨幣市場共同基金和指數型共同基金之後最強而有力的觀念。

生命策略基金

　　平衡型指數基金固定六成股票／四成債券的第一種變化版本，是我們在1994年3月30日所創造，股債比率訂在不同固定水準的四檔「生命策略」基金：股票占二成、債券占八成的股二債八生命策略收益型基金、股四債六的保守成長型基金、股六債四的溫和成長型基金，以及股八債二的成長型基金。

　　唉，這些基金一開始就站在錯誤的立足點上（當時我到底在想什麼？），我們沒有堅持這些固定的股債比率，卻把每檔基金資產的25％，配置在先鋒資產配置基金（Vanguard Asset Allocation Fund）上──這檔基金是由經理人依據他對未來股票和債券市場報酬率的期望值，戰術性調整股債比率的基金。

　　塑造任何基金概念時，都不該塑造得比現實所需還複雜，我卻犯了一個不可饒恕的「菜鳥級」錯誤。在我們的資產配置

基金成立初年，資產配置比率雖然有助於略微提高這種基金的報酬率，但優勢卻無法持續，因此我們在2011年時，放棄了這種只能創造細微差異的做法。

生命策略基金讓投資人可以根據自己忍受風險的財力和情商，在他們對成長的期望值和對風險的忍受度之間，便利地取得平衡，因此很多投資人喜歡這種概念。到2018年中，我們4檔生命策略基金的資產規模共計440億美元，但這只是平衡型基金在先鋒公司開始驚人擴張的起步而已。

目標退休基金

1994年，基金業在富國銀行的領導下，開始根據客戶指定的日期，提供「目標日期基金」系列。目標日期基金依賴「下滑路徑」操作，一開始在投資人年輕時，把資產積極配置在股票上，然後通常在退休年齡逐漸接近時，配置變得愈來愈保守。

例如，在2005年購買2035年退休基金[34]，一開始股債比率為90／10，到退休前逐漸降為60／40，其中的概念是：隨著距離退休的年數減少和資產的累積，投資人對風險的厭惡會日漸升高。

很多基金行銷人員現在會提供範圍廣泛的目標日期基金，根據自身認定的投資人偏好，以及自身對股票與債券長期報酬率的假設，訂定基金的資產配置參數（但是其中的差異通常很小）。

34 目前可以選擇的目標日期基金通常是從 2015 年到 2055 年，每隔五年一個間隔的基金。

主動與被動目標日期基金的成本很重要

先鋒目標退休基金於2003年成立，採用的配置型態和上述常見型態沒有不同，卻依然有其獨一無二之處。同業通常是提供自家的主動管理型股票與債券基金，先鋒的目標日期基金卻完全建立在指數型的股票與債券基金上。

這種指數型基金結構帶來極為低廉的成本，先鋒目標日期基金的平均費用比率為0.13％，主要同業的平均費用比率則為0.70％。在投資大眾愈來愈清楚基金成本低廉會創造較高的長期報酬率後，先鋒目標退休基金因而蓬勃發展，到2018年中，該基金的資產總額達到4,040億美元，遠超過所有同類基金，高居目標日期基金類別中的首位，在目標日期基金資產中的市占率也高居第一，高達36％。

其他新觀念的問世

1992年，我們再度開創新局，創設先鋒全股市指數型基金，這是我們第二種大盤股票指數型基金，成立的目標是要成為該基金的全球之首。1994年，我們把投資平衡的觀念進行開創性的運用，創造出生命策略基金，以便滿足不同風險忍受度投資人的需要。兩種基金都代表基金業的重大創新。

但是，對於我們提供給投資人的系列基金與策略，是否足以滿足投資人的所有需要，我們仍然不夠滿意，基於我們的傳統任務是服務投資人，而不是吸引更多資產，我們必須提供更多選擇。

因此，我們強化自家的債券型基金陣容。1994年3月，

呼應我們1976年率先推出的市政公債，創造出業界第一檔應稅目標到期債券市場指數型基金，還分為短、中、長期三種系列。

公司同仁頂多只是默默接受這種基金，畢竟我們已經針對公司債和美國國庫票券，分別成立了多種基金[35]。但是我認定我們應該繼續一往直前，因此到2018年中，我們的應稅目標到期債券指數型基金、主動管理型公司債基金和美國國庫票券基金資產總額，達到了2,180億美元。

租稅管理基金

1994年，我們也增加了業界第一種租稅管理共同基金系列，基本上，這些基金都是指數型基金，包括租稅管理成長與收益基金（Tax-Managed Growth and Income Fund，追蹤標準普爾500指數）、租稅管理資本增值基金（Tax-Managed Capital Appreciation Fund，追蹤現金殖利率較低的標準普爾500指數250檔成份股），和租稅管理平衡型基金（Tax-Managed Balanced Fund，一半較低殖利率股票、一半中期免稅債券，最低的免稅配置讓我們可以把其中的租稅優惠，「讓渡」給基金股東）。到2014年，我們又推出了租稅管理小型股基金（Tax-Managed Small Cap Fund）。

投資人不太青睞租稅管理的概念，主因似乎是新基金指數化傾向的租稅效率，只略高於標準的指數型基金或標準普爾

---

35 我和經營階層舉行第一次會議，準備解釋我打算成立新的指數型債券基金系列的原因時，高階經理人沒有一位出席，全都指派下屬參加。我當場取消會議，我的怒氣一定形諸於色，因為到了下次重新開會時，高階經理人全都現身會場。

500指數。此外，為了抑制實現龐大資本利得可能造成的資本流出，以免影響投資組合的租稅效率，我們規定投資人在投資後的前五年間贖回的話，必須繳交手續費，而投資人並不喜歡被收取這筆費用。到2018年中，資本增值、平衡型和小型股投資組合勉強達到臨界質量，資產總額達到200億美元，成長與收益投資組合後來併入我們的標準普爾500指數型基金。

我們的嘗試

1991年到1996年間，我們也推出一檔投資不動產投資信託（REIT）的指數型基金，現在這檔基金已經變成最大的不動產投資信託基金，到2018年中，擁有580億美元的總資產。我們也結合新興市場和已開發市場指數型基金，成立全國際股票指數型基金（Total International Stock Index Fund），2018年開始時，這檔基金的資產超過3,400億美元。策略股票型基金（Strategic Equity Fund）在1995年成立，由公司內部的計量股票部門管理，現在還在市場上尋找利基。

我們的錯誤

為了填滿先鋒的的基金菜單，我在五年內成立了25檔新基金，犯了一個真正愚蠢的錯誤，呼應我1985年創設先鋒專業化投資組合的錯誤，新的錯誤是1995年中推出的地平線基金（Horizon Funds）。

我在估值持續上漲的股市裡，直覺我們的董事想要更多的主動型基金，因此我做了差勁的判斷，創設了包括資本機

會（Capital Opportunity）、全球股票（Global Equity）、策略性股票（Strategic Equity）和全球資產配置（Global Asset Allocation）等投資組合，這些基金全都是具有風險的基金，意在推銷給長期投資人。

地平線基金投資組合

地平線投資組合系列成立後的最初幾年，都無法交出大家可以接受的成績（2001年時，全球資產配置基金併入先鋒的另一檔基金）。資本機會基金是平凡成就中唯一的例外，一開始時，這檔基金交出的成績幾近悲慘的地步，早年這檔基金的放空策略失敗時尤其如此。

1998年內，我們把資本機會基金的管理交給PRIMECAP公司，這家資金管理公司不只是完成新任務而已，還持續不斷地創造優異的投資報酬率。隨著資金湧入，我們在2004年關閉這檔基金，不再接受新客戶。2018年開始時，先鋒資本機會基金的資產總額達到160億美元。

我創設地平線基金時，和在1985年創立先鋒專業化投資組合的投機做法一樣，把重點放在行銷上，而不是自己的受託責任上。我希望我的接班人和同事，會從我不可原諒的錯誤中學到教訓[36]。

---

36 到目前為止，關於我的錯誤有各式各樣的證據。我們在2008年時，推出三檔管理配息基金（從收益、資本利得、資本報酬中），提供3%、5%和7%的配息。這些基金的營運並不成功，到2014年，3%和7%的投資組合併入5%的投資組合。

推出因子基金

到2018年初，我們也為了追求ETF市場，推出6檔主動管理型因子基金，這些基金在品質因子、動能因子、最低波動性因子、價值因子、流動性因子之間提供選擇，也把這些不同因子，納入單獨一檔基金。我們必須觀察投資人接納這些基金的狀況，小心評估這些基金對先鋒公司成長的貢獻。我一直避免公開評論這些基金，但是媒體似乎已經猜到我的想法，像《彭博》（*Bloomberg*）的標題就寫道：「加入辣醬、按住柏格。」

保持航向，堅持不懈

我們從1991年到1996年的努力，為先鋒未來的營運、活動和基金的創造，奠定了基礎，我們很快就會開始看到這些努力的成果。我們堅持著從1974年起以服務投資人為依歸的路線，也採取重大行動，強化我們在共同基金市場的價格競爭力，不顧當時基金業最強大的同業巨擘如何提出挑戰。我們也創造了第一檔平衡型指數共同基金，這檔基金是我們隨後推出的生命策略和目標退休基金的先驅。簡單說，我們靠著威靈頓基金原先建立的平衡型基金，繼續堅持不懈，使之發展壯大。

08 1996—2006年：
ETF 掀起指數化革命

	1996年12月	2006年12月	年度成長率
先鋒資產（十億美元）	$236	$1,122.7	16.9%
業界資產（兆美元）	3.4	10.1	11.5
先鋒市占率	7.8%	12.6%	—
			年度報酬率
標準普爾500指數	741	1,418	8.4%
中期美國政府公債殖利率	6.2%	4.7%	5.8
股六債四基金	—	—	7.9

標準普爾500指數走勢圖

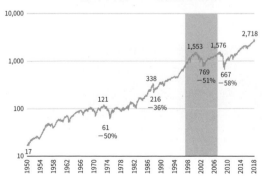

資料來源：Yahoo! Finance.

　　「新經濟」股票飛躍上漲，造成1998至1999年間的股價泡沫，泡沫從2000年開始破滅，隨後股價以驚人的速度，迅速慘跌51％，但是因為泡沫之前出現大多頭市場，泡沫之後經濟穩健復甦，從1996到2006年的十年間，股市仍然創造了8.4％的健全年度報酬率。

ETF之父來訪

　　1992年初某一天上午7點左右[37]，我走進先鋒公司的辦公室時，注意到日曆上主要的外部會議是納旦‧莫斯德（Nathan Most）要來訪，他是美國證券交易所負責新產品開發事宜的副總裁。

　　莫斯德先生紳士風度十足，準時出現，他已經在一週前用文字大略說明他的來意，因此我知道他此行的目的。我們見面後，他詳細說明他提議我們應該結為夥伴，創造出一種「新產品」，讓先鋒500指數型基金整天隨時可以交易，就像個股一樣。

ETF的創始故事

　　2004年以90歲高齡去世的莫斯德先生相信，容許或鼓勵指數型基金的持有人，可以在全國的股票交易所進行交易，應該會讓我們500指數型基金的資產大大增加。他提議的ETF（ETF之名大約要在十年後才廣為人知）應該會吸引新一代的

---

37 我無法確定實際日期，我的行事曆本子沒辦法呈現得一目了然。

投資人，當然也會吸引投機客，但是他沒有說出這個字眼。

　　他說：你想想，除了先鋒公司已經提供的分散投資、投資組合透明度和低廉的費用比率，ETF應該會讓投資人在我們的500指數型基金中，得到管理本身投資組合的更大彈性、更大的租稅效率、較低的成本、放空和融資買進的能力，還可以輕易地在外國交易所交易；而且ETF應該會吸引避險基金和其他投資法人，讓他們能夠微調自己的曝險[38]。從先鋒公司的角度來看，這樣可以開拓新的配銷管道，擴大指數型基金的市場。莫斯德輕聲細語，但傳播自己的觀念時，卻有如傳教士一樣。

　　我興致盎然地聽他說明，並且表達了我的兩個回應：一、這項設計中有三、四項缺點，必須修正才能實際運作；二、即使他能夠修正這些缺失，我對這種結盟還是不感興趣。

沒有共同利益

　　我指出，我們的500指數型基金是為長期投資人設計，我擔心增添所有這些流動性後，吸引的應該大致是短期投機客，他們的交易應該會不利於基金長期投資人的利益，因此我們沒有找到共同利益。但是我們很和氣地道別，而且在隨後的歲月裡維繫濃厚的友情。

　　要是他今天還活著，看到ETF進入美國金融界的主流，不知道他會做何感想？讓人永誌不忘的是，他持續不懈地把

---

38 實際上，ETF 對於提供電腦驅動資產配置模式的電子「機器人」顧問的運作，幾乎也是必不可少。

ETF從構想變成事實，這才是ETF成功的關鍵，他的貢獻大致上沒有被人注意到，因此我想在書中加以肯定，同時向這位先鋒致敬。

標準普爾存託憑證

誠如莫斯德所說，他在搭火車回紐約時，思考要怎麼修正我在他的設計裡發現的營運問題，然後繼續尋找合作夥伴，結果找到了道富環球顧問公司（State Street Global Advisers）這家企業巨擘。

1993年1月，道富在紐約高成長市場（NYSE Arca）推出標準普爾存託憑證〔SPDR，俗稱「蜘蛛」（Spider）〕，這種以標準普爾500指數為基礎建構的指數股票型基金（在紐約高成長市場代號為SPY）從掛牌以來，一直主宰ETF市場。

雖然新的ETF大量掛牌，光是美國就有2,190檔，「蜘蛛」仍然維持世界最大ETF的地位。截至2018年中，「蜘蛛」的資產總額達到3,070億美元，就成交值而言，每天都是世界股票交易所中交易最熱絡的證券。

1992年時，我根本不知道ETF的概念會在十年內，點燃既改變指數化本質、又改變整個投資領域的火焰。但是我在拒絕莫斯德的提議時，我謹守一個原則，就是股票交易是投資人的敵人。今天我觀察很多ETF持有者非常過度的交易時，也看到一種對眾多新投資人，宣傳低成本指數型基金吸引力的有效方法。

ETF迅速超前

市場接受ETF的速度，遠遠快過接受其前身傳統指數型基金，ETF只用了17年，資產就在2010年突破1兆美元大關，但是傳統指數型基金卻花了整整35年，到2011年才突破1兆美元大關。

目前投資在美國ETF的資產達3.5兆美元，高於投資在美國傳統指數型基金上的3.3兆美元（加起來6.8兆美元的總額，確實是指數化力量的見證）。我可以毫不猶豫地說，莫斯德高瞻遠矚創造的ETF，是21世紀到目前為止最成功的金融行銷構想，至於會不會是本世紀最成功的投資概念，卻還有待觀察。

投資的「聖杯」

確實，ETF的績效怎麼可能持續超越傳統指數型基金？光是在美國，就有大約2,200檔ETF，追蹤1,700種不同的指數！在所有方面，ETF交易的性質都像交易股票一樣，只是速度更快而已。但是在這兩種情形中，交易都是有風險的，只是投機指數型基金時，風險通常低於投機個股。

我很難想像今天的ETF，居然會變成投資的聖杯──聖杯應是大家一直追求的，讓績效持續超越大盤報酬率的祕密，但ETF的實際情形正好相反。

有些ETF會誘使大家在狹隘的類股中下賭注；有些ETF運用奇怪的槓桿策略，方便大家賭某一天的市場漲跌；有些ETF使賭商品價格變得很容易。但是60多年來的投資經驗強化了我的基本信念：長期投資是贏家的遊戲，短期交易（好吧，我們

稱之為投機）是輸家的遊戲。

　　但是平心而論，根本不是所有持有ETF的人都是投機客，有很多大致無法估算人數的ETF持有者，是理智的投資人，已經享受到ETF正面特性的好處。

　　我們可以公平地說，ETF的交易活動分為兩部分，一是「蜘蛛」的交易，二是所有其他ETF的交易。2017年內，光是「蜘蛛」的交易，就整整占了100大ETF每天平均交易金額的22％。然而，「蜘蛛」的現金流量波動極大，例如，2007年最後五個月內（市場高峰期間），投資人在「蜘蛛」中就加碼增持了400億美元；在2009年的頭五個月（接近市場低谷期間），投資人則撤走了300美元。在頭部加碼、底部退出，不是投資成功的預兆。

「整天即時交易」

　　「蜘蛛」早期的廣告直接指出，這種基金的行銷主張是：「你現在可以整天即時交易標準普爾500指數。」我不禁想（請原諒我直言）：「哪種神經病會這樣做？」但值得強調的是，「蜘蛛」一直以來都實現諾言，以金額來說，一直是世界所有股市中交易最熱絡的證券。

　　光是2017年內，「蜘蛛」平均每天的成交量就達到7,000萬股，年成交金額更是驚人，達到4.3兆美元。以這一年「蜘蛛」平均大約2,450億美元的資產計算，周轉率高達1,786％（公司股票的平均周轉率為125％，一般共同基金的平均贖回率為資產的30％）。不錯，投資人的確是「整天即時」交易標準普爾500指數，而且交易量高得難以想像。

模仿是最真誠的奉承

雖然莫斯德一定會對他的ETF夢想實現引以為傲,我卻認為,他對其他標新立異基金的激增,一定會覺得失望。

這些一心追隨「蜘蛛」的人所創造的多元化投資選項,現在已經遠超過連莫斯德這種創新人士,都可能認為不恰當的程度。新一代ETF企業家的口號是:「指名你所能想像的任何奇異產品,我們都會創造出來。」這種行銷專家中的很多人、甚至是大部分人加入這種遊戲,不見得是因為他們認為這種產品可能造福投資人,而是因為他們可能會挖到金礦,吸引很多資產,從而替自己賺到大筆財富。

要了解ETF和前身的傳統指數型基金有什麼不同,請參考慮表8.1所示這兩種基金主要類別的簡介,請注意ETF的檔數為2,169檔,傳統指數型基金有472檔,前者幾乎是後者的將近五倍,屬於「集中/投機」類別中的ETF,更是這種傳統指數型基金檔數的七倍之多(前者為1,002檔,後者為140檔)。

不錯,若正確利用基礎廣泛的股票與債券ETF,作為長期投資,的確對投資人有利;但是就像我常說的一樣:「ETF很好,前提是你不要拿來交易。」我怎麼可能反對投資人購買低成本的標準普爾500指數ETF,當成終生投資呢?

但是,基金行銷人員幾乎無法對抗跳上熱門新產品列車的誘惑。我在自己的事業生涯中,見過很多創新,但是只有極少數的創新,對長期投資人的長遠需求有利,不符合這種標準的ETF實在太多了。

類別	資產（十億美元）		基金檔數	
	TIFs	ETFs	TIFs	ETFs
多元美股	$1,587	$690	69	63
多元非美股	461	540	47	111
多元債券	462	488	74	218
因子／Smart Beta	369	1,092	142	775
集中／投機	64	724	140	1,002
總值	$2,943	$3,533	472	2,169

資料來源：作者利用晨星公司的資料自行計算。

表8.1　2018年5月，傳統指數型基金（TIF）和ETF的資產結構

令我震驚的ETF

ETF領域中的短期投機顯然高於長期投資，不但特定領域和槓桿ETF的交易者是這樣，連涵蓋廣泛市場部門，如美國全股市和非美國的全國際市場，採取中庸路線的基金也是這樣。這種投機的規模令人吃驚，2017年內，光是美國ETF的成交值，就達到17.3兆美元，占所有股票交易的25％。

所有對ETF驚人周轉率表示驚訝的人，讓我想起電影《北非諜影》（*Casablanca*）中，克勞德・雷恩斯（Claude Rains）飾演的警察局長路易・雷諾上校的一句經典台詞：「我很震驚、很震驚地發現這裡在賭博。」

不錯，ETF的快速交易、尤其是「蜘蛛」的快速交易，大都是金融機構所為，他們利用ETF避險或把現金準備證券化。但是，大部分的交易活動似乎都是投機，是「即時」積極交易ETF，甚至是用融資帳戶進行的交易。幾乎所有全市場ETF的主要持有者都是金融機構，他們也是規模大上許多的

最大交易者。

　　似乎沒有人知道確切的數字，但是我估計，金融機構至少持有一半的ETF資產，至少一半的狂熱交易是金融機構所為，剩下的一半才由散戶持有。此外，我猜所有散戶持有者中，大約三分之二遵循某種交易策略，只有三分之一散戶可能進行若干交易，但是比較遵守傳統指數型基金那種買進長抱策略。這些數字顯示，大約只有六分之一的ETF資產，由較注重長期的投資人持有。

先鋒加入ETF行列

　　先鋒有感於ETF的成長和潛力，於是在2001年加入ETF行列，由先鋒股票投資部門總監古斯・邵特（Gus Sauter）主導其事。就我所知，堅決要求先鋒提供ETF給現有和潛在客戶的人就是他，然後，他變成熱心帶頭實施這個策略的人。邵特創造了一種新穎（但實際上擁有專利）的結構，使每一檔ETF都變成只是先鋒現有傳統指數型基金投資組合中的一種新股。

　　邵特值得稱道的是：在ETF行銷上，採取最佳路線，僅提供全市場指數型基金和美國產業類股ETF，避開「瘋狂的非正統」ETF業務，如槓桿、反式槓桿和單一國家的ETF。

　　先鋒原始的ETF取名先鋒指數參與股票憑證（Vanguard Index Participation Equity Receipts），縮寫為VIPER，但是你一旦知道viper是一種擁有長長毒牙的毒蛇（或是陰險狡詐的人）時，就可以看出選擇這樣的名字很奇怪，因此先鋒公司很快就放棄這個名字，改稱先鋒ETF。

　　先鋒是因為受到總監很大的影響，才會決定創設ETF，先

鋒董事、普林斯頓大學教授墨基爾說明了董事會決定推動ETF的過程。

> 柏格……非常反對這種產品（因為它吸引極多投資人進行交易的心態）……不願意這樣做的是先鋒的經營階層（不是董事會）……管理你帳戶的交易員不會因為你買賣先鋒基金，而獲得佣金，替你買先鋒ETF卻可以得到佣金[39]。

因此，先鋒決定推出ETF，主要的原因可能是吸引證券經紀商配銷先鋒的ETF。先鋒早已在1977年，取消了透過證券經紀商配銷的做法，此後先鋒公司一直都「不收手續費」，不付佣金給證券經紀商。然而，交易ETF所付的佣金，是由投資人直接付給券商，我們不付配銷費用的長期政策仍然屹立不搖。先鋒在ETF市場相當可觀的成就是努力賺來的，不是付錢買來的。

2001年我們推出第一檔ETF——先鋒全股市ETF後（Total Stock Market ETF），擴大現有的傳統市場類股，如成長股、價值股、大型股、小型股等類股，也逐漸擴大集中市場的類股，如能源類股、醫療保健類股和資訊科技類股，以及廣泛的國際指數和廣泛的債券指數ETF系列。到2018年中，先鋒的ETF資產中，大約有21％是由我們的標準普爾500指數基金和全股市ETF所持有。

---

39 墨基爾的話引述自2015年1月13日《費城詢問報》（*Philadelphia Inquirer*）記者喬・狄史蒂芬諾（Joe DiStefano）所撰〈《漫步華爾街》作者墨基爾論利率、風險和先鋒改變的原因〉一文。

走上最佳路線

先鋒大致不理會ETF市場中最集中和投機的部分，因為它們是鼓勵向未知下賭注。不過我們相當嚴謹的策略還是吸引了短期投機客和長期投資人，和我們的傳統指數型基金贖回比率相比（18％，代表持有期間為將近六年），我們ETF的平均年度周轉率還是超高（135％，顯示持有期間為九個月），但是只有整體ETF年度周轉率579％的四分之一（持有期間大約兩個月）。

我讚賞這種行銷上的嚴謹，雖然這在共同基金領域中很少得到回報，但是先鋒ETF的成長，證明了ETF在市場上不必靠行銷、微小的利基或鼓勵快速交易也能成功。先鋒的ETF資產持續成長，從2004年的58億美元，成長到2018年中的8,850億美元；先鋒的ETF資產市占率從2004年的僅僅3％，飛躍上升到25％，僅次於ETF領袖貝萊德公司的39％，遠遠超過ETF先鋒道富環球顧問公司的18％。

布丁好不好吃，只有吃了以後才知道

如果說「布丁好不好吃，只有吃了以後才知道」，那麼對千百萬投資人中的大部分人來說，ETF大餐很難證明自己很有營養，而且證據持續浮現，顯示包括集體交易量極為龐大的投機客在內，整體ETF投資人賺到的報酬率，通常遠低於傳統指數型基金投資人賺到的報酬率。

長久以來，持有傳統指數型基金和ETF的投資人報酬率比較資料付之闕如，一直讓我很擔心。但是2018年初，我碰巧在檢視ETF和傳統指數型基金資產成長率的來源，發現答案躍

然紙上，哇，實在是太好了！

我做完簡單的計算，算出投資績效和淨現金流入，對驚人資產成長的相對重要性後，我發現：股票型ETF資產成長中的三分之二，都來自ETF成功吸引到的現金流量；只有三分之一的成長，是由投資報酬（即投資績效）所帶來。

傳統指數型基金的成長型態正好相反，傳統指數型基金的成長中，將近三分之二代表基金為投資人賺到的報酬率，只有三分之一代表基金的現金流入。總之，ETF的成長主要是行銷的結果，傳統指數型基金的成長主要是投資績效的結果。

比較傳統指數型基金和ETF的報酬率

這些資料令人訝異，甚至令人瞠目結舌。我利用這些資料，計算投資人自2005年到2017年間，從ETF和傳統指數型基金中賺到的報酬率（從現金流量中得到的投資報酬率也列入考慮）。傳統指數型基金投資人累積報酬率的驚人優勢，清清楚楚地攤在眼前：傳統指數型基金的投資報酬率為184％，ETF為101％。整個期間裡，不但一般傳統指數型基金提供的報酬率高於一般ETF，而且ETF投資人在過去12年中的每一年裡，都賺到比較高的報酬率，如表8.2所示。不錯，追蹤標準普爾500指數的傳統指數型基金和ETF的報酬率，當然是幾乎相同，但考量到ETF投資人的不利選擇（高交易成本、下錯賭注、低劣的波段操作）[40]後，ETF持

---

40 投資人報酬率代表一段期間內，市場增值占基金資產成長的比率（淨投資人現金流量）。這種方法雖然有點粗糙，但我們拿傳統指數型基金和ETF的年度投資人報酬率，跟晨星公司報告的一般基金報酬率相比，發現R平方值分別為99.2％和95.7％。

有人的投資人報酬率卻大大降低。

　　先鋒的ETF做法說明了截然不同的故事。同期內，我們的標準普爾500指數ETF，創造出8.5％的年度報酬率，和這種ETF投資人賺到的8.4％報酬率幾乎完全相同。因此，到目前為止，「優異的行銷概念很少是優異的投資概念」這個哲學信念，在市場中得到了驗證。

	傳統指數型基金（TIF）	ETF
2004年資產（十億美元）	$410	$185
2017年資產（十億美元）	2,066	1,984
淨現金流量（2004至2017年）	$510	$1,009
市場增值（2004至2017年）	$1,146	$790
年度投資人報酬率	8.4%	5.5%

資料來源：柏格金融市場研究中心根據Strategic Insight Simfund資料計算所得。

表8.2　2004—2017年，傳統指數型基金（TIF）與ETF淨現金流量與市場增值

ETF的新市場出現

　　在極端的情況下，傳統指數型基金和ETF的對比可以用以下例子說明：傳統指數型基金是被動型投資人持有的被動型基金，ETF是主動型投資人交易的被動型基金。從這個角度來看，雖然ETF在上述投資報酬率的比較中明顯不如人，卻似乎讓投資人找到了某種「甜蜜點」。

　　ETF回應了投資人控制自己投資組合的衝動，回應了他們知道成本很重要的意識，也回應了他們「採取行動」的傾向。

「別光是站著不動」是能夠滿足直覺的哲學，只是還沒有人能夠證明這樣是能夠獲勝的投資哲學。

ETF也促發一種看待分散投資的新方法。「九宮格」的投資組合矩陣把投資標的依據規模（大、中、小）和風格（成長型、混合型、價值型）交叉組合，形成九種投資類型。這種方法很簡單，卻無法證明大家可以依據這些分類，做出明確加碼或減碼這些類股的決定。這種九宮格分類法，已經變成注重跟歷史傑出績效有關的「因子」，如價值、規模、動能、品質和波動性等等。

因為以費用為基礎的投顧事業，持續取代以佣金為基礎的模式，新的市場參與者因此出現：「機器人投資顧問」現在主打以超低的費用，提供軟體驅動的資產配置服務，雖然這些投資顧問十分依賴ETF，卻很少過度交易。

「第一檔ETF慶祝25過年之際，ETF席捲投資界」

因此，請看看《華爾街日報》在2018年1月28日所刊出，宣揚ETF勝利的報導標題：「今天，全世界有將近2,200檔指數股票型產品，資產價值4.8兆美元。」報導中持續不斷地吹噓ETF，只有一句隱隱暗示，ETF沒有為大多數投資人建立價值（這篇報導的結論是：「對投資人而言，所有創新的結果都是好壞不一。」說得正確極了！）。

《經濟學人》（*The Economist*）專欄作家「巴頓伍德」（Buttonwood）的反思可能更加中肯，2015年5月25日，巴頓伍德發表一篇題為〈ETF變得太專業化了〉的文章，第一段寫道：「每一種金融創新都有運用過頭的時候，這時就像電視所說的一樣，

會『失去吸引力』，會犧牲合理性，換取人氣，這種事情可能正在ETF行業中出現，現在即將推出的最新ETF，是投資ETF供應商股票的基金。」

我認為《經濟學人》的觀察很正確，不過我還是想知道25年後，《華爾街日報》的標題會怎麼描述ETF。實際上，和傳統指數型基金的投資人相比，投資焦點狹隘與專業化基金的ETF投資人績效很差，忽視這種現實會傷害基金投資人。

最後，可能不是過去報酬率的比較，而是投資人操作ETF的實際經驗，會鼓勵原本是投機客的ETF持有人，重新考慮交易策略。

保持航向，堅持不懈

雖然大家認為我是ETF的主要批評者（但我並非無的放矢），但是從過去到現在，我的看法一直比這樣的指責細密多了：一、我強烈支持普遍多元化的指數化ETF；二、我不喜歡焦點狹隘和投機性的ETF；三、我認為股票交易最後都是投資人的敵人。因此我斷定投資人應該只選擇適當的ETF，然後長期緊抱。

以下是我對ETF和傳統指數型基金投資人的簡單建議：把大盤（如標準普爾500）指數型基金當成重點，放在你的投資組合中，不要交易。不管在傳統指數型基金中，還是在ETF中遵循這種策略，其實都不重要，只要你堅持不懈，選擇兩種方式中的一種做下去，你就做對了。

09 2006—2018 年：策略跟隨結構

	2006年12月	2018年6月	年度成長率
先鋒資產（兆美元）	$1.1	$5.0	13.6%
業界資產（兆美元）	10.1	21.0	6.8
先鋒市占率	12.6%	24.2%	—
			總報酬率
標準普爾500指數	1,418	2,718	8.1%
中期美國政府公債殖利率	4.6%	2.9%	3.5
股六債四基金	—	—	6.9

標準普爾500指數走勢圖

資料來源：Yahoo! Finance.

165

整體而言，這段漫長期間對股票與債券都是十分美好的時光，這段期間始於2003年股市腰斬之後，接著，到2007至2009年間，股價再度腰斬，金融市場在世界銀行體系近乎崩潰之際倖存下來，新的多頭市場開始發威，帶領股票估值升到2018年中的歷史性高峰。

指數化的勝利

1995年，我為了慶祝先鋒公司開創性的第一檔指數型共同基金（原始命名是恰如其分的「第一指數投資信託」）創立20周年，發表了一篇專文，題為〈指數化的勝利〉，這篇文章主要是寫給先鋒同仁看的。

我寄了一份副本給當時還在世的終生老友保羅‧米勒（Paul F. Miller Jr.），米勒身為Miller, Anderson, & Sherrerd公司創辦人兼資深合夥人，是傑出的投資專家，他的反應是：「絕妙好文。你太先知先覺了，但是未來會證明你正確無誤。」

樂觀的氛圍

米勒的遠見中有幾分真實，即使到了1995年，指數型共同基金的資產總額只有540億美元，只占共同基金資產總額的2.7％，堪稱九牛一毛。但是我對指數化會成功的樂觀態度，並不是純粹基於指數化已經累積的資產金額。

那種樂觀當時是（現在仍然是）基於投資人終於開始了解指數化投資的基本邏輯，終於了解低成本的基本優勢以及標準普爾500指數長期創造的優異績效。經過一段非常緩慢的開創

期後，指數型共同基金的資產應該很快就會產生吸引力，先鋒的資產應該會相應成長，因此我對我們的未來展望，當然會抱著樂觀態度。

這就是所謂的「動能」

1995年我在〈指數化的勝利〉文中的預測，其實還低估了勝利的程度。1996到2018年期間，我們原始的指數型基金和後續產品變成了先鋒持續可觀成長的推手，這段期間裡，我們的指數型基金資產從500億美元，飛躍成長到3.3兆美元，現金流量是推動我們每年成長21％的動力之一，這股現金流量深受這段期間大致是長期多頭股市的協助，使先鋒的長期（股票與債券）基金資產持續不斷地增加（參見圖9.1）。即使指數型

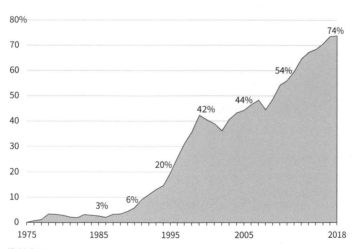

資料來源：先鋒公司、Strategic Insight Simfund.

圖9.1　1975—2018年，先鋒資產占指數型基金資產比率　　167

基金的市占率已經提高一倍以上，從1991年的13％，提高到1997年的31％，卻還在這段期間裡再度成長一倍以上，增至2018年的74％，這就是所謂的「動能」。

在現今的世界，「產品創新」幾乎是生存所必需的要項，但是先鋒的第一檔指數型基金（標準普爾500指數基金）從1975年成立以來[41]，一直沒有改變、沒有強化。到2018年，這檔基金仍然是先鋒公司成長的主要動力，也是業界兩大基金之一。我們最大的基金是先鋒全股市指數型基金，這檔基金好比是500指數型基金的雙胞胎[42]，從1993年成立以來，這檔基金結構同樣沒有改變過。加總起來，這兩檔大盤指數型基金姊妹花，構成先鋒公司所有長期基金資產的30％。

表9.2顯示，即使是到了2018年，先鋒公司還是靠著旗下的共同基金推動，向前邁進。

指數化革命

先鋒公司是蓬勃發展的指數型基金領域的實質領袖，到我發表專文僅五年後的2000年，指數型基金資產幾乎飛躍增加了八倍，達到4,200億美元，到2005年，又成長一倍以上，增加到8,730億美元。指數型基金會繼續快速成長，到2010年，會達到1.9兆美元；到2018年中，會達到6.8兆美元，占所有共同基金資產的比率，達到驚人的37％。不錯，我在〈指數化的勝利〉一文中表現的樂觀確實有憑有據。

---

41 標準普爾500指數的成份股雖然會變化，卻大致還是衡量美國500家總市值最大企業報酬率的指標。

42 標準普爾500指數成份股也占全股市指數型基金的80％。

	總資產	所占比率
最大的先鋒基金（成立年度）		
全股市指數型基金（1992）	$742	16%
500指數型基金（1976）	640	14
全債券市場指數型基金（1986）	355	8
全國際股票指數型基金（1996）	343	7
威靈頓基金（1929）	104	2
五大基金合計	$2,183	47%
1997年前成立的其他基金		
指數型	$612	13%
主動型	1,021	22
合計	$1,634	35%
1997年前成立的基金合計	$3,817	82%
1997年後成立的基金		
指數型	$753	16%
主動型	96	2
合計	$849	18%
先鋒公司合計	**$4,666**	**100%**

表9.2　超過80％的先鋒公司資產由1997年前創立的基金持有

　　指數型基金代表的業界資產比率成長，大大低估了指數型基金所扮演的改革媒介角色。2008到2017年間，股票指數型基金的淨現金流入共達2.2兆美元，占股票型共同基金現金流量總額的187％！這段十多年的期間裡，主動管理型股票基金的現金流出超過1兆美元，把這段近期說成是「指數化革命」，一點也不為過。

先鋒的市占率

　　先鋒的指數型基金資產占有率繼續主宰共同基金領域，在所有指數型共同基金資產占了接近50％——在傳統指數型基金3.3兆美元資產中，占有將近80％，在ETF 3.5兆美元的資產中，占了25％；前者的設計原意是要讓投資人終生持有，後者的焦點通常比較狹隘，大致是要訴諸投資人的交易衝動[43]。

　　即使是在已經可以視為「成熟」的市場，一家公司能夠這麼強力地主宰市場，的確非常了不起，這大致上可以用先鋒公司以指數化為主要策略來解釋，為什麼？因為「策略跟隨結構」。就是先鋒提供的共同化結構，讓已故的美國基金公司領袖拉福雷斯這麼震驚，他的反應我已經在本書開始時描述過，他害怕這種結構會「毀掉我們現在所知道的這個行業」……他的判斷對極了。

市占率革命

　　一家企業持續主宰某種產業中成長最快速的領域時，它主導這種產業的優勢甚至會更讓人讚嘆。先鋒公司1974年創立後，在共同基金資產總額中所占的比率，從創立時的不到4％，到1991年才升高到5％，但是到2018年中，已經飛躍上升到22％的空前高峰，其中四分之三的成長來自我們的指數型基金（參看圖9.3）。這種真正令人讚嘆的動能也絲毫沒有放慢下來的跡象。

---

43 投資圈和媒體幾乎完全忽略了這個重要的差別——基本上，被動型的投資人會持有被動型的指數基金（傳統指數型基金），主動型的投資人會持有被動型的指數基金（ETF）。

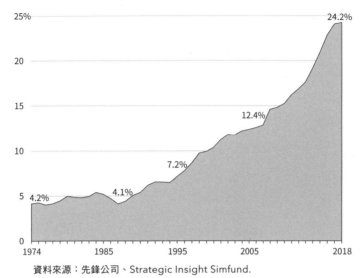

資料來源：先鋒公司、Strategic Insight Simfund.

圖 9.3　1974—2018 年間，先鋒在美國共同基金資產中的市占率變化

　　不錯，先鋒公司據有率先推動指數型基金革命的優勢，但是我敢說，我的書籍和演講中那傳教士般堅持不懈的熱情，是另一個推動力量。我的第一本書《柏格談共同基金》（*Bogle on Mutual Funds*）把指數型基金列為明智投資人三大新觀點中的一個。我的第六本書《約翰柏格投資常識》（*Little Book of Common Sense Investing*）第一版重點幾乎完全放在指數型基金上面，這兩本書合計賣出了 50 萬本，推估兩本書的讀者合計有 150 萬人。讀者在亞馬遜網站上發表了 700 篇評論，把《約翰柏格投資常識》評為 4.6 顆星，只比最高的五顆星略低 [44]。不錯，投資人得到了低成本投資的資訊，也實際依循操作。

---

44 這本書在亞馬遜網站排名中，維持十年銷售第一名的佳績後，我在 2017 年推出十周年紀念版，結果也很暢銷。

「戴王冠的反倒睡得不安穩」

先鋒在長期（股票與債券）共同基金中，市占率接近25％，是到目前為止超出市場經驗的事情，值得特別注意[45]。在美國共同基金業存在（始於1924年）將近一個世紀的期間裡，只有四家公司戴過領袖的王冠，頭三家公司創造的巔峰市占率，大約都是占業界總資產15％，如表9.4顯示。這頂令人垂涎的王冠不容易戴，一次只能由一位國王戴，然後就會被新王奪走。

長期領袖麻省金融服務公司（MFS）和隨後的哥倫比亞公司掌握的15％市占率，居然可能惡化到今天的1％上下，是我們很難想像的事情，但是實際情形就是這樣。我不得不引用莎士比亞所謂：「戴王冠的反倒睡得不安穩」的警告，在某個時代的成功者，到了下一個時代，經常會淪為失敗者。

麻省投資人信託公司，和後來的麻省金融服務公司

先談談麻省投資人信託公司的例子，這家公司在擔任領袖期間，基金由別的公司負責行銷，基金的受託人直接負責投資組合的管理。

就是《財星》雜誌1949年報導麻省投資人信託公司的文章，吸引當時還在念普林斯頓大學的我，投入共同基金業的研

---

45 先鋒在長期共同基金（只含股票型與債券型基金）資產將近25％的市占率，略高於先鋒在共同基金資產（包括貨幣市場基金）總額中22％的市占率。因為在基金業出現的頭50年裡，貨幣市場基金並不存在，我們在下面的分析中，為了維持一貫性，只說明股票型與債券型基金的市占率。

| | | | | 美國股票與債券基金
市占率＊ | | |
領袖	期間	年數	巔峰年度資產	資產 （2018年）	巔峰	2018年
麻省投資人 信託公司＋	1935–1952	17	5.54（億美元） (1952)	2280（億美元）	15.3% (1950)	1.2%
投資人多元服務 公司（IDS）＋＋	1953–1982	29	750（億美元） (1972)	1540（億美元）	15.8% (1964)	0.8%
富達集團	1983–2003	10	6450（億美元） (1999)	1.5（兆美元）	13.8% (1999)	8.3%
先鋒公司	2004–2018	13	4.3（兆美元） (2018)	4.3（兆美元）	24.2% (2018)	24.2%

＊不含貨幣市場基金

＋原為麻省投資人信託公司，現在是麻省金融服務公司（Massachusetts Financial Services，MFS）的一部分

＋＋巔峰期間名叫投資人多元服務公司（Investors Diversified Services），1894年創立時，原始名稱為投資人集團（Investors Syndicate），經過一系列的併購後，該公司的共同基金今天以哥倫比亞針線（Columbia Threadneedle）品牌行銷。

資料來源：魏森柏格投資公司（Wiesenberger Investment Companies）、Strategic Insight Simfund.

表9.4　1935至2018年間，最大基金業者市占率

究。麻省投資人信託公司廣泛分散投資的投資組合，看來相當類似道瓊工業平均指數（Dow Jones Industrial Average）的30檔「績優股」名單。他們的策略沒有讓人驚艷之處，用今天的術語來說，麻省投資人信託公司是一檔「祕櫃式指數型基金」（closet index fund），戰術性地擁抱市場標準，持續提供大盤

報酬率減去成本後的報酬[46]。麻省投資人信託公司的市場占有率在1950年升到15.3%的最高峰。

隨著歲月流逝,麻省投資人信託公司吸引的競爭者愈來愈多,大致上都提供相同型態的保守投資策略。這些公司經營的所有共同基金,包括威靈頓管理公司經營的基金,幾乎都完全透過證券經紀商配銷。威靈頓基金的主要不同在於公司的平衡政策,也就是把大約三分之二的資產,投資在和績優股相同類型的股票上,剩下的三分之一資產投入投資級債券,把這些債券當成安全的防禦性保障,有好幾十年裡,威靈頓都是證券經紀商銷售的最大平衡型基金。

基金配銷商的數目日增,這些配銷商都是傳統券商的競爭者,自然對麻省投資人信託公司原有的市占率形成壓力。此外,到了1940年代,新型態的競爭者「直接配銷商」開始崛起。

幾家基金管理公司直接僱用自己的專業銷售人員,直接打電話給潛在投資人,銷售公司的基金產品,這些公司強力打進先前由券商主導、由券商選擇基金產品的市場,在這種直接、間接競爭結合,指數型基金又崛起的情況下,麻省金融服務公司1950年時擁有的15.3%業界資產市占率開始走低,到2018年中只剩下1.2%。

---

46 1969年以前,麻省投資人信託公司的受託人和投資管理員工的薪資,都是由信託直接發放,然後受託人創立一家名叫麻省金融服務的新公司,經營、配銷和管理這個信託和信託旗下的姐妹基金。受託人把麻省金融服務公司的所有權和控制權送給……自己。到1980年,受託人把公司賣給加拿大永明金融集團(Sun Life)。這種從按「成本價格」形式變身為外部經營方式的過程,跟威靈頓/先鋒公司的情形正好截然相反。先鋒公司目前的市占率顯示,公司為基金股東做了正確的選擇。

IDS公司，與後來的哥倫比亞針線公司

這些直接配銷商中，最大的公司是投資人多元服務公司
（IDS），是設在明尼亞波利斯的業界巨擘，歷史可以追溯到
1894年，公司的長期焦點放在銷售給付固定利率的「面值票
券」上（存戶可能購買1萬美元的十年期票券，公司保證整個
期間按7%的利率付息）。

可惜的是，對IDS和客戶來說，大蕭條期間利率慘跌時，
公司無法履行合約義務，發出自己所發行票券規定的利息，因
此公司需要新產品，讓旗下龐大的銷售人員推銷，結果公司找
到了兩種新產品，一種是人壽保險，另一種是共同基金。

1940年，IDS成立的第一檔共同基金為投資人互惠基金
（Investors Mutual），是一檔平衡型基金，接著在1941年，
成立名叫投資人股票型基金（Investors Stock Fund）的姐妹基
金，然後還另外成立好幾檔基金，因此資產不斷上升，到1972
年升到75億美元的高峰，市占率則在1964年，飛躍上升到
15.4%的巔峰。

IDS從無到有，領導基金事業將近四分之一個世紀，但這
種直接銷售法的力量卻逐漸減弱，即使券商的銷售蓬勃發展，
IDS掌握的業界資產占有率還是暴跌到只剩下0.8%。

富達集團

麻省投資人信託公司和IDS先後崛起的情形，跟下一個
領袖富達投資公司的情形不太一樣。1950年我第一次研究富
達時，富達是第12大共同基金公司，公司唯一的富達基金

（Fidelity Fund）資產合計只有6,400萬美元,在31億美元的業界資產中,只占2%。富達基金是主打績優股的傳統型股票基金,十年後,狂飆時代來臨時,富達是最先加入投機行列的傳統基金公司。說句公道話,無論如何,富達都是把現代行銷技巧引進基金業的業者。

1958年,該公司創立富達資本基金（Fidelity Capital Fund）,由基金經理人蔡至勇（Gerald Tsai）管理,結果蔡至勇變成轟動一時的名人,這檔基金的報酬率「十分出色」。富達公司隨即成立富達趨勢基金（Fidelity Trend Fund）,由富達創辦人兼執行長愛德華‧詹森二世（Edward C. Johnson Jr.）的兒子,即年輕的愛德華‧詹森三世管理,這檔基金也創造出可觀的報酬率,但最後還是無以為繼。

在那段多頭市場期間裡,這兩檔基金都成長好多倍,資產總額在1967年升到最高峰時,合計有22億美元,在基金業資產中的市占率為5%,在富達8%的總市占率中,幾乎占了三分之二。但是,在隨之而來的空頭市場中,兩檔基金都不支倒地,失望的投資人成群結隊地棄船而去,不過富達已經在券商公司之間打響名號,他們含蓄的口號「別接受股市報酬率,我們可以創造更好的績效」也傳誦一時。

麥哲倫基金

狂飆時代在一陣爆炸性巨響後結束,但是富達的名聲流傳了下來（顯然券商的記憶很短）。1963年富達推出一檔改寫業界規則的新基金——麥哲倫（Magellan）,這檔基金從1975到1983年間,創造出驚人績效,每年報酬率勝過標準普爾500指

數22.5個百分點，這種績效大都是在這檔規模很小的基金向大眾發售前創造的。

麥哲倫在另一個十年裡，繼續創造優異績效，但已經不像最初那麼亮眼，從1984到1993年間，麥哲倫的績效每年勝過標準普爾500指數3.5個百分點。1990年明星基金經理人彼得‧林區（Peter Lynch）退休後不久（這時麥哲倫基金的資產已經爆炸性成長到超過1,000億美元），麥哲倫開始落後標準普爾500指數，隨後的24年裡，每年落後將近2個百分點。在這個將近四分之一個世紀的期間裡，麥哲倫基金累積報酬率合計為539％，和標準普爾500指數合計805％的累積報酬率相比，落後266個百分點。

對富達集團來說，狂飆時代把重心放在幾檔熱門基金上，然後在1980年代再倚重一檔熱門基金的做法，已經證明是一種冒險的策略。麥哲倫基金的資產從起初的10萬美元，成長到超過1,000億美元，然後在2000年，成長到1,100億美元的高峰，但是這檔基金的泡沫最後還是不可避免地歸於破滅。

到2018年，麥哲倫基金因為不能達到股東的熱切期望，資產已經暴減到170億美元，減少金額高達930億美元，令人十分驚駭。富達的市占率也相應下降，從1999年占有所有股票型與債券型共同基金資產總額的13.8％，降到2018年的8.2％。其中的教訓很清楚，就是「玩火者必自焚」[47]。

---

47 到2018年初，富達的市占率已經穩定下來，主要原因是富達的指數型基金業務成長，現在指數型基金占富達股票型基金資產的比率，已經達到25％。

先鋒公司

　　和過去雄踞共同基金王者寶座的公司相比，先鋒公司的經歷會有什麼不同嗎？先鋒在所有股票與債券型共同基金資產中的市占率，已經升到創紀錄的24％高峰，比過去業界領袖的市占率多出一倍半以上，我們應該覺得不安嗎？當然應該！自滿是所有飛到離成功烈日太近企業的大敵[48]。但是，先鋒獨一無二的共同化結構，以及低廉的成本和聚焦指數化的策略顯示，我們會遠比基金業過去的三家業界領袖更能長久維持。

- 麻省投資人信託公司的問題是：經紀商—經銷商的銷售網絡變化無常，充滿競爭和衝突。先鋒公司直接配銷且不收手續費的方法依靠的是客戶服務，而不是中間代理商。麻省投資人信託公司從準共同化結構變身為麻省金融服務公司，然後由加拿大壽險公司併購，對這個問題自然沒有幫助。

- 投資人多元服務公司痛苦地學到：自行培養銷售人員，很可能是確保配銷成功最好的方法，卻有著提供範圍狹隘、僅限自家基金產品的缺點，經常需要「強力推銷」，可能引發投資人的不滿。

- 富達靠著猜測市場風向和基金經理人手氣的做法，創造優異的成績，這樣做短期內可以讓基金公司得利（基金投資人卻難以獲益），卻不可能長期得利。富達似乎忽

---

48 我想起希臘神話中伊卡魯斯（Icarus）的故事，伊卡魯斯飛行到太靠近太陽時，他用臘做成的翅膀熔解，害他墜落到下方的大海中死亡。

視了基金績效「回歸平均數」的原則──無論基金表現
強勁和表現差勁，結果都一樣，通常都會回歸到同類基
金的平均報酬率。先鋒把重點放在具有相對可預測性的
基金，應該不太會受到原本功力高強的主動型投資經理
人功力退化的影響。

策略跟隨結構

總之，紀錄清楚顯示，先鋒的策略和結構代表先鋒服務投
資人的方法，跟共同基金業94年歷史中曾經雄踞領袖寶座的三
家公司截然不同。

三家前輩公司全都把重點放在透過銷售網絡，提供自己的
基金，而且最後要靠提供配銷人員可觀的報酬。我在第2章引
用過證管會主委柯恩的說法，顯示他們最重要的目標是替投顧
公司賺錢，反之，我們低成本共同化結構的目標是替基金投資
人賺錢，不是替獨立的外界投顧公司賺錢，也不是替經銷商或
公司直屬的銷售人員賺錢。

低成本結構

先鋒的共同化結構促使公司把主要重點，大致放在低成本
的價值容易衡量的基金上，形成對三種基金有利的策略：

一、**指數型基金**：所有經營良好的標準普爾500指數型基
　　金在扣除成本前，賺到的報酬率都相同，因此成本最
　　低的指數型基金供應者，會為投資人賺到最高的淨報

酬率。

二、**債券型基金**：先鋒的低成本讓我們可以強調投資組合中品質較高（風險較低）的債券，卻仍然能夠提供高於競爭對手的殖利率。

三、**貨幣市場基金**：根據證管會的規定，這種基金持有的短期票券必須符合某些高品質的標準。因此貨幣市場基金投資組合的品質通常相當高，又相當一致，低成本的貨幣市場基金因而幾乎一定會提供高於同類基金的殖利率。

在主動管理型股票基金的世界，低成本的指數型基金通常也具有可以永續維持的長期優勢，追蹤標準普爾500指數的大盤基金，可以不多也不少地抓住市場報酬率。就主動管理型股票基金而言，表現有起有伏，大眾通常會投資已經有優異表現的基金，但這種基金一定會有衰弱不振的時候，這時投資人的期望會破滅，會拋棄當初時機選擇錯誤的原始投資。投資人經常是自己最大的敵人，這種情形太常見了。

為了避免基金投資人追逐過去短期報酬率的重大缺失，早在我們的第一檔指數型基金開始營運前，我就對先鋒的資深員工強調「相對可預測性」的重要。我們延聘外界投顧公司管理的很多股票型基金能夠操作成功，這種哲學是主要原因。

相對可預測性的實際運用

偶爾有人會說，先鋒成長可觀，關鍵不在於我們是指數型基金領袖，而在於我們擁有業界最低成本的優勢，這一點我不

敢苟同，事實正好相反，是我們的低成本結構促使我們採用指數型基金策略。

確實如此，先鋒主動管理型基金的報酬率，顯然從本身的低廉費用比率和（普遍）偏低的周轉率中，得到可觀的優勢，但其中很多基金也是經過特意設計，建構成由多位經理人管理的基金，我們希望這些基金在操作時，緊密追蹤互相競爭的同類基金和相應類股所創造的報酬率。1987年時，先鋒有一檔主動管理型基金，開始採用這種多位經理人的方法，現在我們有五檔股票型基金這樣做，為什麼？因為幾位策略相近經理人的投資組合併成一檔基金時，這檔基金的績效可能高於基金的對應基準指數。

相對可預測性的好處

從先鋒是低成本供應商的角度來說，相對可預測性的好處是：具有類似目標和策略的基金，通常會賺到類似的總報酬率，因此擁有最低成本的基金可能賺到比較高的淨報酬率。如果一檔基金擁有的年度總成本（包括費用比率、周轉成本和銷售手續費）優勢，大約為1.5％，那麼在整個十年裡，應該會提供20％的報酬率優勢，卻沒有承擔額外的風險。

以威靈頓基金的報酬率為例，可以清楚說明這種相對可預測性[49]。過去十年內，這檔基金的股債綜合對應基準指數，可以解釋整整98％的威靈頓基金每月報酬率變化（這個數字有一

---

[49] 威靈頓基金的績效超過對應指數時，會付出額外的獎勵金給投顧公司，績效落後時，會有相應的罰款。這檔基金對應指數的投資組合，是由65％標準普爾500指數和35％彭博巴克萊美國A級以上債券指數構成。

個怪異的名字，叫做R平方值，但是R平方值現在已經變成常用名詞了[50]。結合這兩種指數的純指數型基金，R平方值應該是100％）。我們可以說，基金的投顧公司只賺到基金報酬率的2％而已。

威靈頓基金賺到的報酬率跟對應基準指數關係密切，根本不是先鋒主動管理型基金中威靈頓基金獨有的現象，表9.5提供了一些例子。

基金名稱	R平方值
威靈頓基金	0.98
探險家基金	0.99
中期免稅公債	0.97
溫莎基金	0.95
PRIMECAP基金	0.93
資本機會基金	0.92
先鋒股票型基金平均值	0.96
同類主動管理型股票基金平均值	0.88

表9.5　2018年間，先鋒若干基金的R平方值

先鋒的主動管理型基金

雖然高相對可預測性具有明顯的好處，我們並沒有勉強要求所有的主動管理型基金必須採用。首先，如果客戶選擇一檔先鋒主動型基金，我們可以斷定，投資人不希望擁有被動型的

---

50 R平方值代表共同基金報酬率的變化，可以用對應市場指數報酬率變化解釋的百分比，R平方值是相關性的平方，因此是更為嚴謹的標準。

先鋒指數型基金（我們1974年創立時，只管理主動型基金）。

因此，當罕見之至的巨星誕生時，我們會十分珍惜。當然，你會想到溫莎基金的聶夫，還有Barrow, Hanley, Mewhinney, and Strauss公司的吉姆・貝羅（Jim Barrow）、PRIMECAP公司的霍華・蕭和米立亞斯。他們離開時，我們會觀察接替他們的人能力如何，決定是否留用他們所屬的投顧公司，或是聘請新的外部投資經理人，以便補強現有的經理人（我總是承認投顧公司沒有過失）。

時機來臨時，要對新投資人關閉基金大門

不錯，在共同基金的報酬率上，回歸平均數一直是普世原則，但是基金的資產增大後，我們最後總是必須做個判斷。要保護基金股東的長期利益，有一個主要的方法，就是自覺龐大的資產規模，會削弱基金創造優異績效的能力。

現金流入造成基金的資產成長時，經理人大概會被迫以較高的價格，把額外的現金，投入最好的投資構想中，或是投入他們次佳的投資理念中，然後再投入他們第三好的構想中，像這樣一直投資下去。一般而言，龐大的現金流入會使主動型投資經理人更難達成投資目標，因此時機來臨時，基金經理人會必須對新投資人關閉基金大門。

1985年，先鋒為了阻止溫莎基金現金流量和資產規模的蓬勃成長，變成關閉基金大門絕無僅有的第二家基金公司。過去30年來，我們為了限制現金流入，以免妨礙經理人達成投資績效目標的能力，曾經對新投資人關閉基金大門超過30次，（再次！）感謝我們的共同化結構，讓我們在運用這種做法時無需

猶豫不決。

最後，我們當然要面對問題——先鋒公司要是沒有維持自己的老基金（威靈頓和溫莎基金），沒有創設新的主動型基金（溫莎二號、PRIMECAP、國際成長等基金），就不可能存活20年，等待指數化讓先鋒的共同化結構發揚光大。

基本上，先鋒共同化結構帶來的低成本，植基於我們按「成本價格」計算的模式。我們沒有遵循業界的例行做法，沒有向共同基金股東收取高昂的資費，沒有把利潤移轉給基金管理公司的股東，我們的低成本大致表示，我們公司把潛在「利潤」歸還給基金本身。

達成這個目標的共同化結構簡單而合理，過去44年左右，這種結構已經證明本身的價值，先鋒整體股東的成本節省，是我們的基金股東賺到的報酬率，遠高於所有同類基金股東的主要原因[51]。

費用和費率不同

我們對自己的超低成本很自豪，雖然如此，我們還有一樣重要事項要說，就是不要把顧問費和顧問費率混為一談。不錯，先鋒與外部投顧公司洽談費用結構時，一直是難纏的談判對手，但是我們的投顧公司管理先鋒旗下的基金時，幾乎完全不需要發下安貧樂道的誓言，絕對不需要。在先鋒公司大旗的庇佑下，基金資產通常會成長到相當大，所以投顧收到的費用

---

51 評比先鋒公司的成就時，最能讓人信服的衡量指標，或許是晨星公司頒給共同基金分析師
評比的「金獎」，這個獎項代表投資人可以挑選的最佳選擇。2018 年初，先鋒有 48 檔基
金獲得「金獎」評比，超過我們後面四家同業總計獲頒的 43 檔。

「先鋒沒有與眾不同」，真的是這樣嗎？

先鋒的結構和策略正是促使我早在1985年，就預見到「指數化成功」的原因，我相信這兩個因素會長久維持，繼續構成我們的根本基礎，因此，我預期在即將到來的時代裡，基金領袖的皇冠會繼續戴在先鋒的頭上。

不錯，別人曾經否認我們的結構是替先鋒和投資人創造價值的利器，的確如此，有些信譽卓著的觀察家否認我們的結構會造成任何差異。約翰・莫利（John Morley）教授在《耶魯法律學報》（*Yale Law Journal*）上撰文，以近乎不屑的筆調，譏評共同性在塑造先鋒超低成本結構、策略和在共同基金領域中聲譽鵲起方面所扮演的角色：

> 先鋒的創辦人柏格大力批評將基金和經理人分離……在經濟現實上……先鋒投資人不是真正「擁有」管理公司的人……實際上，先鋒和任何其他共同基金管理公司之間，沒有什麼有意義的差別。

我只能對莫利教授說：「我們看看紀錄吧。」

成王敗寇

2006至2018年間，先鋒能夠享有可觀的成長，主要是依靠幾十年前創造的動能和共同基金。雖然我在1985年做了（同

185

樣愚蠢的）判斷，至少我們的一檔專業化投資組合（醫療保健基金）變成歷來績效最好的共同基金之一。1987年我們成立地平線基金時，也曾經犯過錯誤，但是我們剩下的其他基金資產中，絕大部分都蓬勃成長，當時我們擁有價值270億美元的資產，這些資產從1987年開始真正成長後，一直持續攀升（其實是加速攀升）到今天。

不錯，我們能夠證明「成者愈成」這句格言，令人覺得愉快，這句話裡有很多真理，但是，也有一句格言說：「成者愈成功，愈接近失敗。」基金業過去三家領袖公司從王者寶座退位，也證明它確實太有道理了。

毫無疑問，即使這三家共同基金王者（麻省投資人信託公司／麻省金融服務公司、投資人多元服務公司／哥倫比亞針線公司和富達集團）的統治力量消退時，曾經令人大感意外，所以先鋒也不能自滿，歷史總是有方法愚弄我們。

我們只有在成功應付將來要面對的很多未知數、應付跟我創建先鋒時不同的新挑戰，我們才會繼續高踞王者寶座[52]。

樹不會長到天上

先鋒的的一大挑戰是，現在先鋒的基金規模龐大且強健，可能會衝擊到公司治理。先鋒的基金現在大約擁有全美8％的股票，而且這個數字每天上升。我認為，我們勢必需要更積極、更徹底地參與公司治理問題。我們深信國會和主管機關，不會忽視企業所有權集中的相關問題，這些問題會出

---

52 我會在第三篇中，更詳盡地探討先鋒未來的挑戰。

現，主因是三大指數型基金公司，現在擁有整整20％美國企業的投票權。

所有曾經雄踞共同基金王座的公司，都曾經從強勁的股市中受惠不少，先鋒公司尤其如此。但是樹不會長到天上，今天的股票估值（用本益比的倍數計算）接近創紀錄的高峰，現金殖利率則接近創紀錄的低點。

在先鋒長久的歷史中，標準普爾500指數每年創造平均12.1％的可觀年度名目報酬率，價值每六年會倍增，這種報酬率遠高於前半個世紀平均8.7％的名目報酬率（未經通貨膨脹調整）。今天大家一致認為，未來的股票報酬率不會接近那種水準，在未來數十年內，很可能低到每年3％到5％（以4％的報酬率計算，股票每18年才會翻漲一倍）。沒有人知道投資人未來會得到什麼樣的報酬率，但是看來大家勢必要小心謹慎。

指數型基金必須面對的挑戰

現在光是先鋒、貝萊德和道富三家指數型基金公司，就掌控所有指數型共同基金資產的80％，他們的低費率是三家公司互相競爭的結果，這樣會對其他大型共同基金公司的收費產生壓力。鑒於富達集團2018年內，推出「零成本」的指數型基金，費用幾乎不可能再降低多少。股權這麼集中在少數公司手中，必然會引發跟控制大企業、競爭和受託責任有關的問題，我們的政府一定會注意到（我會在第三篇更深入地探討這個問題）。

過去的經驗告訴我們，市場下跌時，標準普爾500指數型基金的跌幅，大致會跟一般共同基金相當，因為近年流入指數型基金的現金增至空前水準，卻大多是在股市估值接近創紀錄

高峰時流入，碰到一定會出現的下一個空頭市場時，指數型基金投資人會反應過度，在市場下跌到低谷時，賣出自己在接近市場高峰時買進的受益憑證。

我鼓勵投資人，在那種不確定的時間裡，更要「堅持不懈」。這個建議在先鋒攸久的歷史裡，一直都能發揮奇效，但是在股市裡，過去不代表未來，只有時間會告訴我們，投資人在未來的歲月裡，是否會繼續遵循這個建議。

付出關愛的組織

最後，規模龐大經常會導致組織僵化、自滿、任性、忘記公司的原始使命。要是先鋒的領導階層（請見附錄一）居然忘記自己的起源，偏離我們服務投資人的使命，先鋒的王冠可能輕易地轉移到別人的頭上（不過我不知道會是哪家公司）。這幾點只是先鋒要面對的一些「已知的未知」，「未知的未知」可能是更大的挑戰。

但是在這一切當中，有一點是相當明確的事實，就是先鋒團隊的力量強大，又有豐富的經驗加持（任職15年以上）、行事積極、值得徹底信任，又一清二楚地了解我們的使命。

我們只需要確定孕育這一切的「關愛」——關愛他人、關愛客戶兼業主、關愛我們所知的先鋒制度，在管理我們快速成長的公司時，繼續成為其中的核心要素。

保持航向，堅持不懈

　　到2004年，先鋒已經成為共同基金業1924年開始以來
的第四位霸主，我們的前輩當初也是力量極為強大的公司，但
是他們在半路上的某個地方，失去了方向感，無法因應投資環
境、投資人偏好和業界配銷體系的變化。

　　但先鋒不同，我們在2004年登上王者寶座的前30年，就
開始奉行我們「股東第一」的指路明燈，而且繼續遵行這盞明
燈。堅持奉行我們的共同化結構和指數化策略，應該可以確保
先鋒在未來數十年裡，繼續領導業界。

　　但是我們必須注意避免自滿，必須繼續堅持走在多年前建
立的道路上，否則一些新的挑戰會出現，會把我們從得之不易
的王者寶座上趕下來。

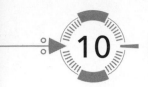

10 關愛：創辦先鋒抱持的價值觀

　　本書前九章聚焦構成先鋒原始基礎的基本結構和策略發展，這兩點創新一直是先鋒可觀成長的泉源，完全是因為這兩點確實是優異的構想——歷史也已經給予證明。這些創新也改變了投資的本質，但是，就像我一再說的一樣：「一毛錢可以買到一打構想，執行才是一切。」

　　因此我在第一篇的最後一章裡，想說明我努力確保先鋒公司的執行者，也就是先鋒的員工，都是精明能幹、得到公平待遇、訓練十分精良、消息絕對靈通、致力推動使命、受到我所珍視的價值觀激勵的員工。如果我創辦的公司可以正確地這樣運作，隨之而來的策略執行就會強而有力，又紀律井然。

　　先鋒的創辦價值觀相當程度地反映我個人的價值觀，實際上卻都是相當平凡的價值觀，包括尊重我們在人生道路上遇到的每個人，不論尊卑；公平交易；一心為自己的同事和職業生涯奉獻；信任別人也受人信任；個人誠信；擁有熱情與精力；服務我們的客戶兼所有權人、服務我們的社區和社會。

創辦人的心態

　　我們的創辦心態只能回溯不到50年前，即1974年公司創立的時候，但是，我認為先鋒的遺澤會繼續推動公司和1.7萬個員工。最能說明我創辦先鋒遺澤的，是《創辦人的心態》（*Founder's Mentality*）[53]一書中的幾段文字：

　　　　大多數達成永續成長目標的公司，都有一套能夠激勵人心的共同態度和行為，這一切通常可以追溯到從頭就做對事情、擁有雄心壯志又勇於任事的創辦人。這種公司已經成長到能夠獲利的一定規模……但經常認定自己叛逆不羈，喜歡代表受到差勁服務的顧客，挑戰自己所屬行業及其標準，或是創造一種全新的產業。

　　　　這種公司擁有明確的使命感和焦點，公司裡的每個人都了解和關心……公司代表的精神。用這種方式經營的公司具有特殊的能力，能夠培養員工深切的個人責任感……

　　　　（創辦人）厭惡複雜、官僚習氣和妨礙策略明確執行的一切，他們執著於業務細節，稱讚站在最前線、直接跟顧客打交道的員工。這些態度和行為加總起來構成的心態，是企業追求成功時最重要卻最被人低估的祕密。

　　　　創辦人的心態由三個主要特質構成：叛逆不羈的使命感、企業擁有者的心態，以及對前線的執著。要尋找這三種特質最純粹的表現，在指引員工日常決定和行為的企業原則、標準和價值觀仍然深受創辦人影響的公司中，就可以找到。

---

53 參見克里斯·朱克（Chris Zook）和詹姆斯·艾倫（James Allen）所著《創辦人的心態》。

哇！「擁有雄心壯志、勇於任事的創辦人……叛逆不羈，
挑戰自己所屬行業……創造一種全新的產業……明確的使命
感……員工深切的個人責任感……厭惡複雜、官僚習氣……稱
讚站在最前線的員工。」

我重複這些句子，好讓讀者不會輕易忽略這些跟先鋒的故
事類似的地方。說真的，這些字句是對我盡力創造的一切最完
美的描述，這種精神也幾乎一直延續到今天先鋒1.7萬個員工
身上。

歷史上的偉大領袖

我從來沒想過自己具有魅力領袖的形象，沒有與生俱來
的那種特質，但我總是受到歷史上偉大領袖的啟發，受到
美國建國先賢——尤其是亞歷山大・漢彌爾頓（Alexander
Hamilton）、其後的林肯總統、老羅斯福總統和邱吉爾等人的
啟發。1974年我選擇「先鋒」作為公司名稱時，是受到另一位
英雄——英國納爾遜爵士的啟發。我在研讀《大不列顛1775—
1825年海戰圖鑑》時，得知和納爾遜爵士有關的很多事情，知
道他在英國皇家海軍中的領導統御已經變成傳奇。

納爾遜爵士：「動人心弦的信任」

2005年10月23日是納爾遜爵士在特拉法加海戰（Battle
of Trafalgar）中陣亡的200週年忌日，內人伊芙和我受邀，成
為英國海軍部的嘉賓，坐在倫敦宏偉的聖保羅大教堂裡，倫敦
主教理察・夏特爾斯（Richard Chartres）紀念這個大日子的布

道詞，讓我們深受感動：

　　納爾遜確實是完美的專家和勤奮的經理人……但是在做決定的時刻，領袖需要觸及自己的基本信念、觸及發自自己內心深處的使命感。這是在最極端情況中健全自信、掌控恐懼和鼓勵別人發揮能力的來源，希望培養有效領袖和追隨者的任何教育體系，都必須非常嚴肅地看待這些基本信念的塑造。

　　但是我們活在一個奇怪的時代，大家認為，週期表和可以量化和簡化為數學真理的任何事物，就是現實的精確描述；耶穌《山上寶訓》（Beatitudes）中的天國八福、世界智慧傳統的教訓，卻只是古聖先賢尚有討論餘地的意見。

　　納爾遜的個人使命，是在把性靈生命的成長也理解成對鄰人之愛成長的傳統中，發展出來的。納爾遜支持和服務同船夥伴不遺餘力，也展現動人心弦的信任，這種信任可以召喚別人展現最好的一面，也可以吸引別人加入他所相信的大業……這種信念是大家要以協助他人變得值得信任的方式得到信任[54]。

　　納爾遜去世200年後，聽到這段鼓舞人心、把重點放在基本信念的談話，我不由得悚然而驚，思考自己1974年創立先鋒時，到底模仿了多少納爾遜的哲學，即使在大企業、大數據、機器人、金融價值觀逐漸不幸地從道德絕對主義、轉變為道德相對主義的時代，納爾遜的這種哲學仍將永續長存。

---

54 夏特爾斯主教的講詞印在典禮程序表上，發給參加紀念儀式的來賓，並轉載在 www. leadershipnow.com/leadingblog/2008/12/out_of_context_the_ leadership.htm 上。

先鋒的卓越成就獎

創建新公司總是一大挑戰,先鋒在一開始面對的艱困狀況下誕生時,挑戰尤其艱鉅。不錯,我把大部分重點,放在策略和新基金的創設上,這種做法運作順利,但是我當時(現在仍然如此)深入參與先鋒團隊性格和士氣的維持,即使1983年時,我們的團隊人數只有430多人,我還是這樣做。

我們也繼續推動內部創新,為我們不斷成長的公司努力找到定位。到了1984年,我們創設了先鋒卓越成就獎,以便肯定同仁選出來的傑出員工,其中的理念很簡單,是為了公開表明我的信念──對客戶提供寶貴的服務。我們需要團隊成員支持我們的價值觀、維持我們的企業性格,並運用我們的精神。簡單說,就是要發揮關愛。

忠誠是條雙向道

不是天才也知道,如果我們要求先鋒的工作人員,要關愛我們由卑至尊的客戶兼所有權人,那麼我們也必須關愛我們的員工。忠誠畢竟是一條雙向道,我們應該藉著對每個人表示他們應得尊敬的方式,向奉獻職業生涯給先鋒公司的人傳達敬意。

這種政策中有一點很重要,就是某些公司高層視為理所當然的好處,我們都應該盡量減少。因此我們訂出「沒有額外待遇」的規則:沒有租來的轎車、沒有保留停車位、沒有頭等艙,也沒有高階經理人的專屬用餐空間。

　　如果我們期望員工信任經營階層，我們的經營階層就必須信任員工，我們每天全都應該捲起袖子，平等地工作，我們普及全公司的行為標準，一律適用高級職員和普通員工：「做你該做的事情，不知道就問上司。」

　　其中的構想是定期舉辦儀式，褒獎發揚「先鋒精神」的員工，我們的卓越成就獎創立34年後，季復一季地頒發，獲獎的員工已經超過500個人。

單槍匹馬也可以大有作為

　　卓越成就獎特別有意義的原因之一，是候選人由同仁提名。我身為執行長，會在得獎同仁的慶祝會上，親自把獎項頒給得獎人，每次頒獎午餐會上，我們都會引用其他同事交出提名理由。在我們這個服務人群、也接受別人服務的機構裡，卓越成就獎是向個人的努力、團隊和專業精神致敬。

　　不錯，「我相信就算只有一個人，也可以大有作為。」每位贏得卓越成就獎的人獲得的獎牌上，都會刻這句話，因此即使我們的資產基礎成長，不論我們的船員或艦隊規模是大是小，每個人在先鋒公司裡，都可以、而且確實完成了重大成就。即使到了2018年，我為了強調要繼續支持我們的創建原則，仍繼續跟每位受獎人，進行一小時一對一的會晤，讓員工知道我仍然關心他們和先鋒公司。

對公司的關愛

　　我和先鋒員工談話時，經常引用1966到1971年擔任麻省理

工學院校長的霍華·詹森（Howard M. Johnson）的話，1986年
我第一次引述他的話時，我們的員工已經成長到1,100人。

> 我們需要有人關愛這間公司，（它）必須成為人文關
> 懷和文化修養的目標，甚至當它犯錯或步履蹣跚，仍然必
> 須得到關愛，所有為它服務、所有擁有這間公司、所有接
> 受它服務、所有管理它的人都必須承擔這個責任。

> 我們知道，關愛是艱鉅、嚴苛的事務，不只需要興
> 趣、熱情和關心而已，還要求自我犧牲、智慧、堅定心志
> 和紀律，每一位負責的人都必須關愛、必須深深關愛他們
> 人生經歷過的這個地方。

關愛這個字眼總結了我對員工和客戶的態度，但是怎麼把
關愛化為實際有形？言語只能說明理念，要落實必須仰賴實際
行為。

先鋒夥伴計畫：另一座里程碑

早年公司創立後，在我們跨過不同的資產數字里程碑，我
對員工發表定期談話時，我會誇耀我們壓低費用比率，我們的
目標是成為世界最低成本的共同基金供應商。然而，坦白說，
我察覺一些員工感到非常不安。他們擔心自身的薪資會因為成
本規範而遭到壓低。

解決之道不很複雜：建立一種獎金制度，讓團隊成員分享
我們替股東兼所有權人節省的金額。在公司創立之初的歲月
裡，我們承受極端的成本壓力，這種制度頂多只是一種構想。

但是，到1984年，我們的資產強勁成長，費用比率急劇下降，現金流入飛躍上升到創紀錄的水準，實施先鋒夥伴計畫這個構想的時機已經來臨。

因此，到1984年下半年，我們做了一件比卓越成就獎更實際、更不尋常的事情，讓每一位團隊成員「登船」，給他們一份公司的「盈餘」。設計先鋒夥伴計畫的目的，是要肯定我們的團隊共同努力，為股東和整個公司創造價值。

共享公司盈餘

先鋒夥伴計畫每年會發給每位團隊成員一份金額龐大的現金，金額多寡，要由我們的客戶節省多少、以及我們的基金跟同類基金相比的投資績效如何而定。每位團隊成員在到職日的第一天，不必投資半毛錢在先鋒集團裡，就會變成先鋒的夥伴，分享夥伴計畫的報酬。

我在本書前面章節中列出的「里程碑」，指出先鋒要從創立時的空殼，壯大為今天羽翼豐滿的帝國，所必須克服的重大障礙。先鋒夥伴計畫可能是最重要的里程碑，因為這個計畫意在鞏固我們的團隊成員和他們所服務股東組成的利益圈⋯⋯旨在彼此關愛，以及關愛我們的投資人。

里程碑12　1984年
先鋒夥伴計畫的究竟與緣由

設立先鋒夥伴計畫，意在建造一座橋樑，把員工執行公司

結構和創新策略帶來的利益，跟我們以低於同業的成本、和高於同業的投資報酬服務客戶的成就，連接起來。我們這樣做的成果驚人，這些年來，每單位先鋒夥伴計畫的盈餘大幅成長，從1984年的3.43美元，成長到2017年的248.45美元，複合年度報酬率為13.9％。

因為先鋒是真正「共同化」的共同基金家族，由共同基金股東有效擁有，而不是由外部管理公司擁有，因此我們不能正式計算我們公司的盈餘。相反地，在我們的定義中，盈餘是股東投資報酬率以下列兩種方式提高的總額：

一、先鋒基金費用比率和我們最大競爭者費用比率的差額，我們把這種差額運用在先鋒的管理資產中。
二、我們基金的優異投資績效為股東賺到的額外報酬率（減去任何差額）。

這兩筆金額是整個節省資金總額中的兩大要素，其中一小部分會分配給先鋒夥伴計畫。

我在第9章裡提過，2017年內，我們的費用比率優勢達到占資產總額的0.65％，這個數字乘以我們4.5兆美元的平均資產，表示這一年裡，我們的淨節省兼盈餘達到295億美元，我們團隊成員在這些年度節省中可以分享到的比率，要由經營階層訂定（我身為前執行長，已經不再涉及這種比率的設定）。

我深信，我們同仁的專心致志、營運效率、效能和生產力，已經把很多倍的先鋒夥伴計畫成本，償還給我們的所有權

人兼投資人⁵⁵。

我們在推行先鋒夥伴計畫的早期，是在每年6月的先鋒夥伴年度野餐會上，分發夥伴計畫的支票，這些支票可能等於資深團隊成員年度基本薪資的三成之多，因此沒有人會問，為什麼幾千位團隊成員會這麼熱情參與，在公司的富吉谷（Valley Forge）停車場一頂巨大帳篷下聚會。我會在聚會上，針對先鋒公司的價值觀和企業展望，發表一些具有知識性、而且（我希望）能夠啟發人心的言詞（有人把我的年度先鋒夥伴計畫談話，以及在特別場合發表的其他演講稱為「佈道」，但是我不知道這樣說是否有恭維的意味）。

我要再說一遍：忠誠必須是雙向道，凡是不對在前線勞苦功高的人保證忠誠、而且回報他們忠誠的公司，都會出問題。不錯，鈔票會說話，但是鈔票說的話，就是我想對團隊成員說的話。我們全都在這條船上。

我們的航行遺產

雖然我肯定個人和夥伴參與的價值，我也認為我們需要更多事物把我們綁在一起。因此我擔任先鋒執行長的23年期間，經常提醒團隊成員，說我們從事的是重要的追求，是服務我們的所有權人兼基金股東社群的工作，在先鋒號戰艦上服務的每位船員個人的努力，都會變成重大的作為。

所有船錨的鍊條都不會比最脆弱的環節強韌，所以我們盡

---

55 我剛剛描述的計畫規定，大致上是我擔任執行長時實施的規定，從2000年起，我停止參與其事，不再介入先鋒夥伴計畫的運作。令人高興的是，這個計畫繼續存在。

力確保所有的環節、我們的每一個事業處、每一位團隊成員都很強韌（同時承認在地球上很難找到這種完美的狀況）。這種在人性企業中共同參與的感覺，明顯表現在我過去收到（現在仍然會收到）由現任和過去團隊成員寫給我的幾百封信上。

名字有什麼意義？

我選擇「先鋒」作為公司名稱，結果得到持久的迴響，我們的航海遺產已經滲透到先鋒公司的每一個地方。隨著我們在費城郊區融資興建新園區的計畫（第7章說明過）即將完成，我們決定以1798年參與尼羅河口海戰的納爾遜艦隊中戰艦的名字，為每一棟建築物命名，大部分戰艦都擁有能夠喚起大家記憶的美妙艦名。

就這樣決定了！原始園區中段的建築物分別命名為勝利（Victory）、巨人哥利亞（Goliath）、莊嚴（Majestic）、大膽（Audacious）、積極（Zealous）和快捷（Swiftsure）。園區東段的建築物取名亞歷山大（Alexander）、里安德（Leander）和特修斯（Theseus），（到目前為止）新建完成的西段園區建築物則命名獵戶座（Orion）和防衛（Defense）。

很多年前，我們慶祝資產在1985年2月突破100億美元大關時，我藉其中若干戰艦艦名的意義，說明我們公司的價值觀。

> 我們「積極」進取——「忠誠、勤奮」。
> 我們「大膽」勇猛——「大膽、魯莽、反抗傳統」。
> 我們「快捷」確實——「能夠以極快的速度行動」，
> 　　　　　　　　　而且確實「信心十足」。
> 最後，在我們最好的情況下，是我們可能「莊

嚴」[56]……不是尊貴威嚴，而是雄偉壯盛。我們已經成為業界最值得驕傲的名字——你也可以說，已經成為業界最莊嚴壯盛的名字之一。[57]

兩種補充看法

我要以跟「關愛」的意義有關的兩種補充看法，結束這一章。第一個跟我早在1976年時，打算在公司裡設立人事部門有關。第二個是英國詩人鄧約翰（John Donne）1620年所撰沉思散文集《祈禱文集》（*Devotions Upon Emergent Occasions*）中一段著名的詩文節錄。

聘用有愛心的好人

先鋒從1974年原始的28位員工開始成長後（到1980年底成長為167人），我想到要設立人事部門（現在叫人資部門），當時我們的財務狀況仍然很艱困，正努力壓低開支。

因此，我認定我們請不起另外一位新員工，來負責人事業務。我想到了愛蓮娜‧曾格瑞芙（Eleanor Zentgraf），她是我們早期唯一的法律顧問雷蒙‧卡普林斯基（Raymond Kaplinsky）先生的助理，她很可愛，精明、勤奮、好心又專業。我請求她接掌重任，她立刻同意說：「唯君所命，柏格先生。」然後就離開我的辦公室。

---

56 1999年，我的接班人把我們原始園區中心的莊嚴大樓，改名「摩根」大樓，紀念我的朋友兼貴人、威靈頓基金創辦人摩根先生，後來一棟命名為「莊嚴樓」的建築物，現在是先鋒的訓練機構。

57 你可能還記得第二章裡說過，我們脫出1974年的危機後，已故的先鋒公司獨立董事領袖路特訂定的目標：「奮力出擊，把（先鋒）變成整個該死的鬼共同基金業中最響亮的名號。」

片刻之後，她回來問我：「但是你到底要我做什麼？」我想了想，回答說：「我不完全知道我要妳做什麼，但是有一點我很確定，就是我希望妳雇用有愛心的好人，然後確保他們雇用有愛心的好人。」

今天，我們的員工總數達到1.7萬人，我看著其中眾多有愛心的好人，只能對曾格瑞芙說：「幹得好！」

「沒有人是座孤島」

我認為，詩人鄧約翰動人心弦的段落，把本章文字中的很多線索都串連在一起了。他提醒了我們的團隊成員所扮演的重要角色，尤其是成千上萬服務超過15年的資深員工，但是，就像他們快速進入我們公司服務一樣，最後他們都離開了。

我關愛，而且是深深關愛曾經協助我建立先鋒的優秀人才，即使是一位資深員工離開，都令我難以接受，因為這樣會削弱我們的志業。鄧約翰的文字也提醒我，雖然我在漫長的人生和令人興奮的事業生涯中，已經盡了最大的力量，兩者卻都不會永遠持續下去。

> 沒有人是孤島，
> 每個人都是大陸的一片
> 要為本土應卯，
> 那便是一塊土地，
> 那便是一方海角，
> 那便是一座莊園，
> 不論是你的、還是朋友的，
> 一旦海水沖走，歐洲就要變小。

任何人的死亡，
都是我的減少，
作為人類的一員，
我與生靈共老。
喪鐘在為誰敲，
我本茫然不曉，
不為幽明永隔，
它正為你哀悼[58]。

　　直到大限來臨那一天，我對璀璨職涯的回憶都會繼續留存。我們的股東中讓我振奮的一群人——最著名的是全美最受歡迎的金融網站「柏格頭信徒」（Bogleheads），他們幾乎每天都會寫信給我。我在這本書之前寫的11本書，持續在熱心讀者的腦海中迴響，我和極多卓越團隊成員共事的歡樂會繼續維持，我仍然信心十足，認為我這麼多年前創辦的公司，會繼續秉持和高舉我盡其所能建立的關愛價值觀。

保持航向，堅持不懈

　　我在先鋒公司創立時，所創造的獨一無二共同化結構和開創新局的指數型基金策略，是合力改變共同基金業的兩大面向。即使在我1996年卸下執行長職位、2000年卸下董事長職位後，先鋒的這兩大創新面向仍然繼續推動我們的公司，但是我們會繼續茁壯成長，則是得到第三大重要面向的大力

58 編注：此處引用李敖翻譯版本。

推動。

這個面向就是人性面——建立一群敬業又熱愛先鋒、熱愛先鋒價值觀的團隊成員。我已經盡我所能，確保我們現在達到1.7萬人之多的團隊，也會熱愛我們的制度。關於這一點，我能夠確定的是，時代會改變、產業會改變、市場會改變，但是基本價值觀不會改變。先鋒團隊已經發展出彼此關愛和關愛客戶的態度。高舉這些價值觀、持之以恆，攸關將來先鋒維持業界領袖地位的能力。

我創立先鋒公司時，從來沒有打算留下什麼，我的目標只是要創建一家為股民所有、股民所享的企業。雖然我還沒有考慮退休，卻仍然信心十足，認為即使是在很多代以後，先鋒仍將「堅持不懈」，繼續我如此沉浸其中的志業。

II

回溯先鋒旗下的基金產品

　　我在第一篇裡，幾乎把重點全都放在先鋒的歷史、公司的創立結構，以及那種結構所要求的指數化策略上。第二篇的六章要深入檢視先鋒所經營的共同基金，說明這些基金如何把先鋒公司，推升到主導基金業的領導地位上。第二篇的最後一章要評估開始時履行承諾，幾年或幾十年後卻搖搖欲墜、結束營運的幾檔先鋒基金。

　　第11章會探討先鋒賴以創立的威靈頓基金，第12章會把重點放在先鋒的指數型基金上，先鋒幾乎是指數化的同義字，而且指數型基金現在大約在我們的總資產中，占了四分之三的比重。

　　隨後兩章要把重點，放在我們最成功的主動管理型股票基金上，第13章談的是溫莎基金家族，溫莎基金是先鋒前身威靈頓管理公司推出的第一檔股票型基金。

　　到1980年代中期為止，溫莎基金的營運極為成功，但成長卻促使這檔基金必須對新投資人關閉大門，但這同時也為溫莎二號基金打開了大門，結果這檔基金同樣成功。第14章要敘述PRIMECAP基金的故事，這是一檔主動管理型基金，績效紀錄極為優越，卻又擁有指數化若干最好的優點——成本低、周轉率也很低。

　　第15章的重點放在先鋒的債券型基金上，我們第一次嘗試推動主動管理的做法，就是成立先鋒固定收益部門，而且先鋒（當然）是債券指數型基金的開路先鋒。

　　最後，我要在第16章裡，強調我推出初年十分成功、後來卻不支倒地的兩檔新基金——先鋒美國成長基金和先鋒資產配置基金，這一章結束時，會探討先鋒成長股票型基金，這檔新基金創立時似乎就流年不利，最後一樣也撐不下去。

11 — 貫徹始終的威靈頓基金

超級第一

威靈頓基金（現在叫先鋒威靈頓基金）[59]是在1928年創立，是先鋒投資公司集團的第一檔基金，而且是後來設下標準、確立先鋒公司企業特性的平衡型基金。

基金成立後的半世紀裡，威靈頓基金一直是威靈頓管理公司管理的唯一基金。今天威靈頓基金擁有1,040億美元的資產，是先鋒最大的基金之一，也是業界兩大平衡型基金之一。

威靈頓基金一直是典型的平衡型基金——根據慣例，通常把大約35％的資產，投資在投資級債券上，剩下的65％投資在績優股中。

威靈頓基金在市場下跌期間，能夠提供若干下檔保護，在市場上漲期間，也會有相應的上檔限制，確實是「在任何季節

---

59 1980年，我們所有的基金都冠上先鋒的名號時，這檔基金的正式名稱改為「先鋒威靈頓基金」，要知道更完整、更詳細的威靈頓基金歷史，請參閱拙作《文化衝突》（*Clash of the Cultures*）第8章。

中都應該持有的基金」，就像我們傳誦多年的口號說的一樣，它提供「一種證券中的完整投資計畫」。

成立目標

威靈頓基金成立後，一直試圖達成三大目標：一、資本保護，二、合理的經常收益，三、無不當風險的利潤。雖然這些既定目標在基金的悠久歷史中一直存在，卻並非總是能夠適當執行。

威靈頓成立後的頭一個40年間，投資組合大致都由長期持有的投資級債券和績優股構成。後來，到了1966年，一群新的投資策略家，也就是我們的基金投顧公司合併後，成為我夥伴的投資專家接手這檔基金的管理，他們任命的新基金經理人希望透過進取性的策略，獲得比較高的報酬率，這種策略飽含投機因素，結果在隨後的十年裡一敗塗地。

創辦人兼導師摩根先生

1951年7月9日，我加入這檔基金的投資顧問──威靈頓管理公司時，威靈頓基金是公司唯一的共同基金，就當時的基金管理業者而言，這種情況非比尋常。這檔平衡型基金是1928年時，由共同基金先鋒摩根創立，1951年時管理的資產只有1.74億美元，在當時資產規模31億美元的共同基金業中，是第八大的基金。摩根先生後來變成我的貴人，也是建構我事業生涯的建築師。

在威靈頓基金將近89年的歷史中，我跟這檔基金已經結緣

67年，我在這檔基金的兩個重要轉捩點時，承擔關鍵決策者的責任，第一次是在1966年，當時我們為了設法改善這檔基金不如人意的績效，引進了另一位新基金經理人。可惜的是，他改變了這檔基金傳統重視保守投資的政策，改採侵略性高了很多、風險也比較高的策略，隨後的十年裡，這種策略以失敗告終。

雖然我在威靈頓1928到1960年間的卓然有成中，沒有扮演任何角色，卻在1960到1965年間，擔任這檔基金的投資委員會委員，必須為這檔基金隨後的失敗扛責，但這檔基金教我認清了自己的方法錯誤。

1978年，第二個轉捩點出現時，我已經做好準備，我們得動用智慧、決心和對傳統的尊重，才能迫使這檔基金回歸原始的長期標準——讓平衡型的投資組合，重點放在績優股票與債券、經常收益、風險控制、最低顧問費和其他營運成本、具有競爭力的投資報酬上。我率先讓威靈頓基金回歸既有的投資傳統，隨後的幾十年裡，這種策略確實成果豐碩。

威靈頓基金沉淪谷底

1966年的併購完成後，我們積極成性的新經理人迫不及待要把手放在威靈頓基金上，他們快速地開始推動這檔基金的投資組合「現代化」。事後看來，他們的做法可能不適當，但是他們當時卻讓這檔保守的基金，加入新的投機隊伍。1967年，他們任命華德‧柯伯特（Walter M. Cabot）擔任這檔基金的投資組合經理人。

柯伯特離開百能基金公司，加入威靈頓管理公司後，隨即迅速行動，把威靈頓基金的股票比率目標從62％提高為

72％。柯伯特在威靈頓基金1967年的年報中，利用下述文字，描述他的哲學：

> 時代顯然已經改變，我們決定也應該改變，引導投資組合加強配合現代觀念和機會。我們選擇「動態保守主義」作為我們的哲學，強調讓公司有能力因應改變、塑造改變和從改變中獲利……保守的投資基金是積極尋求報酬的基金……是需要想像、創意和彈性的基金……因此，動態和保守並不互相牴觸，強力攻擊是最好的防禦。

柯伯特在我們公司新合夥人兼經理人的鼓勵下，採取這檔基金悠久歷史中空前未有的侵略性態勢，到1972年大多頭市場正好升到頂峰，大空頭市場開始時，他已經把股票比率提高到81％的空前新高。

失敗的「動態保守主義」

在這次空頭市場中，標準普爾500指數下跌了48％，威靈頓的資產價值下降了40％，減幅接近指數跌幅的80％，和這檔基金悠久歷史中特有的「下檔保護」相比，超跌的幅度令人震驚，要到1983年，經過漫長的11年後，威靈頓基金才回收這筆損失。

事實證明柯伯特的「強力攻擊」毫無「防禦能力」。我們引進新經理人作為合夥人，希望改善威靈頓基金在1960年代初期不如人意的表現，卻害得情勢更加糟糕（其中當然有一個深刻的教訓）。

平衡型的「績優股」威靈頓基金背離了自己的保守根基，同時把股票部位和曝險，提高到遠超過傳統水準的程度，增加了對品質可疑的投機股、欠缺經驗的股票公司，以及市場估值升到歷史新高股票的曝險程度。

跟投機有關的警告

這檔基金特性的變化讓我震驚，於是我在1972年3月10日，寫了一封措辭嚴厲的備忘錄，給我們負責投資的高階主管，警告他們風險過高，也警告這樣十分可能造成令人不快的後果，下面是備忘錄的幾段摘要：

> 威靈頓基金此刻幾乎不能視為是「平衡型基金」……現在這檔基金的股票比率達到81%，我嚴重懷疑，我們是否能夠通過基金公開說明書中所訂投資政策的考驗。
>
> 威靈頓基金是我們公司奠基的基礎，在很大的程度上，涵蓋了公司裡幾乎所有作為都適用的價值觀和善意。

柯伯特迅速回應，他不同意我的看法，也不接受我的結論，下面節錄他的一些答覆：

> 我認為這是行銷問題，而且確實跟威靈頓基金的投資目標或策略沒有什麼關係……我不會讓基金回歸傳統的投資態勢……平衡型的觀念已經過時了。

他的回答讓人頗為不滿，更糟的是，他錯得離譜！

徹底慘敗

柯伯特的管理強調高風險的新策略，在他的管理下，威靈頓基金遭到股市跌勢的沉重打擊。從1966到1979年間，威靈頓基金的總報酬率為-6.3％，遠低於同業平衡型基金賺到平均14.4％的正報酬率，而且在柯伯特管理的十年期間，淒慘地淪落到最後一名，即使股市復甦，威靈頓基金還繼續落後同類基金[60]。

績效差勁和市況悽慘的可怕組合造成重大損失，這檔基金的資產基礎繼續暴跌，從1965年底高峰的20億美元，一直減少到1982年6月的現代新低點4.7億美元，情勢糟到彷彿沒有轉圜的餘地。

有一陣子裡，我想我們應該乾脆把老大哥威靈頓基金、把代表我們過去業界崇高地位的這檔基金，併入我們的另一檔基金中，繼續經營。但是我不能這樣做，不只是為了忠誠對待威靈頓基金創辦人摩根，也包括我一心一意認為，這檔基金的平衡型觀念基本上仍然很健全。

但是畢竟我辜負了摩根先生的信任，他雇用我，信任我的判斷，而且在1965年春季，任命我領導這家公司，一切的一切，我都對令人讚嘆的貴人摩根先生有所虧欠，我不能讓他失望。我深信威靈頓基金健全的三大原始目標，埋藏了問題的解決之道，這三大目標就是：一、資本保護，二、合理的經常收益，三、無不當風險的利潤。

我決定做所有該做的事情，以便恢復威靈頓基金原來的

---

60 柯伯特後來成為哈佛管理公司總裁和哈佛大學捐贈基金經理人。

榮光。這是我一生難逢的大好機會,我該如何達成目標?結果我動用的是,身兼威靈頓基金和其他先鋒基金董事長兼總裁的強大力量。

東山再起

　　身為威靈頓基金的董事長,我的責任之一,是評估現在已經掛上先鋒名號的每一檔基金賺到的報酬率,我的董事同僚都和我一樣,極為關心威靈頓基金的響亮名聲為何蒙塵。即使如此,改造威靈頓基金仍然絕非易事。然而,在普林斯頓大學教授、1977年加入威靈頓基金董事會的墨基爾支持下,我們完成了任務。

　　1978年,董事會同意採用我的三項政策建議:一、把股票比率堅定地維持在占資產的60％至70％之間;二、強調歷經考驗、穩定配息的績優股,減少對低殖利率成長股的依賴;三、急劇提高基金的股息收益。

　　我們指示威靈頓管理公司執行改造工作,我在呈報董事會的備忘錄中指出:

　　　　我們可能可以創造的經常收益和未來收益有那些?以下是股票比率占65％、債券比率占35％情況下的預測……這種(逐漸實施的)改變可以把這檔基金的股息收益,從1978年的每股0.54美元,提高到1983年的0.91美元(增幅70％)[61]。

---

61 為了協助威靈頓管理公司完成任務,我交給公司一個由50檔股票構成的股票投資組合模型,這些股票都符合我先前列出的標準,是依據〈價值線投資調查報告〉(Value Line Investment Survey)中的財務資料編纂而成。

股息增加70%

我在威靈頓基金1978年的年報中，宣布下述變化：

> 董事會已經批准投資方法的改變，以便提高基金股票
> 投資賺到的股息金額。這個目標……應該可以達成，卻不
> 至於對（收益加資本增值構成的）潛在「總報酬」，造成
> 任何嚴重影響。我們已經在1978年年底的幾個月裡，推
> 動大力提高經常收益的計畫，1979年還打算進一步提升
> 收益。

我下達上述命令，尤其是堅持要在未來五年裡，把這檔基
金的股息收益整整提高70%的命令，並沒有讓威靈頓管理公司
很高興，這些合夥人相信成長股才是最適當的選擇，強調高殖
利率的股票會傷害績效。

但是，客戶說話時，聰明的經理人要傾聽。雖然威靈頓管
理公司勉強接受這項新策略，取代柯伯特擔任投資組合經理人
的文森・巴傑奇恩（Vincent Bajakian）卻把這項策略執行得很
完美。這檔基金的年度股息收益開始穩定增加，事實上，超越
1978年所訂1983年每股股息要達到0.91美元的目標，而是提
高到每股0.92美元。這一切看似容易，但是只有事後回想才是
這樣。

策略＋執行－成本＝基金的報酬

這檔基金的報酬率回升也不容易達成，但是，一旦中興大業完成，威靈頓基金的創立特性恢復如初，這檔基金過去半個多世紀的紀錄便大為改善，到了同類平衡型基金幾乎難以超越的優勢水準。

從1965到1982年間，這種優勢是負值，威靈頓基金賺到的年度平均報酬率只有5.8％，不如同類基金的8.0％，但是接著這檔基金強力中興，從1982到2017年間，賺到的年度平均報酬率高達11％，完全彌補了先前的不足（請參看表11.1）。

以1965到2017年的整個期間來看，威靈頓基金的年度報酬率達到9.3％，和同類基金平均8.1％的報酬率相比，整整高出1.2個百分點。結果是：凡是熬過多年艱辛，一直堅持不屈的投資人，要是在期初1965年投資威靈頓基金1萬美元，到2018年初，應該會成長到1,005,734美元（請參看表11.1）。同期內，在一般平衡型基金的類似投資，只會成長為566,955美元，複合報酬率的神奇極為明顯。

借用我喜歡的比喻來說：長期複合報酬率的神奇力量，可以輕易壓倒長期複合成本的肆虐。成本真的很重要！因為先鋒共同化結構的關係，威靈頓基金在同類基金中據有獨一無二的地位，把複合成本的暴虐力量壓到最低，股東因此都從複合報酬率的終極神奇魔法中大大獲益。

差勁的歲月（1965年至1982年）

期初投資 1965	終值 1982	年度平均報酬率	一般平衡型基金
$10,000	$25,996	5.8%	8.0%

美好的歲月（1982年至2017年）

期初投資 1982	終值 2017	年度平均報酬率	一般平衡型基金
$25,996	$1,005,734	11.0%	8.1%

現代歲月（1965年至2017年）

期初投資 1965	終值 2017	年度平均報酬率	一般平衡型基金
$10,000	$1,005,734	9.3%	8.1%

資料來源：先鋒公司

表11.1　1965—2018年，期初投資1萬美元在威靈頓基金的成長狀況

1965—2017年的報酬率與成本

	扣除成本前 的總報酬率	費用比率	扣除成本後 的總報酬率
威靈頓基金	9.58%	0.39%	9.20%
一般平衡型基金	9.32	1.10	8.21
威靈頓的優勢	0.26	−0.71	0.99

資料來源：魏森柏格投資公司、先鋒公司

表11.2　威靈頓基金的長期績效高居同類基金冠軍

成本優勢

　　威靈頓基金擁有勝過同類基金的龐大成本優勢，這點無疑是這檔基金一直擁有比較優勢、一直呈現優異紀錄的主要原因。威靈頓基金優於同類基金的成本優勢——長期平均費用比率為0.39％，同類基金為1.10％——會輕而易舉地為這檔基金的淨報酬率，直接增加0.71％，說來可不能算小（參見表11.2）。在這麼長久的期間裡，這麼可觀的優勢會讓這檔基金的累積報酬率爆炸成長。

　　事實上，如表11.2所示，威靈頓每年勝過同類基金0.99％的優勢——每年將近一個百分點中的大部分，大致上都來自每年71個基點的巨大成本優勢，另外26個基點（包括本章所說的美好歲月，也包括先前差勁的歲月）來自威靈頓管理公司2000年任命、到2018年仍然在職的基金經理人愛德華・布沙（Edward P. Bousa），能夠精明能幹地執行威靈頓保守投資策略的成果。

　　和同類基金相比，威靈頓基金還有另一個成本優勢，就是持有的投資組合周轉率比較低。威靈頓基金把焦點放在長期投資上，會促使經理人減少交易，從而降低基金的交易成本。就長期而言，威靈頓的年度平均周轉率為31％，平衡型基金的平均周轉率為87％。比較不頻繁的交易會直接轉化為基金股東可以享受的較低成本，以及較高的報酬率，而且這點看來像是可長可久的優勢。在第二個比較優勢中，威靈頓已經獲得優於同類基金的明顯優勢。

總結

　　1966年開始時，威靈頓基金是當時最大的平衡型共同基金，由主導大局的證券經紀商負責，資產飛躍上升到空前新高的21億美元，到1982年，卻又慘跌70％，降到4.7億美元的低點，然後，才終於回歸長期成長道路，到1989年，持有的資產已經超越過去巔峰時期的21億美元（參見表11.3）。

　　情勢變得愈發良好，到2018年中，威靈頓基金持有的總資產為1,040億美元，比早年的高點增加了50倍。金融市場的穩健報酬率是資產增加的主因，但是投資人的淨現金流入也是一大重要原因，從1985到2014年間，威靈頓基金正遇到25年來正值最高的淨現金流量[62]。

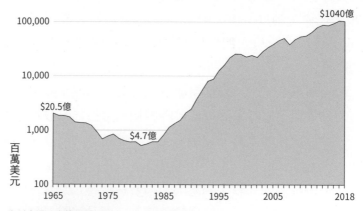

資料來源：先鋒公司、Strategic Insight Simfund.

表11.3　1965—2018年間，威靈頓基金的資產狀況

---

62 從2013年起，因為資產激增，威靈頓基金大致上已經關上大門，不接受新投資人的現金流量，因此過去三年內，這檔基金出現微幅的現金淨流出。

貫徹始終

　　1928年成立的威靈頓基金經過將近90年後，仍然高居先鋒集團的超級第一寶座，是我們的第一檔基金，也是半個世紀內公司唯一的基金（現在先鋒光是在美國，就經營180檔基金）。但是威靈頓基金繼續扮演重要的角色，充當先鋒保守投資策略的守護者和典範。

　　因此，威靈頓基金是先鋒公司裡貫徹始終的事物，這檔基金的平衡型信條仍然占有優勢，而且我相信會一直占有優勢。想想這檔基金65％股票、35％債券的平衡目標，就會知道此一比率多麼類似先鋒今天整個資產基礎按股票占71％、債券占29％的比率。平衡型投資過去大致上是靠著單一共同基金的運作，達成平衡型的目標，現在卻代表基金的投資組合，這種形態永遠不會過時。世事變遷，有些事物卻依舊如初。

12 — 指數型基金

　　1975年，先鋒公司在大家驚訝之餘，創立世界第一檔指數型共同基金——第一指數投資信託後的20多年裡，這檔從1981年起改名為先鋒500指數型基金的先驅，只在共同基金的大河裡，創造了一條小小的溪流。一直到1990年代中期，指數型基金的觀念才變成小河，到2000年成為大河，到2018年已經變成沛然莫之能禦的洪流了。

　　我在第5章裡，把重點放在第一檔指數型基金的奮鬥歷程上，談到很多運氣和偶然，還有早期的熱情、決心和最後隨之而來的失望。我要用另一個比喻來說明，就是幼小的橡實注定不會成長為後來的巨大橡樹。

　　本章要超越那一檔的單一基金，討論整個指數化帝國。21世紀初期，指數化已經變成茁壯我們公司的主導力量，指數型基金現在占了3.5兆美元，等於我們5兆美元資產基礎中的77%。

獲得巴菲特熱情支持的指數型基金

在先鋒公司的創舉之後，標準普爾500指數為未來的指數型基金訂下了標準，1984年，富國銀行最先跟上，接著是殖民公司（Colonial）在1986年加入（1993年結束經營），到1988年時，富達集團也開始模仿。1993年，第一檔指數股票型基金成立（現在變成著名的「蜘蛛」ETF），也是追蹤標準普爾500指數。

如果需要更多的讚美，可以看看巴菲特的說法，巴菲特是最熱心支持先鋒500指數型基金的投資大師，他持續對尋求指引的投資人推薦我們的500指數型基金，甚至幾乎可以說是完全推薦。他至少這樣推薦了20年，下面是他在波克夏公司1996年年報中所寫的一段話：

> 不論是法人還是散戶，大部分投資人會發現，要擁有股票，最好的方法是透過收取最低費用的指數型基金，採取這種方法的人，一定會打敗絕大多數投資專家所提供（扣除各種資費後）的淨報酬。

但是我們從一開始就知道，標準普爾500指數雖然不能完美反映美國股市，卻是全股市指數的絕佳代表〔早年大家認定威爾夏5,000指數（Wilshire 5000）才代表美國全股市〕。長久以來，標準普爾500指數和美國全股市指數之間的差別，已經變得微乎其微了。

標準普爾500指數的資料從1926年開始發行以來，年度平均報酬率平均為10.1％，全股市指數的年度平均報酬率

為9.9％。從1930年起，兩者的年度報酬率完全相同，都是9.7％。紀錄顯示威爾夏5,000指數的報酬率，可以解釋標準普爾500指數報酬率中超過99％的變化。

賭在500指數型基金上

我們選擇標準普爾500指數，作為我們公司指數型基金的標的時，就已經知道，理想中，全股市指數應該是掌握市場報酬率最新的工具。因此，我們在1987年，創設我們的第二檔股票指數型基金——先鋒擴大市場指數型基金。這檔基金是「補充基金」，持有不包括在標準普爾500指數中的中小型股。

想持有整個股市的先鋒投資人，可以簡單地把大約80％的投資，配置在先鋒500指數型基金中，把剩下的20％，配置在先鋒擴大市場指數型基金中。雖然若干投資人利用這檔基金達成上述目標，但利用這檔基金的大多數投資人，都是認為中小型股賺到的長期報酬率會高於大型股的人。

不論如何，先鋒擴大市場指數型基金都在指數型基金的神殿中，贏得崇高的地位，到2018年中，這檔基金擁有680億美元的資產，提供投資人這檔基金所持有3,270檔非標準普爾500指數成份股所賺到的全額報酬率。

隨著1990年代開始，指數化投資成功的證據大量出現，我們繼續設法擴大先鋒的指數型基金陣容。我們的500指數型基金（1975年成立）和擴大市場指數型基金（1987年成立），已經涵蓋廣大的美國股市，我們的全債券市場指數型基金

（1986年成立）[63]已經涵蓋債券市場。下一個合理的步驟是提供追蹤美國以外股票的指數型基金。

國際股票指數型基金

1990年，我們考慮提供一檔追蹤摩根士丹利資本國際公司歐澳遠東指數（MSCI EAFE）的指數型基金，涵蓋所有美國以外主要已開發市場的股票。但是，我極為擔心當時的日本股市[64]，不希望強迫想在廣大國際股市曝險的投資人，冒險把整整67%的非美國資金，投入太平洋地區。因此我們在1990年6月，不只推出一檔國際指數型基金，而是推出兩檔，其中一檔投資歐洲股票，另一檔投資太平洋區股票。這種創新又是史無前例。

1994年，我們推出先鋒新興市場指數型基金（Emerging Markets Index Fund，也是同類基金中的第一檔）後，繼續在國際領域創新，這檔基金讓投資人可以廣泛分散投資在所謂的開發中市場股票上。

先鋒在國際投資上的創新不僅於此，今天，先鋒提供11檔國際股票指數型基金，涵蓋從全世界指數（包括美國股票）、國際高殖利率股票、到小型股的廣大範圍，以及兩檔國際債券指數型基金。加總起來，先鋒現在管理的國際指數型基金資產超過7,000億美元。

---

63 第 15 章會探討我們如何在 1986 年創立這檔基金。
64 日本股市在 1989 年漲到空前高峰，日經股價指數升到 38,900 點，日經股價指數的本益比升到將近 70 倍。到 2003 年，日經股價指數會慘跌到 8,000 點以下，2010 年，日本股市的總市值會從占全球股市的 45%，下降到只占 7%。

全股市指數型基金登場

　　1992年初，我們踏出另一大步。事實證明，我們持有美國全股市投資組合的「補充」做法，成效並不能讓人滿意，投資人必須投資兩檔基金（500指數型基金和擴大市場指數型基金）才能持有整個美國股市，這種方法似乎繁複到沒有必要。為什麼要把全市場的指數化，變得比實際需要還複雜呢？

　　因此我們創立了一檔簡單的全美國股市投資組合，讓投資人可以用低廉的成本，實施可以說是最適當的投資策略。我們終於在1992年4月27日，大約在我們根據標準普爾500指數，創立第一檔指數型基金大約17年後，成立了先鋒全股市指數型基金。全股市指數型基金的經營極為成功，到2018年中為止，管理的資產總額[65]超過7,400億美元。

成長型與價值型指數基金

　　只不過是幾個月後的1992年11月，我們進一步改善指數化的觀念，添加了成長型指數基金和價值型指數基金，成立這兩檔基金，根據的是標準普爾公司1991年推出的成長型與價值型指數。這兩種指數的建構很簡單，就是以每檔股票的市值和淨值的關係為基礎（低股價淨值比＝成長，高股價淨值比＝價值）[66]，再把全部500檔股票分成兩類，這樣一半的市場代

---

65 包括為機構投資人而設的姐妹基金資產。
66 這看起來是粗略的計算，實際上也是如此。但標準普爾成長型與價值型指數97%的報酬率，可以用他們比較複雜的羅素1,000（大型）成長型與價值型指數（R平方值）來解釋。2003年時，先鋒成長型與價值型指數基金把對應基準指數，改為MSCI美國首要市場成長型與價值型指數，到2013年，再改為對應CRSP美國大型成長型與價值型指數。

表成長股指數的市值，另一半的市場代表價值型指數的市值。開始時，成長股指數由190檔股票構成，價值型指數由310檔股票構成，現在這些基金改為追蹤證券價格研究中心CRSP指數，分別是300檔成長股和337檔價值股。

基金的成功，投資人的失敗

我們的成長型與價值型指數基金在某方面很成功，在另一方面卻算是失敗了。到2018年中，這兩檔基金的資產分別為790億美元和660億美元，是晨星公司歸類為「策略型Beta」基金中兩檔最老又最大的基金。策略型Beta類基金通常又叫做「Smart Beta」基金或「因子」基金，指的是基金通常靠著持有具某些特性的股票，追求高於大盤的報酬率或低於大盤風險的基金，這些特性包括價值、小型股等因素，甚至包括股價動能因素。

但就像我在第7章中說的一樣，這兩檔基金存在超過25年期間，投資人每年賺到9％的年度報酬率，卻遠低於投資人從基金中賺到的報酬率——成長型指數基金投資人賺到的報酬率少了高達2.7％之多，價值型指數基金投資人賺到的報酬率也少了1.4％。我設計我們的成長型與價值型指數基金時，原意是希望投資人長期持有，而且我常常警告投資人，不要利用這兩檔基金從事波段操作，抓市場的漲跌時機。

投資人大致上似乎忽視我的建議，我們的成長型與價值型指數基金主要都是由短期交易者拿來利用，他們顯然認為，自己知道哪一個因子會提供比較高的報酬率，也知道提供的時間有多久。我們可以把我們成長型與價值型指數基金的歷史，稱為「始料未及效果法則」。

更多指數型基金

1992年11月，我們創立成長型與價值型指數基金後，立刻再成立基金業界的第一檔平衡型指數基金。1996年4月，我們整合我們的歐洲、太平洋和新興市場指數型基金，併成一檔先鋒全國際股票指數型基金〔到2018年，這檔基金的投資組合由富時（FTSE）美國以外全球全股本指數成份股構成〕。到2018年中，這檔全國際股票指數型基金資產規模達到3,430億美元，變成先鋒的第四大指數型基金。

先鋒在指數化創新上的領導地位，在我們的主導力量中，扮演很重要的角色。從1996年起，先鋒為美國投資人推出了59檔指數型基金，現在還提供指數型基金給歐洲、亞洲、加拿大和拉丁美洲的投資人。今天先鋒的指數型基金，涵蓋美國股市分類「九宮格」中的所有九大類型股票（大、中、小型，以及成長型、混合型和價值型）、類股指數型基金、涵蓋美國國庫票券和公司債的指數型基金、以及一檔市政公債指數型基金等等。我們的「元老級」指數型基金全都是在2000年以前創立，資產規模整整高達2.9兆美元，等於先鋒公司指數型基金資產基礎的86％。表12.1列出先鋒75檔指數型基金的主要分類、基金2018年的資產規模，以及成立日期。

市場指數表現勝過91%的主動管理型基金

2018年春天，標準普爾公司製作所有大類主動管理型基金的15年報酬率，並拿來跟每個類別的標準普爾指數報酬率

比較。評估報告名叫〈標準普爾公司指數型與主動型評比報告〉，通稱SPIVA Scorecard。

令人震驚的是（參見表12.2），標準普爾指數的表現，超越美國大、中、小型類股主動管理型基金績效的幅度，達到大約93％之多！超越幅度最低的是小型價值股基金86％，超越幅度最高的是小型成長股基金的99％。最著名的標準普爾500指數表現，勝過92％的主動管理大型股基金。SPIVA Scorecard提供了壓倒性的證據，證明指數化策略賜予投資人最好的投資成功機會[67]。

指數型基金的主導力量

從1975年先鋒公司在偶然間，創立世界第一檔指數型共同基金開始，今天先鋒光是在美國，就經營75檔指數型基金。先鋒在共同基金業蓬勃發展的指數型基金領域，一直都是業界領袖。如圖12.3所示，指數型基金資產在美國所有股票型基金資產中，所占的比率從1985年的4％，飛躍上升到2018年中的43％。不錯，我們看到了指數化的勝利，而且勝利還沒有結束。

先鋒的傳統指數型基金在這種基金類別中，市占率幾乎達到80％，在ETF類別中，市占率達到25％。兩者加總起來，先鋒的基金大約代表一半的美國所有指數型共同基金資產。

先鋒能否繼續領導業界，取決於我們是否值得占據這種地

---

67 該資料說明了「倖存者偏差」，這15年間一開始存在的共同基金，到這15年結束時大約只有40％仍然存在。

基金名稱	成立年度	總資產 （十億美元）	費用比率 （海軍上將基金／ETF）
500指數型基金	1976	$640	0.04%
全債券市場指數型基金	1986	355	0.05
擴大市場指數型基金	1987	67	0.08
大、中、小型股指數型基金	1989–2006	296	0.07
歐洲太平洋指數型基金	1990	33	0.10
全股市指數型基金	1992	742	0.04
成長型與價值型指數基金	1992	145	0.06
平衡型指數基金	1992	38	0.07
債券指數型基金	1994	94	0.07
新興市場指數型基金	1994	89	0.14
全國際股票指數型基金	1996	343	0.11
不動產投資信託指數型基金	1996–2017	64	0.10
已開發市場指數型基金	1999	110	0.07
富時社會指數型基金	2000	4	0.20
類股指數型基金	2004	63	0.10
配息股指數型基金	2006	64	0.08
其他非美國股票指數型基金	2007–2009	61	0.11
公司債、美國國庫票券、 不動產抵押證券指數型基金	2009	64	0.07
短期抗通膨債券指數型基金	2012	25	0.06
全國際債券指數型基金	2013	107	0.11
其他指數型基金	2007–2017	48	0.17
總額		$3,451	0.09%

資料來源：先鋒公司

表12.1　先鋒基金成立年度、資產規模與費用比率（截至2018年12月31日）

類別	對應指數	前15年輸給同類對應指數的百分比
大型股	**標準普爾500指數**	**92%**
成長股	標準普爾500成長股	94
核心股	標準普爾500指數	95
價值股	標準普爾500價值股	86
中型股	**標準普爾中型股400指數**	**95%**
成長股	標準普爾中型股400成長類股	95
核心股	標準普爾中型股400指數	97
價值股	標準普爾中型股400價值類股	89
小型股	**標準普爾小型股600指數**	**96%**
成長股	標準普爾小型股600成長類股	99
核心股	標準普爾小型股600指數	97
價值股	標準普爾小型股600價值類股	90
平均值		**94%**
其他指數型基金		
不動產指數型基金	標準普爾美國REIT指數	81
全球	標準普爾全球1200指數	83
國際（美國以外）	標準普爾國際700指數	92
國際小型股（美國以外）	標準普爾已開發美國以外小型股	78
新興市場	標準普爾／IFCI綜合指數	95
所有基金	**所有指數**	**91%**

資料來源：SPIVA，2017年底

表12.2　2017年美國股票型基金績效輸給對應基準指數的百分比

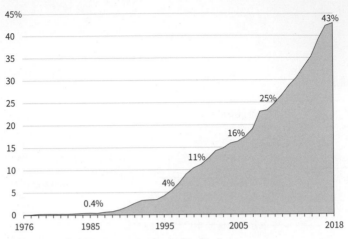

資料來源：先鋒公司、Strategic Insight Simfund.

圖12.3　1976—2018年間，指數型基金占股票型共同基金資產比率

（單位：美元）	傳統指數型基金 （TIF）	ETF	指數型基金 總資產
先鋒指數化資產	$2.6兆	$885億	$3.5兆
業界指數化資產	$3.3兆	$3.5兆	$6.8兆
先鋒所占比率	78%	25%	51%

表12.4　2018年先鋒資產占指數型基金總資產比率

位，取決於我們能不能贏得投資人的信心，讓他們願意把儲蓄委託給先鋒管理，取決於我們能否滿足他們的長期期望，為他們的帳戶，提供有效能又實惠的管理。這種領導地位也有一部分，要取決於我們日漸增加的投資人能否認清傳統指數型基金提供的價值，明顯高於ETF相關產品（參見表12.4）。

　　我們知道，廣泛分散投資市場主要類股、投資人買進後要長抱的指數型基金，已經證明是最適當的投資成功策略。我敢打賭，絕大多數的投資人會依據本身的經驗，了解自己應該看重傳統指數型基金，而不是ETF。時間會證明這件事。

　　指數型基金的可觀成就已經吸引千百萬投資人，投入數以兆計的資金。但是我要再說一遍，我們最好小心「成者愈成」這句老話，不要變成「成者愈成功，愈接近失敗」。第三篇要說明指數型基金未來成長時，可能必須面對的一些挑戰。

13 — 溫莎基金

從1928到1958年間，威靈頓基金是先鋒投資公司前身旗下唯一的基金。公司全力關注一檔保守的平衡型基金，有助於威靈頓管理公司從基金創立起，就主宰平衡型共同基金類別，用當代常用的說法來說，就是威靈頓在很少同業想挑戰的地方，「開拓出一塊利基」，大多數同業都把重點放在股票型基金上。

但是到了1950年代末期，業者競相爭取向客戶銷售共同基金的證券經紀商，尋求他們注意（和關愛）的競爭愈來愈激烈，我們公司旗下沒有股票型基金可以供應投資人，讓公司負責總經銷的團隊焦慮不安。

我可能是最焦躁的人，甚至寫了一份措辭強烈的備忘錄，給精明卻謹慎、要對董事長負責的總裁約瑟夫・衛爾許（Joseph E. Welch）和執行長摩根。我的意思很清楚，我們需要創設和提供一檔股票型基金，現在正是行動的好時機，而且時機非常重要[68]。

---

68 1958年稍早時，有兩檔新的股票型基金創立，一檔是雷曼兄弟公司的威廉街一號基金（One William Street），另一檔是拉扎德兄弟投資公司（Lazard Freres）的拉扎德基金（Lazard Fund）。前者在初次公開發行中，募得1.98億美元（相當於2018年的17億美元），後者募得1.18億美元（相當於2018年的10億美元）──金額令人震驚，因為當年所有共同基金年度淨現金流入總額只有11億美元。

　　因此，摩根先生鑒於我說的有幾分道理，而且發售受益憑證成功的話，立刻會為當時獨資擁有的威靈頓管理公司帶來利潤，因此摩根先生下令進行。

　　因為我們的員工人數很少，無中生有、創立新共同基金和準備初次公開發行公開說明書的機會，就落在我頭上，成為我早期職涯中最讓我興奮的案子。

　　我們選擇吉德皮巴第公司（Kidder Peabody）作為初次公開發行主辦承銷商，培基證券公司（Bache & Company）為協辦承銷商。兩家公司都雇有十分能幹的投資銀行家，在經銷威靈頓基金給投資人方面，都有活躍而悠久的歷史。好幾個星期裡，我們都跟律師群坐在摩根先生辦公室的大桌子旁討論細節──基金的目標、政策、行政管理過程和基金董事的選擇（和威靈頓基金相同）。我們選擇威靈頓股票型基金（Wellington Equity Fund）作為名稱（巧的是，這是我的建議，我認為這個名字比 Wellington Stock Fund 好聽）。

名字有什麼意義？

　　結果新基金的名稱變得一點都不重要，我們很快就碰到一個麻煩。威靈頓基金一位不滿的股東在一位原告律師的協助下，主張「威靈頓」的名字完全屬於威靈頓基金所有，威靈頓股票型基金不當地利用這個名字。

　　這個案子案情複雜，而且我們認為相當荒謬，但是德拉瓦州地方法院支持原告的立場，接著，德拉瓦州高等法院也支持，美國最高法院拒絕受理上訴，結果我們敗訴了。

　　我們顯然需要一個基金的新名字，我的選擇是溫莎基金，

於是我們基金用「英國式W字頭」取名的慣例開始形成，我們後來創立魏斯理收益基金（Wellesley Income Fund）、威斯敏斯特債券型基金（Westminster Bond Fund）、白廳貨幣市場信託基金、瓦威克市政公債基金（Warwick Municipal Bond Fund），甚至還設立了威爾摩根成長型基金（W. L. Morgan Growth Fund）。這些名字一直沿用到1980年，然後我們放棄這種名稱，改採統一的「品牌」政策，先鋒公司所有的基金此後都冠上先鋒」的名號。

適度的IPO，弱勢的報酬率

唉，我們10月推動初次公開發行承銷時，共同基金可以取用的財庫幾乎已經空了，但我們還募集了3,840萬美元的資金。溫莎基金從1958年10月23日開始投入股市。雖然我們已經做好基金的經營和配銷工作，在投資管理上所做的準備似乎卻比較不夠。

溫莎基金早年的報酬率備受打擊，基金經理人不確定該走什麼方向。1958到1964年間，股市走多，標準普爾500指數每年創造11％的年度報酬率，但是溫莎基金落在後面苦苦掙扎，每年只創造7.7％的報酬率。1963年中，基金資產突破7,500萬美元，隨後援手出現，提供驚人的幫助！這檔基金的紀錄幾乎立刻就改善。

聶夫上場

我們延聘的聶夫當時正在尋找新的事業生涯機運，他已經

在克里夫蘭都市國民銀行信託部服務八年，準備面對新挑戰。

他在（已經改名的）溫莎基金找到挑戰，1964年夏季，他接下基金經理人的擔子，立刻就適應下來，我們隨即展開了延續一生的友誼。

聶夫曾經這樣描述我們之間友誼的開始：「我們立刻就覺得很親近，因為我有他喜歡、卻不能確切說出來的東西，但是我很清楚是什麼東西，就是當時我們兩人都留平頭。」

聶夫的價值哲學花了一點時間，才在溫莎基金的報酬率中實現，溫莎基金在聶夫的管理下，成為同時兼具保守和主動特性的基金，說保守，是因為他採用慎重其事的價值股投資法，著重在經過仔細分析的低市值、高殖利率股票，這種方法意在限制下檔風險。

但是，他的方法也有積極進取的一面，因為他的投資組合高度集中在他偏愛的股票上，這表示跟比較分散投資的對手基金相比，短期間，他的基金報酬率會比較難以預測。但是不管多麼難以說明，溫莎基金的故事終於得到大家的了解。

強勁的報酬率與現金流量

到1965年，溫莎基金的績效提升，從1965到1970年間，創下12.6%的年度平均報酬率，遠高於標準普爾500指數僅僅4.8%的績效。從1970到1973年間的「漂亮50」股票成長股狂潮期間，溫莎基金的表現當然不如標準普爾500指數，但1974到1979年間，年度報酬率卻急劇升高，激升到16.8%，遠高於標準普爾500指數的6.6%（1965至1979年間，溫莎的累積報酬率為359%，標準普爾500指數為126%）。

在共同基金界，這麼傑出的績效會吸引警覺的投資人和證券經紀商，也會吸引資金。聶夫繼續發光發熱，溫莎基金跟著變得更好，但是對大多數溫莎基金成功的競爭對手來說，情勢會變壞，因為「熱門」基金注定會冷卻下來。

1981年開年時，溫莎基金的資產總額不到10億美元，在我們的貨幣市場基金龐大現金流入回歸比較適度的水準之際，溫莎基金填補了缺口。不只如此，從1981到1984年間，溫莎的淨現金流量總額為9.65億美元，整整占了我們基金現金流量的17％。到1985年結束時，溫莎的資產總額超過40億美元，變成美國最大的股票型基金。

股票型基金中似乎無法避免的「回歸平均數」惡魔（第16章會進一步探討）對溫莎好像毫無影響，聶夫繼續過關斬將，雖然1989至1990年間，溫莎一度表現低落，但從1980到1992年間，還是繳出高達17.2％的驚人年度平均報酬率，每年遙遙領先標準普爾500指數報酬率高達1.2個百分點。

「時間到了」

雖然溫莎基金取代威靈頓基金，成為先鋒艦隊中的旗艦，但是聶夫和我都知道：「樹不會長到天上。」我們原則上同意，雖然這樣會對溫莎造成影響，但我們必須關上基金大門的日子一定會到來。不這樣做可能會讓溫莎變得太大，光是龐大的規模，就會妨礙聶夫正字標記的投資彈性。

1985年5月，聶夫走進我的辦公室，坐下來說：「停止讓現金流入溫莎基金的時間到了。」我幾乎在他話還沒說出口前，就表示同意。就像我說的一樣，我和他一樣，無意「殺

雞取卵」⁶⁹。

對投資人關閉溫莎基金的大門，在共同基金業中幾乎是史無前例。根據傳統方式建構的基金經理人寧死也不願切斷流入旗艦基金的現金，壓制來自衣食父母的優渥管理費。但是先鋒因為採用共同化結構，已經愉快地把這個問題排除在外，我不在乎累積資產，更不在乎顧問費的收益。

我們該怎麼辦？

我確信先鋒需要對不斷成長的基金投資人家族，繼續提供價值導向型的基金。我的推理告訴我應該創立第二檔價值型基金，配置自己的獨立基金經理人，而且不是由威靈頓管理公司提供投資建議。這點其實沒有爭議，但是我決定把這檔姐妹基金命名為溫莎二號基金時，卻遭到嚴厲批評，說：「你是在利用溫莎基金的名聲和聶夫亮麗的紀錄，因為你知道溫莎二號基金絕不可能達成溫莎基金所創造的報酬率！」⁷⁰ 結果證明懷疑者錯了。

用驚人成果破除疑慮

1985年春，我們會晤六家聲譽卓著的價值型投資專家，希望找到一家投顧公司，最後我選擇了Barrow, Hanley, Mewhinney, and Strauss公司，這家公司總部設在德州達拉斯，

---

69 1985 年 5 月，溫莎基金關閉大門時，擁有 36 億美元的資產，大約等於標準普爾 500 指數成份股總市值的 0.3％，今天這種比率大約等於 630 億美元。

70 聶夫 1964 至 1995 年管理溫莎基金期間，溫莎每年的績效勝過標準普爾 500 指數 3.4 個百分點，我相信這種成就在共同基金業歷史中空前未有。聶夫萬歲！

是知名的基金管理業者，由經驗豐富的高階經理人負責經營，領導他們的貝羅似乎值得信任，可能是先鋒的好夥伴，我們的董事會也同意了。

1985年5月15日，我們宣布關閉溫莎基金，並且立刻付諸實施。如果事先通知，一定會造成現金流量湧入溫莎，這正是我們希望避免的事情。溫莎二號基金一個月後開始供應。

事後回想，我們選擇這家公司似乎是受到啟發，到2018年，這家公司仍然是溫莎二號基金最大部分資產的經理人，這檔基金不但跟備受尊敬的前輩分庭抗禮，而且實際上還青出於藍，提供略勝於前輩的年度報酬率：溫莎基金年度報酬率為10.1％，溫莎二號基金為10.5％，這種情形大部分要歸功於貝羅的管理[71]。

一檔基金，多位經理人

為了確保溫莎二號基金報酬率的「相對可預測性」，我決定在溫莎二號基金資產繼續成長之際，讓基金的投資組合進一步分散。1989年，在這檔基金資產突破20億美元時，我們延聘亞特蘭大的景順投信（INVESCO），作為這檔基金的第二家基金經理人，負責管理這檔基金的2.5億美元資產。

此舉是先鋒第一次在一檔基金上，運用多位經理人的嘗試。這種構想就像我早在1974年說過的一樣，意在提供表現具有相對可預測性的基金。如果一檔基金能夠趕上競爭對手賺

---

71 貝羅是奇人，他的睿智掩蓋了他在投資策略上的天分。先鋒公司一位董事問他，是否擔心市場修正時，他機智地回答說：「不會，因為胖女人還沒有唱歌。」

到的毛報酬率,那麼這檔基金只要靠著低成本,就完全可以獲勝,這種哲學為先鋒的投資人發揮了有效的作用。

我們藉著溫莎基金系列的實際運作,證實了我們所知的理論:抱持已經獲得證實的價值型投資哲學的兩組基金經理人,在經驗豐富、戰功彪炳的領袖領導下,長期應該可以產生類似的報酬率,承受類似的風險狀況。實際上也是如此,從1985年起,溫莎基金的波動性為17.2%,溫莎二號基金為16%(略低於標準普爾500指數16.5%的波動性)。

1985到2015年間,溫莎二號基金在首席經理人貝羅的領導下,基金報酬率維持充分的競爭力,1985到1989年間,每年的報酬率勝過一般價值型基金1.4個百分點。

1995到1998年間,聶夫退休後,威靈頓管理公司任命的接班人立刻陷入困境,溫莎基金的年度報酬率為19.2%,溫莎二號基金卻繳出27.7%的報酬率。但是「回歸平均數」效應再度登場,1999到2007年間,風水輪流轉,溫莎基金繳出8.0%的年度報酬率,溫莎二號基金繳出的年度報酬率只有6.5%。從2007年底以後,先鋒這兩檔價值型基金的報酬率幾乎雷同:溫莎基金為7.2%,溫莎二號基金為6.7%。

圖13.1所示,是溫莎基金和溫莎二號基金的相對累積報酬率,線條向上走時,代表溫莎基金的績效勝出,線條往下走時,代表溫莎二號基金的績效勝出。長久以來,雖然線條有起有伏,但長期報酬率相當類似,溫莎基金只占有小小的優勢。

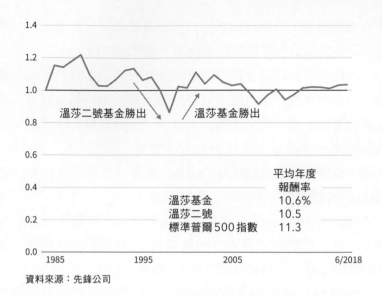

資料來源：先鋒公司

圖13.1　1985至2018年間，溫莎與溫莎二號兩檔基金的累積報酬率比較

歷史的教訓

　　這麼說來，從溫莎基金系列的歷史中，可以學到什麼教訓？第一，一開始一定要任用傑出的基金經理人；我們在這一點上當然很幸運，但是「你找對人後」，可「千萬別放他走」。雖然聶夫已經退休23年了，我跟他的友誼依然長存，而且會永遠維繫下去。

　　第二，要了解時光飛逝的影響。基金經理人有一定的生命期限，表現出眾的期間也有限。做好準備的方法之一是依靠幾家不同公司的好幾位經理人（像溫莎的例子一樣），依同樣的指令操作，至於決定經理人數的上限方面，沒有什麼奇招妙法。

　　第三，盡量壓低基金成本（績效起起伏伏，成本永遠都在）。這點當然表示對基金股東有利的費率結構，但是也表示基金投資組合的持股需要夠低的周轉率水準。股票交易的成本很高，最後會變成整體投資人都是輸家的遊戲。

　　第四，跟投資人、媒體和大眾溝通時，直率坦白是核心原則。你必須解釋主動管理型共同基金的報酬率來源，沒有一檔基金可以逃過績效的波動。

　　我盡力尊重這些原則，最尊重的一次是在溫莎基金1990年的年報中，當年溫莎基金的報酬率為-27％，標準普爾500指數的報酬率為-7.5％。我在董事長致股東函中，開宗明義就告訴股東：「我寫信給你們已經有25年了，今天這封信是我最難寫的一封。」溫莎系列基金的故事最重要的地方，依然跟堅持不懈的智慧有關。

14 — PRIMECAP 基金

　　很久很久以前的1984年夏天，一樁可遇不可求的妙事發生了，這件事後來會變成先鋒歷史上的一個關鍵。我為了一檔新的成長型基金，到加州跟潛在的基金經理人面談，我認為我們需要這檔新基金，來平衡旗下由溫莎基金主導的價值導向型基金系列。

　　到1980年代初期，溫莎基金在所向無敵的基金經理人聶夫領導下，代表我們整整一半的股票導向型基金資產基礎。到1985年，擁有40億美元資產的溫莎基金繼續快速成長，已經變成美國最大的股票型基金。我的經驗警告我，時代會改變，大家喜愛的投資風格會變化，我希望在溫莎快速飆高的資產成長率不可避免地降低前，做好行動的準備。

　　在1960年代的狂飆時代結束、隨後出現1972至1974年間的股市崩盤之後，很多成長型基金經理人搖搖欲墜，然後一厥不振，我從第2章描述的併購慘劇中，親自見證了這種情況，我們在倖存下來的人當中，尋找潛在的合作對象。

　　我拜訪其中四位，卻沒有找到合適的候選人，我在拜訪過

程中，得知米立亞斯正在籌劃創立新資產管理公司的事情。
1969到1970年間，他在威靈頓管理公司替我們管理基金時，
我跟他曾經相當密切地合作過，然後他加入龐大的洛杉磯美國
基金集團。1984年中我們會面時，我再度發現他是我可以信任
的好人，是擁有崇高價值觀的卓越投資專家。

PRIMECAP管理公司成立

　　米立亞斯和該公司新創的美國資本基金（AMCAP fund）
共同經理人霍華・蕭，對於公司日益成長的規模覺得不安，
也對公司在當時十分龐大的股票型基金（今天甚至更大）和
他們正在成長的小型美國資本基金之間，分配交易的程序感
到不滿，因此決定離開，跟同事西奧・柯洛科聰（Theo A.
Kolokotrones）自行創業。美國基金集團深受震撼，因為他們
的專家從來沒有離職過（或是到當時為止從來沒有過）。

　　這些新合夥人把他們的公司命名為PRIMECAP管理公
司。1983年9月15日，他們設在巴沙迪納的公司開張後，逐漸
吸引一群績優退休基金公司客戶。那一年稍晚我去拜訪時，重
續我和米立亞斯的舊交情，又新認識了霍華・蕭，我們處得非
常愉快，他們對我的臨時提案有點心動，我傳達的訊息大致上
是這樣子的：

　　　　先鋒了解共同基金業務、營運、法規和配銷需求，我
　　們對資金管理沒有興趣。你們了解股市，也證明自己是專
　　業基金經理人，但是你們對周邊的基本業務活動不感興
　　趣。因此我們可以共創一檔基金，我們負責營運和配銷，

你們擔任基金的投資顧問，負責投資。我們會承擔成立和
經營這檔基金的所有成本，你們不用花一分錢。

他們喜歡這個構想，但需要時間來考慮我的提議。米立亞
斯渴望做這筆交易，霍華・蕭卻擔心這種結盟「不在我們的事
業計畫中」。隨後，他改變主意，告訴米立亞斯他要加入，「前
提是我們能夠信任柏格」。米立亞斯跟我在威靈頓團隊有共事
多年的經驗，他告訴霍華・蕭，他和我之間有著一定不會破裂
的信任關係，於是雙方都在沒有半個律師在場、沒有白紙黑字
的情況下達成了協議。

先鋒PRIMECAP基金成立

1984年8月20日，先鋒PRIMECAP基金成立，職員和
董事跟先鋒的其他基金都相同（我們公司當時的基金資產總
額為88億美元）。新基金從10萬美元的種子基金開始運作，
當時這筆錢必須由我私人提供（法務問題禁止先鋒擁有自己
的基金，我很幸運吧？）。在我們終於在必要的投資顧問合
約上簽名後，該基金從1984年11月1日起開始營運。

績效紀錄

鼎盛基金早年的表現優異（參看圖14.1），1984到1986
年間，勝過標準普爾500指數的報酬率大約16個百分點。接著
在1987至1989年間，這檔基金搖搖欲墜，績效落後25個百分
點，使得這檔基金頭七年的績效略微低於平均水準。或許我沒

有經常對先鋒的董事們說明，基金績效難免有起有伏，因此有
幾位董事敦促我，終止我們之間的投顧合約，我當然拒絕照辦
（還順利過關）！

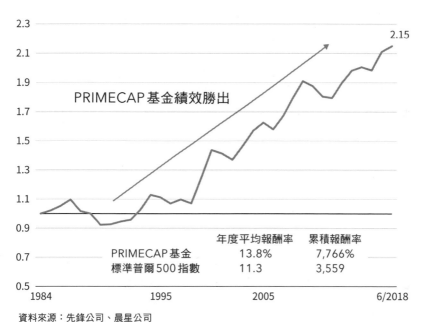

資料來源：先鋒公司、晨星公司

圖14.1　1984—2018年間，PRIMECAP基金和標準普爾500指數累積報酬率的比較

　　後來的事情大家都已經知道了。隨後的27年多裡，績效依
然起起落落（在我們這一行裡，這是無可避免的事情），但是
在其中的17年裡，PRIMECAP基金的績效勝過標準普爾500
指數，在另外的十年裡，略微不如標準普爾500指數，特別明
顯的是1996年和2001至2002年間「新經濟」泡沫破滅，造成
大空頭市場期間。但是在這檔基金復甦期間，績效超前標準普

爾500指數的幅度十分可觀——年度報酬率高達17.4％，指數
的報酬率為12.8％。

低成本是達成年度報酬率優勢的主因

這檔基金的低成本已經證明是一種優勢，對基金的成就
具有重大影響。2017年內，PRIMECAP基金的費用比率為
0.33％，和同類大型成長股基金的1.33％相比，整整少了一個
百分點。回頭來看，這檔基金存續期間13.8％的年度報酬率，
大幅壓倒同類基金10.5％的年度報酬率，每年超前3.3個百分
點的優勢中，先鋒的成本優勢大約是其中40％優勢的來源（基
金將近一半的費用反映先鋒的營運效能和節約實惠，另一半反
映基金資產相當低廉的顧問費率）[72]。低成本和長期複合成長
的魔力極為明顯！

這檔基金花了一點時間，才吸引投資人的注意，基金資
產要到1992年才突破5億美元（當時我們認為這樣的表現相
當好）。1994年，這檔基金的資產突破10億美元，然後逐
漸成長到2001年初的220億美元。雖然這檔基金從2004年
起，就對新投資人關閉大門[73]，但因為市況和表現都很優異，
PRIMECAP基金以650億美元的資產規模，開始第四個十年的
經營，晨星公司頒發的「金獎」評等正好慶祝這檔基金的成就。

---

72 基金的成長造成基金的費用比率劇降。從1990年起，費用比率降低了一半，從0.75％降
到2018年的0.33％。先鋒的營運成本從0.24％降到0.14％；PRIMECAP管理公司的
顧問費從0.51％降為0.19％。雖然費用比率可能相當低，費用金額卻相當大，光是2017
年內，PRIMECAP基金、資本機會基金和PRIMECAP核心基金付出的顧問費總額，就超
過1.91億美元。
73 該基金最初在1995年3月，對新投資人關閉大門，1996年10月重新打開大門，然後
從1998年4月到2001年4月，再度關閉大門。

先鋒用「四個P」評估基金經理人

我們選中PRIMECAP公司管理先鋒的新成長型基金，絕非純屬幸運。它符合我選擇新投顧的標準，我在這檔基金1985年第一年年報的董事長致股東函中，摘述過這些標準，現在我要解釋一下：

在我們共同經營事業的第一年裡，跟PRIMECAP公司的領導人發展合作關係很重要，也很愉快。我們會選中這家公司，是根據下述的「四個P」。

一、人員（People）：基金經理人是誰？鼎盛公司的人是出色的投資專家，聲譽卓著，共擁有85年的基金管理經驗。

二、哲學（Philosophy）：他們追求什麼成就？是推動具有成長導向的投資哲學（我也喜愛他們從2009到2017年間注重長期的觀念，這檔基金的年度投資組合周轉率平均只有7％）。

三、投資組合（Portfolio）：他們怎麼推動自己的哲學？該公司管理的退休金投資組合包括績優股的組合，其中有些股票具有成長導向，有些股票具有豐厚的殖利率，有些公司可能成為併購標的，有些公司經營利率敏感業務。

四、績效（Performance）：他們過去的紀錄如何？「過去的績效」不是我們的第一個標準，而是最後一個標準。不錯，這個標準很重要，但是只有放在

另外三個因素中考慮時才重要（我警告過大家，
PRIMECAP 公司一定會有績效超越同儕的時期，
也一定會有績效不如同儕的時候，這是顯而易見
的看法，不是明智的預測）。他們的目標是：賺
取具有競爭力的長期報酬率。

我覺得這「四個P」已經通過時間的考驗。

回顧這檔基金

2000 年 1 月 31 日，我擔任這檔基金董事的日子結束，但是
在隨後的歲月裡，我謹守自己在 PRIMECAP 基金 1999 年年報
中發下的承諾：「我們在新創的先鋒單位中，繼續保持活力和
積極……還會繼續密切注意你們作為基金股東的利益。」

而我的確做到了，我在私底下以股東身分、在專業上以基
金報酬率研究人員的身分，高興地看到這檔基金從那時起，一
直保持出色的成果。現在這檔基金 34 年的歷史中，有 21 年的
表現勝過標準普爾 500 指數，有 13 年不如該指數。我們就讓
這種起伏提醒大家，即使是最好的經理人，也無法年年打敗大
盤。這檔基金夠好了吧？它一生的紀錄已經證明了這一點。

接手先鋒資本機會基金

1994 年的強勁多頭市場中，先鋒董事會鼓勵我，成立風
格比現有基金更積極、相對可預測性比現有基金低的股票型
基金，我同意這種策略，做出了行銷考量，而非投資考量的

決定（我要再說一遍，痛苦的經驗警告我在這種權衡中有多缺乏智慧）。因此我們在1995年裡，創設了先鋒地平線基金系列，這四檔基金的結果比較難以預測，其中一檔叫做先鋒資本機會基金[74]。

我選擇了（我難辭其咎！）加州一家積極進取的投顧業者——胡西克資本管理公司（Husic Capital Management Company），管理資本機會基金的投資組合，這家公司已經管理先鋒摩根成長型基金的一部分，在管理這檔基金方面，得到更有彈性的授權，包括可以放空股票（就是賭股價會下跌）。但這家公司的策略執行很失敗，這一年裡，標準普爾500指數上漲33%，資本機會基金的總報酬率卻是-8%，真是離譜！我們終止了跟胡西克公司的合約，PRIMECAP公司接受我們的提議，承擔起充當這檔基金投資顧問的責任[75]。

資本機會基金績效的起死回生很有戲劇性，這檔基金早年由胡西克公司負責管理時，年度報酬率為5.4%，遠低於標準普爾500指數28.1%的年度報酬率，PRIMECAP公司接手管理後的20年裡，這檔基金的年度報酬率提高為14.1%，遠高於標準普爾500指數的7.1%（參見圖14.2）。

結果，上述「四個P」又得到了報償，贏得了晨星公司的「金獎」評等。1997年PRIMECAP公司接管資本機會基金時，這檔基金的管理資產只有6,300萬美元，現在卻超過170億美元。

---

74 資本機會基金是地平線基金中三檔繼續存活基金中的一檔，跟全球股票型基金與策略性股票型基金是難兄難弟，第四檔名叫全球資產配置的基金已經在2001年下市。
75 我很高興我的接班人決定選擇PRIMECAP管理公司。

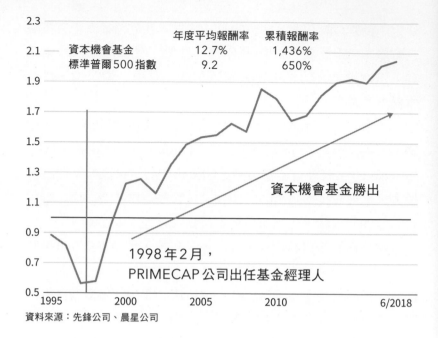

	年度平均報酬率	累積報酬率
資本機會基金	12.7%	1,436%
標準普爾500指數	9.2	650%

資本機會基金勝出

1998年2月，
PRIMECAP 公司出任基金經理人

資料來源：先鋒公司、晨星公司

圖 14.2　1995—2018年間，資本機會基金和標準普爾500指數累積報酬率的比較

今天的 PRIMECAP 基金系列

　　PRIMECAP基金原始的三位基金經理人分別是霍華・蕭（已經去世）、米立亞斯（2013年底退休前，擔任資本機會基金資深經理人）和柯洛科聰，柯洛科聰目前仍然是公司的領導人。現在有許多經驗豐富、深受該公司堅定價值觀薰陶的投資專家加入陣營，包括約珥・傅萊德（Joel Fried）、阿爾・莫德凱（Al Mordecai）和摩烏・安薩里（Mo Ansari），每位都管理先鋒這兩檔基金的一部分，對這檔基金繼續表現強勁績效都卓有貢獻。

PRIMECAP管理公司也擔任先鋒PRIMECAP核心基金的投資顧問。該基金於2004年成立，是PRIMECAP公司投顧能力高強的另一個證明，這檔基金成立以後，每年創造10.6%的報酬率，輕鬆勝過美國股市大盤8.4%的報酬率。該基金管理的資產只略低於110億美元，從2009年中起，已經對新投資人關上大門。

總結

隨著先鋒的資產成長，從1984年PRIMECAP公司初次加入先鋒陣營時的90億美元上下，成長到今天的5兆美元，世事已經多所變化，但是PRIMECAP基金系列仍然維持相對適中的資產規模，卻沒有什麼值得意外的地方。我們根據雙方的協議，不再開放新投資人加入，基本上是為了阻止額外的資產流入。和溫莎基金的例子一樣，還是有人會問：「為什麼要殺雞取卵呢？」答案是：控制資產規模，保存負責操作兩檔基金經理人的彈性，還是比較好的策略。

從久遠的往日開始，我們運作時，就是依據我們對股東的嚴格受託責任原則——股東代表我們唯一的責任，而且我們根據信任關係做出承諾。「美好歲月」中最好的範例，就是先鋒的PRIMECAP基金和後來的資本機會基金。

1984年不太可能結合卻結為信任夥伴的盟友，今天的確已經成果斐然，PRIMECAP公司當時是巨型基金家族中便於管理的小單位，後來卻靠著為信任我們的幾檔基金股東，創造和提供超乎尋常的報酬率，賺到心安理得的顧問費，還在主動管理型基金領域中，為先鋒公司的名聲大為增色。

　　先鋒公司當然已經改變，PRIMECAP公司也一樣。但是為了避免自己犯下「懷舊」的毛病，我要說，投資業也已經改變，金融體系也一樣，整個國家也一樣，世界和萬事萬物也一樣。但是只要我們尊重自己足以自豪的過去，繼續維持我們的投資策略和人本價值觀，先鋒公司在我們所能想像的最遙遠的未來，將繼續巍然聳立在眾多同業之間。

15 — 債券型基金

　　共同基金業在形成期間，差一點就會失去債券型基金。但是幾乎從1951年7月，我第一天到威靈頓公司工作時起，我就受到威靈頓基金平衡哲學的薰陶，知道債券是用來追求收益和降低風險的，股票是用來追求資本增值的。我徹底相信這一點。

　　當時，債券型基金只是基金業中一個微不足道的因素。1960年時，業界共有161檔共同基金，其中只有12檔是債券型基金，只代表基金總資產的6％而已。到了1970年，當時共同基金資料主要來源的魏森柏格投資公司的年度出版品中，不再列有債券型基金的類別。但我是反向投資的信徒，1965年，我出任威靈頓管理公司執行長時，我無法擺脫在威靈頓保守的基金名單中，添加一檔債券型基金的念頭。

　　身為反向策略信徒，看到新雜誌《機構投資者》在1969年5月號中，刊出一篇抨擊債券的報導時，我的信念反而因此增強。這篇報導是封面故事，還畫了一些巨型恐龍作為說明，篇名是〈債券型基金能夠存活下去嗎？〉，實在非常醒目。

但是1966年內，我決定讓基金業巨擘威靈頓管理公司，跟波士頓一家小型投資顧問業者Thorndike, Doran, Paine, & Lewis公司合併時，我的保守傾向並不很明顯，波士頓這家公司經營一檔積極取向的愛投資基金，是第3章中所說短命狂飆時代的明星之一，事後證明，愛投資是彗星，短暫照亮天空，然後就墜落，只剩星塵慢慢飄落到地球上。

「債券是過去，股票是未來？」

愛投資基金的新合夥人討厭債券，1970年我提議成立債券型基金時，其中一位快人快語地阻擋這個構想：「你不知道債券是過去嗎？股票才是未來。」這是1972至1974年間股市腰斬式崩盤前不久的事情，但是我終於說服同事，成立了一檔收益型基金，持有60％債券、40％配息股票。事實證明，這個構想具有恆久價值，將近半個世紀後，先鋒衛斯理收益型基金擁有的總資產達到540億美元。

然後，時代變了──一點點！我們在1973年7月，成立我們的第一檔「純」債券型基金，這是我們逐漸崛起、成為業界債券型基金領域壓倒性主導力量的第一步，這檔基金現在叫做先鋒長期投資級基金（Long-Term Investment Grade Fund）。

1974年先鋒公司誕生時，我們的基金董事禁止先鋒提供投資顧問服務，把這項重責大任保留給威靈頓管理公司。但是我身為執行長，我的職責很明確，包括評估投顧公司管理的基金投資績效──不錯，就是評估幾個月前把我開除的那家公司（請參閱第3章），這項規定催生了我們後來的債券型基金王朝。

門戶半開：市政公債基金

　　1974年9月，我們已經獨立自主，幸運的是，有一扇門開了一條縫，意外給了先鋒公司追逐債券型基金夢想的機會。1976年，國會通過法律，容許共同基金可以把市政公債利息所得移轉給基金股東而免於扣稅。市政公債基金迅速變成新的投資類別，成為我們這一行中的永久一員。

　　第一批這種基金是有人「管理」的市政公債基金，我在第5章裡解釋過，這種基金由基金經理人經營，他們在拉長或縮短投資組合到期日方面，沒有受到限制，一切完全依他們對市況的看法而定。我根本無法想像這些專家或任何人，能夠成功預測利率的變動，而利率卻是債券價格的主要決定因素（兩年前，就是這種懷疑，促使我創立第一檔股票指數型基金）。

　　因此，先鋒當然走不同的路——我們成立一系列三種不同「目標到期日」，分為短、中、長期的債券型基金[76]，每種基金都賦有特別的任務。因為每一系列基金都不是把重點放在變動不拘的到期日上，而是放在強勁的信用品質上，投資人可以自行決定哪種組合的風險和殖利率，最符合他們的財務目標。

門戶大開：先鋒變成債券基金經理人

　　我們的創新讓先鋒公司獲得重大競爭優勢，我們藉著把債券型基金分為三種到期日，消除了「管理型」市政公債績效上

---

76 除了短、中、長期市政公債基金外，先鋒也提供高殖利率免稅基金，以及限制期限的免稅基金，先鋒也管理七檔特定州的目標到期免稅基金。

的大部分「雜音」，根據到期日，把這種基金的相對績效分類後，成本最低的基金一定會獲勝。

因為先鋒的共同化結構和超低的成本，把重心放在我們具有目標到期日的債券型基金，就變成顯而易見的策略，先鋒公司就在不知不覺間，變成基金業中成本最低的債券型基金供應商。

為了把這種策略的全部潛力發揮到極致，先鋒需要控制債券型基金類型的供應，也要為這些基金的績效承擔直接責任，先鋒變成我們市政公債和貨幣市場基金投資顧問的時機已經來臨，當時我們的市政公債基金由花旗銀行經營管理，貨幣市場基金由威靈頓管理公司負責經營。

因此，我們的下一步，是取消禁止先鋒為旗下任何基金提供管理和承擔責任的舊規定。由債券型基金和貨幣市場基金構成的固定收益基金，現在為先鋒公司提供了涉足主動管理領域的大好良機，我們伺機而動，直到可能採取這種重大行動的時機出現。

管理先鋒的固定收益基金

如果創立第一檔目標到期日債券型基金的決定堪稱明智，那麼我選擇外部經理人管理新共同基金的決定就是笨得可以。我們選擇金融巨擘花旗銀行，作為這些基金的投資顧問，唉，他們的投資部門根本不能勝任，因此1980年開年後，先鋒公司決定終止這層關係。

同時，我們的大型（資產規模4.2億美元）貨幣市場基金要付高額的費用，給當時的經理人威靈頓管理公司。我心想，時機到了，現在該向先鋒董事會建議由先鋒公司取代花旗銀

行，擔任我們的市政公債基金經理人，同時取代威靈頓，擔任我們的貨幣市場基金經理人[77]。這樣的話，先鋒可以同時建立自己的管理部門，這樣的組合會讓我們得到提供規模經濟的「臨界質量」。

1980年9月，董事會開會討論先鋒公司章程中的這種巨大變化，這個話題很有爭議，一方面，因為花旗銀行的績效不穩定，把花旗銀行換掉根本不是問題；但另一方面，解除我們跟威靈頓的關係，雖然可以為我們的很多股東省錢，卻會引發舊有的偏見，此外，公司要自行延聘新的債券專家，這種做法本身也帶有風險。

先鋒變成功能齊全的基金家族

最後，在公司裡設立投資顧問單位，為我們的債券型基金提供服務的建議贏得勝利，在擴大先鋒公司的職責方面，成立先鋒固定收益部門是另一個重大步驟。到1980年結束時，我們已經變成功能齊全的共同基金家族，負責我們所有基金的行政管理和配銷服務，也負責其中很多基金的投資管理服務。我們也決定把目標到期日的觀念，應用在我們新的應稅債券型基金上，由我們新設立的內部團隊負責管理。

---

77 1975 年，我們創立先鋒標準普爾 500 指數型基金時，擔任共同基金投資顧問之舉，可以說是個「破冰」行動，也或者並非如此。

債券指數型基金上場

　　我們新的固定收益部門第一任領袖是易安・麥金農（Ian A. MacKinnon），他是我從費城吉拉德銀行（Girard Bank）延聘來的人才，我親自參加麥金農每個月的例行員工會議，我的監督讓我深具信心，認定這個由經驗豐富資金管理專家組成的小小部門，甚至可以承擔更多的責任。這時時間已經來到1986年，我確定我們可以成功地經營一檔追蹤整體美國債券市場的指數型基金。

　　先鋒全債券市場指數型基金的創立，是後來主導固定收益投資界的另一項創舉。到2018年中，這檔基金的兩大（大部分相同的）主體──全債市指數型基金和全債市指數型基金二號，共持有3,550億美元的總資產，以致這檔基金遠超過競爭對手，成為世界最大的債券型基金。先鋒現有債券型基金陣營持有的資產總額高達1兆美元，現在是世界最大的固定收益型共同基金。

先鋒主導債券投資領域

　　由先鋒公司內部管理的債券指數型基金成立後，接著，我們創立的七大基金，也加入我們的債券型基金菜單中，其中三檔是1991年成立的海軍上將（最低成本）美國國庫票券基金，1993年成立的中期投資級（應稅）基金，以及1994年成立的短、中、長期債券指數型基金系列。這7檔基金構成的新浪潮穩定而緩慢地成長，到2018年初，總共持有1,450億美元的資產。

　　我們的平衡型組合基金系列、生命策略基金系列和目標退

休基金系列一共持有大約1,500億美元的債券，我們也管理超過2,200億美元的貨幣市場基金資產。加總起來，先鋒基金家族所代表的固定收益型共同基金資產總額比率，遠超過同業，高居業界第一（參見圖15.1）。

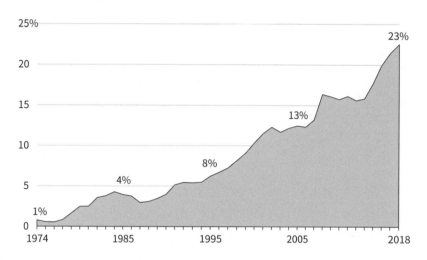

資料來源：魏森柏格投資公司、Strategic Insight Simfund.

圖15.1　1974年─2018年間，先鋒債券型共同基金資產的市場占有率

業界領袖

加總起來，就是債券市場指數型基金、目標到期基金（當然還有我們超低成本）的組合，引領先鋒站上債券型基金領域的領導地位（參閱表15.2）：從30年前在債券型共同基金資產中只占4％的情況下，上升到2005年的13％，再升到今天的23％，超過三家最大競爭對手加在一起的市占率。

公司	資產（單位：10億美元）	市占率
1 先鋒集團	1,041	23%
2 貝萊德公司	418	9
3 太平洋投資管理公司（PIMCO）	329	7
4 富達集團	285	6
5 美國基金公司	146	3
6 富蘭克林坦伯頓基金集團	134	3
7 普信集團	115	2
8 紐文公司（Nuveen）	110	2
9 摩根基金公司（JPMorgan Funds）	104	2
10 艾貝特公司（Lord Abbett）	99	2
其他公司	1,833	40
總計	4,612	100%

表15.2　2018年中，債券型共同基金業者排名

　　隨著時間過去，投資人對債券型基金的看法改變，目標到期日的三層（或更多層）方式變成業界的標準。到2018年中，先鋒所有原始市政公債基金的排名，都進入業界十大之列。先鋒的應稅債券型基金，也遵循我們在1977年所創目標到期日策略的腳步前進。

債券指數型基金的角色

　　先鋒公司主導債券型基金的動力從何而來？紀錄清楚顯示，動力來自所有先鋒基金特有的低成本特性，加上我們極端仰賴的債券指數化策略。現在所有債券型共同基金的資產中，大約有24％都已經指數化，先鋒主導這個指數化部門，大約占債券指數型基金資產的58％，第二大的債券型基金管理業者貝萊德公司，監督24％的債券指數型基金資產。

較低的成本等於較高的殖利率

我們龐大的費用比率優勢，是先鋒公司成就非凡的最大原因，優勢的來源之一是指數化策略，來源之二是先鋒的共同化策略（參見圖15.3）：先鋒債券型基金每年的平均費用比率只有0.17％，比最接近的競爭對手（0.27％）低約40％，比業界標準的0.87％低80％！

在其他條件相同的情況下（目標到期債券型基金領域大致上就是這樣），比較低的基金費用會為基金投資人，創造比較高的殖利率。對債券投資人至為重要的先鋒債券型基金高出許多的殖利率，主要出自我們龐大的費用比率優勢。此外，我們的基金不收銷售手續費，對債券型基金投資散戶更增添了極大

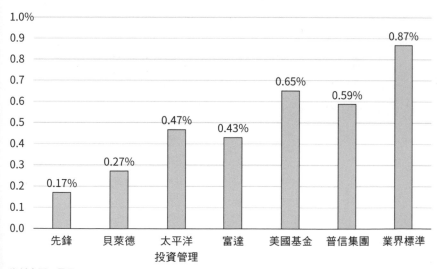

資料來源：晨星公司

圖15.3　2017年債券型共同基金費用比率

的吸引力，對企業儲蓄計畫也是這樣，因為這種計畫的管理人無意讓公司員工承擔毫無必要的銷售手續費。

笨蛋，問題在額外的殖利率！

首先，考慮一下債券指數型基金和主動管理型債券基金之間的費用比率（年度費用占基金資產的比率）[78]，不只是兩者的殖利率有差別而已，而且主動管理型債券基金投資人的投資組合殖利率中，有極大比率被基金公司以投資人必須承擔費用的名義沒收。

我們檢視一下三種債券類別的這些差異。一般主動管理型公司債基金殖利率（參看圖15.4）要負擔0.78％的費用，吃掉3.05％毛殖利率的26％，投資人實得的淨殖利率為2.26％，相形之下，先鋒公司債基金的毛殖利率為3.22％，費用比率為0.07％，費用只吃掉毛殖利率的2％，投資人實得的淨殖利率為3.15％，比主動管理型公司債基金的淨殖利率高出35％之多！

同樣地，主動管理型政府公債基金吃掉收益的32％，低成本基金只吃掉3％。就主動管理型的市政公債基金而言，費用吃掉收益的37％，低成本基金只吃掉收益的5％。只要想像一下，公司債基金投資人的淨殖利率從2.26％，提高為3.15％，或美國政府公債基金投資人的淨殖利率從1.63％，提

---

78 先鋒主動管理型債券基金的費用比率遠低於同業平均值，甚至遠低於由外部經理人管理的債券型基金。例如，擁有250億美元資產的先鋒吉利美基金（Vanguard GNMA Fund，GNMA 為政府國民抵押貸款協會的簡稱），收取的費用比率為0.14％，威靈頓管理公司管理這檔基金，只收取0.01％的顧問費。但是你不必為威靈頓哭泣，2017年裡，威靈頓公司因為替 GNMA 基金提供投顧服務，收到250萬美元的顧問費，另外從管理先鋒1,400億美元的債券型基金資產中，共計收到5,750萬美元的費用。

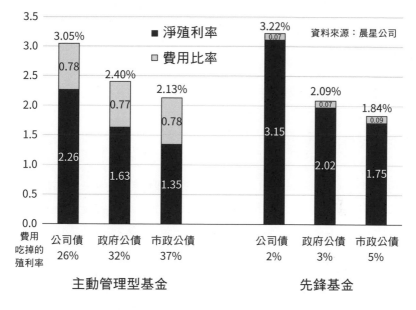

圖15.4　2018年債券型基金收益率與費用比率

高為2.02％，或免稅市政債券基金淨殖利率從1.35％，提高為1.75％，風險卻不會提高，這樣的話，只有傻瓜投資人才會忽視基金成本的問題。

銷售手續費的拖累

　　銷售手續費是另一種重要因素，幾乎所有債券指數型基金都完全以「不收手續費」的方式銷售，卻整整有2,300檔主動管理型債券基金，得付出銷售手續費給經紀商和投資顧問業者。今天，債券型基金的這種手續費介於1％到4％之間，平均大約為2.5％。你會問，2.5％到底有多少？噢，如果你支付這

樣的手續費，等於放棄持有基金超過一整年的全部投資收益，這麼大的犧牲根本不合理。最後，如果受託責任成為共同基金管理公司和配銷商的標準，那麼我們或許可以看到，很多債券型基金的銷售手續費會急劇降低，甚至完全取消。

受託責任

　　共同基金管理公司和基金董事負有受託責任，必須把投資人的利益放在第一位。但是，在基金費用吃掉債券型基金殖利率的比率高達37％，類似的指數型基金吃掉殖利率的比率卻低到只有2％的情況下，我們別無選擇，只能自問：「批准這種投顧合約，沒收這麼多投資人收益的基金董事，是否違反了他們對股東的受託責任？配銷這種基金的基金發行公司，是否違背了自己的受託責任？銷售這種基金給客戶的經紀商，是否沒有把客戶的利益放在第一位？」業界參與者現在正該檢討基金成本過高，吃掉極大部分絕大多數主動管理型債券基金所賺投資收益的問題。

債券和債券型基金的前途

　　今天大多數的債券投資人，只經歷過35年多以來債券型基金殖利率持續不斷的劇烈下降，以及隨之而來債券價格上漲的必然結果。彭博巴克萊美國綜合債券指數的殖利率，從1981年底的14.6％（真是不可思議），降到今天的3.3％，83％的降幅高到讓人難以置信（參見圖15.5）。

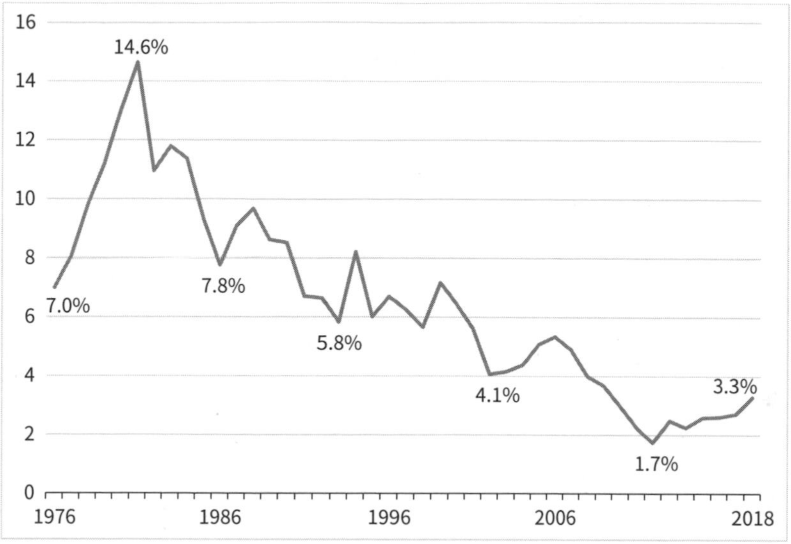

資料來源：晨星公司

圖15.5　1976—2018年間，彭博巴克萊美國綜合債券指數殖利率走勢圖

　　今天的低殖利率導致一些專家說，我們已經陷入債券型基金泡沫，泡沫很快就會破滅，造成殖利率飛躍上升，債券價格暴跌。因為金融市場什麼事情都可能發生，這種預測可能正確，也可能錯誤，但是我認為，泡沫破滅主要是短期投機債券價格的人要擔心的事情，為自己財務前途規劃的長期投資人不必擔憂。

　　畢竟，如果投資人購買年息3％的30年期美國國庫公債，他就是為未來的30年，簽訂了一定會獲得兌現的一筆交易，其中完全沒有泡沫！這位投資人每半年會按期收到利息給付，公債到期時，會收回公債的面值。

　　對絕大多數投資人來說，債券應該要買進長抱，在價格相

對穩定（短期債券）和高收益（長期債券）之間求取平衡，而不是試圖利用市場價格的暫時性波動從事交易。

雖然我們現在處在低利率的環境中，債券型共同基金卻蓬勃成長。2017年內流入債券型基金的現金流量估計大約有3,350億美元，其中大約一半（1,620億美元）投資在債券指數型基金上。由於先鋒公司長期指數型基金策略的可觀優勢——較低成本、不收銷售手續費、吃掉的投資收益比較少，我相信指數型債券基金的現金流量和資產所占比率，不但會繼續維持既有的歷史性上升走勢，甚至還會加速上升。

展望未來

利率當然會繼續波動，無法預測，因此債券的品質會變成關鍵因素。但是，因為先鋒公司擁有可觀的成本優勢，包括來自先鋒共同化和投資人至上的簡單結構，以及為股東創造的驚人規模經濟，我沒有理由認為先鋒不能在現有基礎上繼續發揮，繼續在債券型基金產業中領導群倫，繼續積極參與和處理影響債券市場的諸多議題。

我不是盲目樂觀的人，我瞻望未來時，深諳時代會變化。相信未來會跟過去十分相像〔即時主義（presentism）〕，忽視投資和人生中不可避免的不確定性，其實是忘記歷史的教訓。第三篇中我們要更深入地探討這點。

16 — 問題與觀點

整體而言，第11章到第15章談的是先鋒基金的歷史，重點放在我們歷史最悠久、規模最大、擁有服務投資人的強烈信念和優異紀錄，又能繼續存活的基金上。但是，我不希望讓大家以為決定基金策略和選擇投資顧問很容易，或是一定會成功。

我在本書前面的章節裡，坦白承認自己在創設先鋒專業投資組合（1984年）和先鋒地平線基金系列時犯下的錯誤。這兩個例子證明了基於行銷考量做出投資決定，非常可能不利於把資產託付給這些基金的投資人。最後，這種決定也會不利於做出投資決定的經理人，因為失望、甚至生氣的投資人不太可能繼續相信他們。

但是我們旗下有些基金是在成功運作幾年、甚至幾十年後才失敗，失敗的原因出於前提有問題的情況比較少，出於執行有問題的情況比較多。我要透過簡要分析兩檔這種基金——先鋒美國成長基金和先鋒資產配置基金，結束這一系列的先鋒基金歷史系列，然後會討論起源比較投機、誕生時機又糟糕之至的受害者（坦白說，真的是這樣）先鋒成長股基金。

先鋒美國成長基金

先鋒美國成長基金的起源是愛投資基金，是由我那幾位出身波士頓的前事業夥伴，在1959年成立。這檔基金在1960年代曾經飛躍成長，在1970年代卻陷入崩潰，到了1982年，我們把愛投資基金分為兩檔基金，一檔叫做先鋒美國成長基金，一檔叫做先鋒國際成長基金。兩檔基金很快都會跟威靈頓管理公司結束投顧合約，延聘新的投資顧問公司。

我們明智地為兩檔基金選擇了新的投顧公司，替美國成長基金選擇的投顧業者是設在芝加哥、擁有經驗豐富專業員工的林肯資本管理公司（Lincoln Capital Management），林肯資本從1987年8月31日接任，時間正好是1987年10月19日黑色星期一紐約股市大崩盤六星期前，光是這一天裡，標準普爾500指數就狂跌了23％。但是，我們的新基金經理人，林肯資本的領袖派克・賀爾（J. Parker Hall）是業界傳奇人物，整個事業生涯的重心都放在成長股上，對劇烈波動司空見慣，對這次慘烈崩潰處變不驚。

1987年中，賀爾和林肯資本管理的團隊接管這檔基金，從當時到2000年中，他們連續14年，締造令人嘆服的優異紀錄，為美國成長基金創造了平均17.1％的年度報酬率，遠高於標準普爾500指數的15.6％。在林肯資本擔任投資顧問期間，這檔基金的資產從1.5億美元，激增到190億美元，然後開始滑落。

賀爾在2001年中退休，正是新經濟資訊類股票淒慘崩潰之際，股市大亂。股市在2000年8月升到高峰，到2001年6月林肯資本停止擔任這檔基金的投資顧問時為止，標準普爾500指數一共下跌了14％，美國成長基金的跌幅超過44％。

新顧問失敗收場

　　美國成長基金開始出問題、或我們改變投資顧問時，我已經不再擔任執行長。但紀錄顯示，2001年6月，先鋒把林肯資本換掉，以同盟資本管理公司（Alliance Capital Management）取代。這檔基金在新經理人的經營下，繼續辛苦掙扎。巧的是，新投顧公司接手之際，我跟新經理人——同盟資本公司的約翰·布倫登（John Blundin），在我隔天晚上要發表演講的佛羅里達州西棕櫚灘一場酒會上碰面，我們的對話相當奇怪，布倫登說：「我聽說，你認為我沒有辦法打敗標準普爾500指數。」我巧妙地回答：「對誰來說，這項任務都很難。」他禮貌地回答說：「你有看過我的紀錄嗎？」（我只知道他過去是明星經理人）。

　　改換投資顧問後，美國成長基金的股東遭遇立刻急轉直下，美國成長基金從2001年的高峰到2002年的低谷之間，累積報酬率為-70%，遠比同期間標準普爾500指數40%的跌幅淒慘。

　　到2010年，我們跟同盟資本終止投資顧問合約，然後改採多家經理人的策略，把整個投資組合拆成幾部分，交給威廉布萊爾投資管理公司（William Blair Investment Management）、巴美列捷福海外公司（Baillie Gifford Overseas）、簡尼森公司（Jenison Associates）、傑克森廣場夥伴公司（Jackson Square Partners）和威靈頓管理公司經營管理。從2010年起，美國成長基金平均創造18.7%的年度報酬率，遠高於標準普爾500指數的16.4%，也遠高於一般大型成長股基金的16.7%。

　　我們從這個例子中，可以得到四個教訓：一、沒有可以永遠操作成功的優秀經理人；二、經理人的策略失敗，你選擇接替人選時，要祈禱自己有好運氣；三、別誤以為經理人過去的績效是未來的預兆；四、先鋒基金採用多家經理人策略時，運作通常都相當順利，但這種策略不是萬靈丹，世界上沒有萬靈丹。

　　圖16.1顯示美國成長基金和標準普爾500指數的累積報酬率。基本上，我們在1961年時投資1美元下去，計算美國成長基金和標準普爾500指數的累積報酬率，再用標準普爾500指數的報酬率去除基金的報酬率，線條上升時，代表基金績效超越指數，反之亦然。我把這種圖叫做我的一比一圖表，我發現，分析共同基金的長期成敗時，這種圖極為有用。

資料來源：先鋒公司、晨星公司

　　圖16.1　1961—2018年間，美國成長基金和標準普爾500指數的累積報酬率比較

　　這檔基金57年來的累積報酬率為11,990％，標準普爾500指數的累積報酬率為20,269％，兩者比較之餘，持有這檔基金的股東根本高興不起來（我所見過的相對報酬率低於0.64的圖表少之又少）。或許更引人注目的是，這張圖清楚說明了回歸平均數的規律，在1960年代末期、1970年代初期的狂飆時代裡，當時叫做愛投資的基金升空高飛，累積報酬率幾乎是指數的兩倍，但是，隨後回歸平均數發揮效用，而且更糟的是，在1973年至1974年間的空頭市場中大力發揮，以致這檔基金績效嚴重不如大盤。

　　接著，投資人迎來兩次績效小幅超越大盤的中期循環後，又碰到低於大盤的績效，然後就碰到悽慘的景象。在2000年代初期的空頭市場後，這檔基金又重跌一番，然後，先鋒美國成長基金維持略為領先標準普爾500指數的態勢，沒有出現明顯超越大盤或不如大盤績效的期間。

先鋒資產配置基金

　　我在先鋒資產配置基金的創設上，差一點就功虧一簣。我對傳奇性計量派投資人威廉‧福斯（William L. Fouse）和他創立的梅隆資本管理公司（Mellon Capital Management）印象深刻，渴望延聘梅隆公司擔任一檔新創資產配置基金的投資顧問。

　　這檔基金授權投資顧問公司，在戰術性資產配置方面有完全的自由裁量權，換句話說，基金可以依據投資顧問對未來市場報酬率的看法，改變股票與債券的投資比率。先鋒好幾位董事都很懷疑這種基金能否創造長期的成就，卻還是勉強批准這檔基金，因此資產配置基金從1988年11月3日開始營運。

其實資產配置基金有一個大家默認的配置比率，就是股六債四，60％的標準普爾500指數成份股，40％的美國國庫公債。梅隆運用的方法，大致上是取決於國庫公債殖利率和標準普爾500指數盈餘殖利率的差距，依據這種差距提高或降低基金的持股比率。我們評估這檔基金成敗的標準，是固定配置比率平衡型投資組合的報酬率，這個投資組合的配置比率是60％標準普爾500指數，40％美國綜合債券指數。

這種相對殖利率的方法似乎太過簡略，無法產生穩定的超額報酬，但是這種方法運作得極為順暢，先鋒資產配置基金從1989到2007年的將近20年間，賺到的年度報酬率為11.2％，結結實實地勝過固定股六債四配置基準指標的10.0％報酬率。到2007年底，這檔基金的資產增加到116億美元。

成功無法長久延續

然後，梅隆的方法突然失靈。就在2007年結束，股市即將從當時的空前新高腰斬之際，這檔基金百分之百的投資組合都投資在股票上。因為我已經不再經營先鋒集團，沒有立場解釋怎麼可能發生這種事情。

2008年內，這檔基金的報酬率為-36.3％，虧損遠高於平衡型指數標準的-22.2％，然後這檔基金在隨後的2009年和2010年內，仍未收回大部分失土。從2007到2011年的整整四年期間，這檔基金的累積報酬率為-13.7％，遠不如比較基準的平衡型指數10％的報酬率。2012年開始後，這檔基金的資產暴跌到低於20億美元，先鋒的經營階層決定把這檔基金，併入我們固定股六債四比率的先鋒平衡型指數基金。

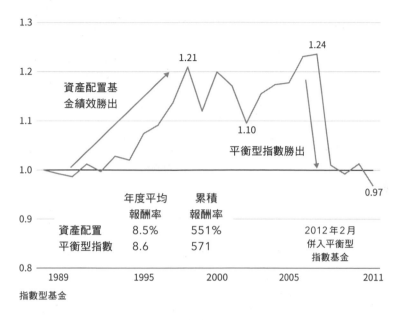

圖16.2　1989—2011年間，資產配置基金和平衡型指數基準累積報酬率比較

　　你可以從一對一圖表中，看出資產配置基金的終生累積報
酬率，幾乎和股六債四平衡型指數基金完全相同[79]（數字1代
表完全符合，右下方0.97的數字很接近1）。但是這檔基金波
動多麼劇烈：一路上升到1996年，再兩度下降，然後再一路
升高到2006年，接著潰堤。梅隆的策略不再有用，這檔基金
終於在2012年初，併入先鋒平衡型指數基金。

79 平衡型指數基金1993年成立日前的年度報酬率，是根據其股六債四追蹤標準計算。

先鋒成長股基金

「新」先鋒美國成長基金在1983年創立,先鋒資產配置基金在1988年成立,這兩檔基金的創立,是我必須承擔的責任,但是到了1996年,這兩檔基金已經變成接班人的責任了。然而,我在批准成長股基金這件事情上,沒有扮演任何角色,先鋒在2000年3月股市高峰後立刻宣布這件事時,我擔任先鋒執行長的任期四年前就已經結束了。

先鋒成長股基金的前身是1992年創立的騰納成長股基金(Turner Growth Equity Fund),這檔基金由投資顧問業者騰納投資合夥公司(Turner Investment Partners)創立,在成為先鋒公司一部分前,已經創造了平均23.4％的可觀年度報酬率紀錄,遠高於標準普爾500指數19.4％的年度報酬率。

這檔基金在騰納公司管理下,大致上追隨股市新經濟泡沫的浪潮,把重點放在科技股上,但一直維持小小的資產基礎,1999年結束時,也才只有2億美元。先鋒建議把這檔基金納入先鋒基金家族旗下,由先鋒公司的董事和我們的投資組合檢討部門(Portfolio Review Group)監督,而且先鋒會繼續聘請騰納公司擔任投資顧問。

過去不代表未來

先鋒的構想顯然是要利用騰納過去的紀錄,建立一檔更大許多的基金。我們夠聰明,不是把這檔基金當成過去的那樣看待,不是把這檔基金當成搭上資訊時代潮流的基金而已。但是,科技泡沫破滅時,這檔成長股基金跟著暴跌。

　　這檔基金納入先鋒家族的頭幾個月裡，追求績效的投資人（和投機客）每個月投入數億美元，因此這檔基金的資產從1999年的僅僅2億美元，增加到2001年初的略低於10億美元。

　　但是，這些投機投資人的願望沒有達成，騰納和先鋒的名聲都因此受損。從2000到2003年初的市場低點，這檔基金的累積報酬率為-61％，標準普爾500指數的累積報酬率才-38％而已，我們的投資人根本無法容忍這麼嚴重的失敗。

　　到2002年結束時，這檔基金的資產已經減少到只剩5.4億美元，然後再從這個水準，上升到2007年底的12億美元（大致上是股市上漲的結果），但標準普爾500指數再度腰斬時，

資料來源：先鋒公司、晨星公司

圖 16.3　1992—2014年間，成長股基金／標準普爾500指數累積報酬率比較

這檔基金的資產又跌回5億美元，績效已經變成緊密追蹤標準普爾500指數，跟先鋒公司當初併購這檔基金時的情形大不相同了。最後，這檔基金的生命在2014年2月24日終結，併入先鋒美國成長基金。

你可以從一對一的圖表中看出來，成長股基金在新經濟多頭市場期間曾經績效強勁，但是這種表現曇花一現，就在先鋒公司把騰納基金納入旗下時開始一去不回，此後，績效從來沒有回到正軌過。

三個令人傷心的故事，三檔遭到挑戰的基金

我在選擇美國成長基金和資產配置基金投資顧問上，到底怎麼做出相關決定的呢？我的接班人又是怎麼決定併購成長股基金的呢？關於這一點，我只需要再說一件事：有時候，就像托爾斯泰告訴我們的一樣：「連最高明的將軍都會犯錯。」但有時候，遵照下述七種策略，或許可以避免若干錯誤：一、再多加一點點判斷；二、更透徹地檢視基金投資組合中的持股；三、了解大部分基金都比基金經理人長壽；四、擁有睿智，知道良好的行銷決策很少是良好的投資決策；五、在創造未來報酬率時，過去的績效幾乎毫無意義；六、玩火者必自焚；七、「相對可預測性」也很重要，就像平常一樣，了解過去可以讓我們未來避免犯下同樣的錯誤。

我認為，下述說法應該相當公允，也就是投資人只要利用傳統指數型基金，例如追蹤標準普爾500指數的基金，就可以解決上述七個策略要避免的問題。在先鋒公司存活的將近半世紀裡，這是我始終持續一貫的說法，這些說法可能很簡單，卻

大大造福我們的投資人兼所有權人，也大大造福我們公司。

不斷變化的資產基礎

還有一件事要說。在看這些歷史時，你可能注意到先鋒及其前身威靈頓管理公司的業務，一直是由一系列明確的投資方法主導。例如，從1928到1958年間，我們的全部資產基礎，都放在唯一的一檔平衡型基金中，2018年時，先鋒只把總資產中的4％，放在主動管理型平衡基金中。

先鋒資產放在主動管理型股票基金中的比率，於1979年升到最高峰的45％，到2018年，已經降到只有9％而已。放在主動管理型債券基金的資產比率於1986年，升到最高峰的39％，到2018年，也已經降到只有9％。1990年時，貨幣市場基金占先鋒資產總額的比率升到最高點，達到39％，到2018年，已經降為只剩5％。2018年時，指數型基金現在是先鋒公司最大的資產類別，代表我們資產總額的74％，1975年時的比率為0％。

類別	占先鋒資產高峰期 比率（年度）	目前占先鋒 資產比率
主動平衡型	100% (1929–1957)	4%
主動股票型	45 (1979)	9
主動債券型	39 (1986)	9
貨幣市場型	39 (1990)	5
指數型基金	74 (2018)	74

資料來源：魏森柏格投資公司、Strategic Insight Simfund.

表16.4　2018年先鋒公司的資產組合

指數型基金資產甚至要到1990年，才提高到占先鋒資產基礎的6％。我們早期採用不同的策略、涉足不同的「產品」，讓公司可以存活到早期指數化策略終於發揚光大、得到回報的時候。我認為，指數基金目前占公司資產總額74％的比率，未來除了繼續提高之外，沒有第二條路可走。

先鋒公司和我們的指數型基金，將來當然一定會面臨嚴峻的挑戰，因為今天的股票估值高於歷史水準，指望那種報酬率再度出現的投資人，注定大失所望。此外，指數型基金資產集中在先鋒、貝萊德和道富三大公司手中，三大公司擁有的企業所有權比率又不斷提高，將來無疑一定會受到挑戰，我會在第三篇說明。

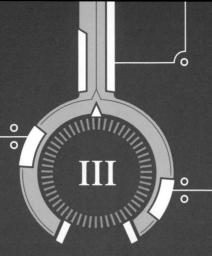

III

縱觀未來的投資管理

　　我在第一篇和第二篇中，把重點放在先鋒公司和我們的主要基金中，但是我在第三篇裡，要改變路線，探討投資管理的未來。共同基金業的歷史不斷變化，從少數優質公司提供續優證券的多元化投資組合，演進到股價高漲的狂飆時代，然後貨幣市場基金崛起，明星基金經理人的個人崇拜出現，再進到最初由傳統指數型基金開啟、再由ETF掀起的指數化革命。無論如何，這種變化過程未來都不可能停頓下來。

　　我在第三篇裡，要針對投資管理業將來可能面對的三大挑戰，做出若干預測，第17章要討論共同基金業大公司需要推動「共同化」，以便把基金股東的利益列為最高優先。

　　第18章要把重點，放在標準普爾500指數之類大盤指數型基金的保存之戰上，以免這種基金的生存，遭到具有誤導性質的學術論著威脅，也要探討目前指數型基金主導企業所有權的說法。

　　最後，第19章會預測國會將來會制定主要影響共同基金業、但是也會衝擊現有所有類型資金管理機構的聯邦法律。我會把這項可能的立法，稱之為《2030年金融機構法》（*The Financial Institutions Act of 2030*），年度是我隨意選擇的，重點在於新法會取代過時的《1940年投資公司法》，舊法主要是用來管制「封閉型」基金這種投資公司經理人的行為，但是這種型態的投資公司今天幾乎已經不存在。《1940年美國投資公司法》忽視掉今天資金管理經理人面對的很多挑戰性問題，包括指數型基金主導企業所有權這件事。第19章最後還會探討另外幾個新出現的重要問題，並解釋為什麼第三篇的三個章節，可以用「投資人至上」的唯一主題串聯起來。

17 — 將基金業共同化

共同基金業的今昔

我1951年的普林斯頓大學學士論文的最後一段話，極適
於拿來這裡作為開場：

> （共同基金）可以藉著發揮下述雙重功能：一、促進
> 經濟成長，二、促成個人與投資機構共享經濟成長，體現
> 自身最好的經濟角色。

我們已經知道，我1950到1951年研究的共同基金業，規
模很小，資產只有25億美元，現在卻已經變成擁有20兆美元
資產的巨人，持有整體美國企業大約30％的投票權，遠高於
1951年1％的投票權。二次大戰結束後的股票價值長期強勁上
漲，使基金業達成了量子式的成長。雖然整體共同基金如此成
長，但基金業無形中承諾，要提供最恰當比率的經濟成長與上
市公司價值給投資人的諾言，卻沒有充分實現。基金業確實提

供了一部分的好處，卻沒有提供投資人合理應得的比率。

基金業無法為客戶增加價值

1924年美國第一檔共同基金成立以來，已經過了將近一個世紀，但是一直到過去幾十年，投資人才完全了解，先鋒公司的主張是不言可喻的真理——股票報酬率最終都要靠企業來創造，金融體系會讓這種報酬的價值減少。

這裡要重申一件事：共同基金的國王不但沒有穿著「專業管理可以打敗市場」的龍袍，反而是全身光溜溜，根本沒有穿衣服。事實上，不只共同基金的國王沒有穿衣服，幾乎整個共同基金王國都是這樣。基金業抽取過高的費用，造成基金股東賺的報酬率減損，是基金業無法實現無形承諾的原因。

整體基金經理人無法為客戶的財富增加價值的觀念，一度被人視為近乎異端邪說，現在大家卻已經普遍接受。這種觀念在指數型基金崛起的驅策下，引發了共同基金業顛覆性的革命，先鋒公司正是領導指數化革命的先驅。

保羅‧伏克爾的支持

我在促進這種異端邪說的路上，並不是形單影隻，美國有史以來最偉大的金融領袖，在1979到1987年間擔任美國聯邦準備理事會主席的伏克爾也抱持這種看法：

隨著時移勢轉，指數型基金價值承受的壓力，反應了一項明確的邏輯、一項有清楚事證支持的道理——大多數「主動型」投資經理在大部分的情況下，都無法「打敗」市場，畢竟最近以來，共同基金大致上等同於市場。一般而言，即

使他們不需要成本，不需要承擔稅負，又以完美的效能運作，他們還是無法創造更好的表現。因為需要跨越這些障礙，績效能夠持續一貫勝過平均數的基金少之又少。

投資經理人很難接受這種結論，柏格在專業同僚間受歡迎程度的比賽中，並沒有贏過多少次。此外，他自己也樂於承認，他灌輸在先鋒公司的獨特治理形式和管理風格，要複製起來並不容易。

所有依賴共同基金或其他集體投資機構代管儲蓄的人，也就是我們大多數人，對於柏格堅稱我們的利益必須放在最優先、最核心位置的一貫堅持，都要心存感激[80]。

荒謬的結構

伏克爾的最後一句話，為我一貫堅持的基金投資人利益必須「放在最優先、最核心」地位的主張，做了很好的鋪陳。在我看來，這句話的意思是共同基金應該真正「共同化」，由基金本身的股東共同擁有和控制。但是今天除了先鋒公司這個唯一的例外，你遍尋不到第二家這樣的例子。

先鋒公司是唯一由基金自行管理的基金家族，所有其他共同基金都是和下述三種類型之一的外部公司簽訂合約：一、私人擁有的未上市公司；二、上市公司；三、國內外金融集團企業擁有的旗下企業。

在這三種結構中的每一種中，獨立的管理公司都要追求本身資本的最大報酬，主要方法是從自己管理的基金中，創造更

---

80 節錄自伏克爾為柏格所著《聰明投資 50 年》（*John Bogle on Investing: The First 50 Years*）寫的前言。

多的費用收入。但是，這種目標和共同基金股東追求本身資金報酬最大化的目標直接衝突，共同基金投資人付出的每一塊錢管理費，都是從自己口袋裡掏出來的一塊錢。

荒唐的部分在於：管理1,000億美元資產的一家共同基金公司——更不用說管理上兆美元的基金家族，居然需要聘請一家外部公司，來管理自己的事務、管理基金股東的投資，以及對投資人配銷旗下的基金。為什麼大型基金公司不應該自己管理自己的基金？

違反美國公共政策的結構

答案是「向來都是這樣」，因此就這樣延續下去。但是，如果這種外部管理的結構不違反基金業管理法規的字面意義[81]，卻一定違反管理法規的精神。根據美國證管會1981年的決定：

> 該法（《1940年投資公司法》）的基本政策是：基金的管理與營運，應該本於基金股東的最大利益，而不是本於顧問公司、承銷商和其他人的利益……（先鋒公司）基金系列正在推廣此一目標[82]。

1964到1969年間擔任證管會主委的柯恩甚至在更早以前的1966年，就描述過本書第1章所引用的實際情況，因為他的說法極為精確，我在下面要複述一遍：

---

81 指《1940年投資公司法》。
82 1981年2月25日證管會行政訴訟檔案3-5281號。

　　創設和銷售基金……的主要原因，是替推銷和管理基金的人賺錢。

　　讓共同基金在為經理人賺錢的結構下經營管理不對嗎？可能不對……也可能沒有不對。但是這種結構直接違反《1940年投資公司法》訂出的政策標準。

是否為獨立監察？

　　《1940年投資公司法》也要求投資公司，必須接受適當的獨立監察，然而大家卻認為，「遵守這條規定比違反規定還體面一些」。大部分獨立董事（表面上看來跟基金管理公司沒有直接關係的人）都坐領高薪卻尸位素餐[83]，經營階層表現出不合道德標準的行為時，在基金績效差勁時，在現行費用過高時，在行銷活動造成誤導時，獨立董事都會予以無視，無所行動。

　　不是只有我一個人懷疑獨立董事的表現，照巴菲特的說法，獨立董事理當像「杜賓狗一樣」行動，實際上卻像「搖著尾巴的可卡獵犬」[84]。

從襁褓到成人的共同基金

　　不錯，共同基金誕生時是嬰兒，由身為父母的基金管理公司照護、撫養。這些基金公司父母中，有些父母，而且很可能是大多數父母都試圖為他們的孩子／客戶服務，但偶爾有些父

---

83 五大共同基金公司獨立董事平均年度酬勞超過 40 萬美元。
84 2009 年 5 月 2 日波克夏公司股東會。

母是金融冒險家，會創設可能流行一時、卻也要索求大量費用的「熱門」基金，有時候，經理人會利用他們的共同基金企業關係，把公司賣給新東家[85]。巴菲特也曾經直言不諱，談到基金經理公司把自己的受託責任貨幣化，再賣給出價最高企業的做法。

> 在（經理人求售的共同）基金公司中擔任董事的人，到底為什麼不乾脆選擇他們認為最好的出價買家，跟這一家公司直接簽約呢？出價購買的贏家，應該可以因此省下巨額的「金錢給付」，不必把這些錢付給藐視管理原則、不值得拿到半分錢的前經理人。贏家應該一定可以用遠低於常年的費用，管理這檔基金，而不是正好相反。凡是真正獨立的董事，都應該堅持這種方法，找到新的基金管理公司。

基金像小孩一樣成長，甚至可能已經成熟了。如果父母有盡到職責，他們的子女會變得獨立自主，展開自己的生活，設定自己的標準。共同基金業卻不是這樣，他們的基金幾乎從來沒有得到獨立自主、自行管理本身事務的機會。

美國建國先賢湯瑪斯・潘恩（Thomas Paine）利用相同的比喻，在1776年寫的《常識》（*Common Sense*）一書中，呼籲推翻英國對北美殖民地的統治：

---

85 我經常提到「事奉兩個主」（基金管理公司股東和共同基金股東）的不合理，也經常提到大眾擁有（公開上市）基金管理公司的可怕後果。請參閱《共同基金必勝法則》十年典藏版（*Common Sense on Mutual Funds，10th anniversary edition*）。

我們也可以斷言……我們一生中的頭二十年，會變成其後二十年的榜樣……一個小島應該永遠統治一塊大陸的假設中……有一些很荒謬的事情存在。

先鋒的實驗

先鋒公司的情形完全不同，先鋒的共同化始於1974年公司誕生（其實是重生）時，先鋒能夠成形，原因之一是我們能夠簡單地體認到，一群現有的基金（主要是威靈頓基金）已經長大，應該獨立自主了[86]。我們稱之為基金治理的「先鋒實驗」，先鋒徹底背離傳統產業結構，直接促成指數型基金的創造，指數型基金現在幾乎占先鋒資產基礎的四分之三，占所有股票型共同基金資產的將近一半。

指數型基金原則受到普遍模仿，偶爾是以傳統指數型基金的形式出現，但大多是以ETF形式出現。雖然我們的指數化策略受到普遍模仿（如果不能說是抄襲），但44年來，即使我們的共同化結構展現非凡成就，卻一直找不到第一個追隨者[87]。

未來世代的共同化

我預測一、二十年內，所有大型共同基金公司（先鋒除外）一直停滯不變的結構會開始改變，原因不光是現有乖張的結構會產生反效果，迫使業者改變，也因為大家愈來愈了解，要對投資人提供良好的投資成果，低成本極為重要。不錯，沒有長期成本複合成長的暴虐剝削，才會有驚人的長期

---

86 請參閱第 2 章的討論。
87 我經常自問：「如果沒有人追隨我，別人怎麼會認為我是領袖？」

複合報酬率[88]。

雖然先鋒在基金市場的成功無庸置疑，基金業卻從來沒有出現過走向共同化的運動，不是我沒有努力傳播這種福音，而是機會少之又少。

第一次出擊：IBM基金

我等了又等，等待為我們走上共同化道路的第一個追隨者做些什麼，而這種機會在1994年出現。

國際商業機器公司（IBM）為了協助員工推動退休儲蓄，創設了多檔以指數型基金為主的共同基金，由子公司IBM信用投資管理公司管理。1994年時，這些子公司持有的資產為6.5億美元，IBM決定把這家共同基金子公司的價值貨幣化，推動公開拍賣，並延聘一家顧問公司尋找出價最高的買家。

我聽到這項拍賣提議的消息時，很快就看出其中明顯的機會，我們沒有對母公司IBM提出建議（我認為IBM希望從拍賣中賺到大筆利潤），而是向IBM基金的獨立董事提議。

對IBM基金董事說明提案內容的日子來臨時，我們派出董事總經理傑瑞米・杜菲德（Jeremy G. Duffield），出面說明我們的提議：我們要把IBM的多檔基金，併入相關的先鋒指數型基金，但是不會付錢給IBM。不過，透過我們的超低成本，我們在第一年裡，就會為基金股東（IBM員工和退休員工），節

---

88 了解這點的投資人太少，假設50年內（比今天年輕投資人的投資生命還短），股市都維持每年7%的總報酬率，1美元的投資會成長為29.46美元。但是，如果估計每年成本為2%，把1美元投資在淨報酬率為5%的共同基金上，50年後，只會成長為11.47美元。

省120萬美元，而且長期可以為他們節省千百萬美元[89]。

最後我們輸了，IBM這家子公司以1,400萬美元的價碼，賣給羅德島州的艦隊金融集團（Fleet Financial Group）[90]。

顯而易見的衝突

我很不滿這項決定，因為IBM基金的獨立董事對IBM基金股東負有受託責任，卻把母公司IBM股東的利益，放在IBM基金股東的利益之前。我極為憤怒，便採取一項空前絕後的行動。

我跟《華爾街日報》記者莎拉‧柯里安（Sara Calian）見面，談論這件事。兩天後，她把原本沒有人注意的事件，給予應得的報導，她的文章成為1994年4月26日《華爾街日報》金融類型的頭版，標題是〈IBM出售基金計畫遭到抨擊〉。

她在撰寫這篇深入報導時，曾經打電話給IBM基金的三位獨立董事，其中一位不予置評，第二位為這項決定辯護。根據她的報導，她問第三位獨董——哥倫比亞大學教授麥克‧涂希曼（Michael Tushman）跟這筆交易有關的事情時，涂希曼的回答是：「我什麼都不知道。」然後就把電話掛了。

第二次出擊：百能投資

到了十年後的2007年，第二個共同化的機會出現，共同基金業先驅百能管理公司（Putnam Management Company）在

---

89 我們在提案中，比較我們先鋒 500 指數型基金當時 0.19%的費用比率，以及 IBM0.40% 的費用比率，說明可以節省超過 50%的成本。到 2018 年，先鋒這檔基金的費用比率降為 0.04%，降低了 79%。

90 艦隊金融集團或其繼任公司的安排可能已經不存在，但是，目前 IBM401（k）退休基金計畫大致上都投資在指數型基金上，平均費用比率為 0.12%，真是太好了！

1965年公開上市後，於1970年遭到達信保險經紀公司（Marsh and McLennan）併購。

對達信保險經紀而言，這樁併購案好比挖到金礦；對百能基金的股東來說，卻是慘劇一場。例如百能高收益政府信託基金（Putnam High Income Government Trust Fund）誤導大家的廣告和促銷就是例子，百能基金在美國國庫公債殖利率有6％的時候，標榜這檔基金提供12％的殖利率（不必多問）。這檔高收益基金悲慘淪落到無法達成諾言地步，只好削減配息，資產價值跟著崩跌，對依賴這檔基金收益作為生活開支的大多數退休股東，造成重大傷害。

後來到了2000至2003年的空頭市場期間，百能大部分的主動型股票基金也慘跌，我們不能把基金崩盤的所有責任，都歸咎於達信保險經紀公司希望從他們在百能的投資中，收回最高的報酬率；但是，他們的確為了創造盈餘，建議創立和積極行銷高風險基金。這些基金的資產價值跌幅比市場平均值還淒慘。

道德缺失

唉，績效差勁只是百能基金故事中的一部分，道德缺失是另一部分。該公司經理人深深涉入犧牲基金投資人，讓基金經理人致富的「時區套利」（time-zone trading）弊案中，基本上，這是大投資人利用時差賺錢的方式，方法是利用國際型基金資產淨值是在紐約時間下午4時，根據大約14小時前收盤的亞洲收盤價計算，大投資人便根據在紐約計算出來的資產淨值，進行交易，從中套利。紐約州總檢察長艾略特‧史匹哲（Eliot Spitzer）揭發這種惡行後，這種「機會」完全消失無蹤。

總而言之，百能總裁勞倫斯‧賴瑟爾（Lawrence Lasser）因為讓達信保險經紀公司大賺一筆，獲得一大筆財富作為酬勞（據報導，金額是好幾億美元），另一方面卻一直藉著時區套利，稀釋基金資產，戕害百能基金投資人的財富（賴瑟爾因為行為不當，遭到美國證管會罰款7.5萬美元）[91]。

完美的案例

這是考驗共同化的案例嗎？不是，是投資失敗結合道德破產的完美案例。2008年初，我和百能基金董事長見面，雖然他先前擔任達信保險經紀公司高階經理人，但大家還是把他視為「獨立人士」。我也跟大家推定為獨立董事的兩位仁兄談話，我傳達的訊息是：現在正是推動共同化的大好良機，正該引進新而獨立的經營階層，但是留用現有員工，還要削減顧問費、創造胸懷新使命的新公司。他們的回答是：「萬萬不可！」

2007年下半年，達信保險經紀以39億美元的驚人天價，把百能公司賣給加拿大金融集團企業大西部人壽公司（Great-West Lifeco），再度大大便宜了基金公司所有人，卻大大不利基金股東。隨後的十年裡，持有百能基金的人繼續賺到慘澹（甚至糟糕）的報酬率。併購案對買方大西部人壽也大大不利，百能的共同基金資產從2000年初的2,500億美元降到2018年中的720億美元，這段期間裡，股市的累積報酬率高達140％，百能基金的資產卻劇減70％。百能會變成難以拯救的公司。

---

91 我在拙作《文化衝突》中，針對百能的故事，做了更詳細的說明。

兩好球，仍然在場打擊

可以對IBM基金和百能基金的獨立董事提議共同化，讓我多少覺得有點滿意。不錯，兩次努力都失敗了，但是追求基金股東利益至上的戰鬥，離結束的日子還遠著呢！

以基金界今天的狀況來說，我的樂觀聽來相當幼稚，甚至愚不可及。基金業充滿對基金經理人有利的的財務誘因，但是改變終將來臨，特別岌岌可危的基金集團包括：一、擁有龐大資產基礎；二、績效差勁；三、成本高昂；四、經營階層行為不道德；五、擬議中的管理公司併購案條件受到嚴密審查；六、基金擁有強勢的領導人帶領的強勢董事會；七、基金職員與董事愈來愈嚴格的受託責任標準成為美國公共政策時。

不錯，改變確有必要。在價格競爭愈來愈激烈的產業裡，公司可能需要共同化，以便靠價格爭取投資人的歡心，因為投資人已經認識亞當・斯密提出的名言：「消費是所有生產唯一的終點和目的。」（意即：「投資人的利益是共同基金唯一的終點和目的。」）共同化是勢所難免的事情。

證管會有話要說

美國證管會在1965年呈報國會的〈投資公司成長在公共政策上的意涵〉報告中，用「內部化」的說詞，談到共同化的問題，下面是證管會的說法：

針對所有投資公司管理功能強制內部化的問題，本會還不打算提出實施比較嚴格法定要求的建議。這樣做大致

是要直接處理起源於產業外部管理結構中管理報酬領域的不利影響，以及處理出自基金與其外部服務單位關係中其他層面的不利問題。

　　基金達到適當規模後，從顧問合約中獲得利潤的期望，一直是推展投資公司的主要動機……本會認為，比較激烈的經營管理強制內部化解決之道的替代方法，應該得到公平的測試。這種替代方法在於管理酬勞應該適用合理的標準[92]。……這種監理方法也可以解決存在於投資公司管理酬勞中的問題。如果問題不能解決，那麼可能值得考慮更大刀闊斧的手段。

我們今天在政策上，對於法律（《1940年投資公司法》）和業界實際做法之間矛盾的容忍，可能促成在監管上、甚至在立法上，產生考慮「大刀闊斧手段」和鼓勵共同化的反應。

　　從1965年證管會寫下上述文字以來，主動管理型股票共同基金的資產已經從350億美元，增加到7.5兆美元，但是這些股票型基金的資產加權費用比率卻從0.50％，上升到0.78％，主動管理型股票基金投資人付出的費用總額，已經從1965年的1.76億美元，增加到570億美元，費用增加幅度超過32,000％，資產卻只增加21,000％而已。

　　總之，在實現巨大規模經濟的這個行業裡，幾乎所有節省都歸於基金管理公司，由這些公司納入私囊或作為獲利，一點都沒有（實際上更少）歸於基金投資人。現在正是考慮「大刀闊斧手段」的時候了。

---

92 該報告是 1970 年修訂《1940 年投資公司法》的基礎，但是證管會試圖制定這種合理標準的努力，已經遭到基金業及其遊說人員的侵蝕，原始提議中的強硬文字則遭到稀釋。

18 標準普爾 500 指數型基金面臨的挑戰 [93]

我除了對抗共同基金業大公司外，也繼續為我們所知道的共同基金而戰——分散投資、持有單一產業多家公司的大型投資組合。這種基金的存亡遭到很多學術研究的挑戰，其中標準普爾500指數型基金似乎正是他們的眼中釘。

老實說，要替公認「為個人投資者所打造的最重要金融創新」[94]的生存辯護，才讓我深感震驚。

就像我在書中一直指出的一樣，指數型基金在共同基金業中，一直享有可觀的成就，從1987年只占股票型基金資產的2%，很快就會增加到代表一半以上的美國股票型基金資產。事實上，我們可以說指數型基金改變了大家想像中的投資管理，還把基金成本很重要的觀念攤在陽光下。

雖然它這麼成功（或許是因為成功的緣故），近年卻遭到多方面的炮火攻擊。不錯，這種情形看來荒唐，這件創新讓投

---

93 這種挑戰也適用於所有分散投資的大型股票投資組合。
94 感謝墨基爾准許我引用他為本書所寫前言中的這句話。

資人賺到股市與債市報酬率的合理比率,現在竟然遭到攻擊,
不只主動管理型基金經理人的同夥出於眼紅,連學術界也參了
一腳。

來自華爾街的挑戰

　　華爾街當然不太喜歡指數型基金,指數型基金削弱了主動
管理型基金能夠提高投資人報酬率的觀念,不會產生顧問費,
通常沒有什麼投資組合周轉率。我認為,若干投資經理人嫉妒
的批評顯得自私自利、幼稚可笑,不值得認真回應。

　　聯博資產管理公司(Alliance Bernstein)發表的白皮書曾
經暗示:「被動型投資比馬克斯主義還糟糕。」我不認同,當
然也不接受最近《華爾街日報》刊出的一篇讀者投書中所說「被
動型投資人不要投票」的看法。資產管理業者駿利亨德森投資
公司(Janus Henderson Investors)主張:指數型基金應該把投
票權,讓給主動管理型基金。股票所有人應該把投票權,讓給
股票收租者的說法似乎荒謬之至。

來自學術界的挑戰

　　我對學界發出的攻擊重視多了,這些攻擊集中在學者所說
的「共同所有權」問題上,這些正在增加中的少數文獻宣稱,
在互相競爭的公司中擁有大量持股的基金,會創造反競爭的誘
因。例如,批評者相信,因為標準普爾500指數型基金是美國
每一家公開上市航空公司的大股東,這檔基金會以明示或暗示

的方式，鼓勵航空公司經營階層不要互相競爭[95]。

雖然他們完全沒有提出任何能夠讓人信服的證據，這種假設性的問題仍然存在，若干學者已經提出補救之道，芝加哥大學法學院教授艾力克・波斯納、微軟研究所首席研究員兼耶魯大學訪問資深研究學者格倫・魏爾（Glen Weyl），以及耶魯大學教授菲奧納・莫頓（Fiona Scott Morton）在〈限制投資機構反競爭力量的提議〉（A Proposal to Limit the Anti-Competitive Power of Institutional Investors）[96]一文中，建議包括主動管理型基金和指數型基金共同的大型投資人，應該只准在任何產業中投資一家公司。

一種產業只能投資一家公司

他們的主張是：持有特定產業所有公司大量股票的股東，至少會心照不宣地鼓勵公司減薪和漲價，謀求最大的利潤，如果這種行為得到證實，就會被視為反競爭，因而違反1914年《柯萊頓反托辣斯法》（*Clayton Antitrust Act of 1914*）。

如果大投資人只能投資每種產業中一家公司的限制通過立法，一定會破壞主動型基金經理人廣泛分散投資的傳統目的，也會摧毀包括標準普爾500指數型基金在內的指數型投資。所有大型集合投資基金接受的廣泛分散投資原則，也會變成大致上非法的原則。

界定一種「產業」並非易事，這些作者無法明白指出，如

---

95 有趣的是，學者主張這種說法時，始終只提到航空業，幾乎所有其他產業都遭到忽視。
96 《反托辣斯法期刊》（*Antitrust Law Journal*）2017年81（3）期。

果指數型基金必須配合法律規定，出售股票時，必須出售多少股票，我寫信給他們兩年多了，希望找到下述簡單問題的答案：如果他們的提案通過立法，一檔標準普爾500指數型基金應該獲准持有多少股票？標準普爾500指數會變成「143指數」、「215指數」或「350指數」嗎？到現在，我還沒有收到他們的回音。

產業的種類有多少？

這篇論文的作者群確認了49種不同的產業，卻暗示定義「產業」並非易事，因為他們用更嚴格的方式定義產業，因此產業的種類實際上應該比較多。標準普爾公司確認了135種產業和次產業，用嚴格的方式來解釋的話，我們應該會看到「標準普爾135指數」，而不是標準普爾500指數。

作者群不打算提供自己的產業定義，把這個責任推給反托辣斯執法機構（美國司法部和聯邦交易委員會）。事實上，由美國政府官僚決定產業的定義，會使狀況更形惡化。

為什麼希望摧毀指數型基金？

但是上面說的應該是最不重要的問題，今天的每一檔標準普爾500指數型基金（和每一檔全股市指數型基金）都大可在每一種產業中，選出不同的公司，再根據他們的未來展望進行交易，這樣就成為主動管理的一種形式，承擔比較高的成本，也不再是指數型基金。

這樣一來，每一檔基金都會賺到不同的報酬率，會彼此競爭，「成本很重要」的觀念會在競爭造成的混亂局面中遭到忽視。我認為，雖然有人說，這個建議會促成投資界的民主化，但

實際上顯然會摧毀指數型基金[97]。

作者群也忽視了如果指數型基金要賣出長久以來，以比今天行情低很多的價格買進的幾百檔持股（標準普爾500指數型基金）、甚至要賣出（全股市指數型基金的）幾千檔持股，會在稅務上對個別基金投資人造成多少可怕的後果。我猜這種基金的投資人會實現大約2,000億美元的資本利得，課徵的潛在稅負大約可能達到250億美元（指數型基金投資人如果投資租稅緩課的退休帳戶，就無需承擔這種稅負）。

帕斯卡的賭注：後果比機率更重要

我不禁想起帕斯卡對上帝是否存在的著名賭注，他的結論是：後果比機率更重要。限制指數型基金每種產業只能投資一家公司的政策，會減少企業獨占力量的機率無法量化，然而，這種政策的後果是會摧毀任何大型集合投資基金的分散投資，我們今天所知道的標準普爾500指數型基金會消失無蹤，把儲蓄託付給指數型基金的投資人，會受到幾乎無法計算的傷害，這些驚人的後果一定大於這種政策微不足道的必要性和公益性。

的確，指數型基金面臨挑戰

雖然我發現，嚴格限制投資機構企業持股的建議值得批評，卻不表示指數型基金和金融機構管理的其他集合投資基金集團的可觀成長，沒有構成公共政策上的問題。如果歷史趨勢延續下去，將來，少數投資機構巨擘可能掌控幾乎美國每一家大企業

---

　97 連依靠指數化推動的 5,000 億美元聯邦政府節約儲蓄計畫，也會失去自己的根基。

的控制性投票權。

不錯，美國的指數型基金已經成長到驚人的規模，持有的美國股票比率已經從2002年占美國股市總市值的3.3％，倍增為2009年時的6.8％，再倍增為2018年的14％上下。其他共同基金現在大約持有美國企業20％的股權，使共同基金總共持有將近35％的股權，變成美國企業最具主控性的單一股東。

包括退休金計畫、儲蓄計畫和共同基金在內的美國金融機構，現在已經持有美國所有股票的63％。我們必須慎重監督機構所持股權的主導力量，以及這種主導權對金融市場、公司治理和公共政策的影響，這件事會成為未來時代的重大問題。

集中在指數化領域

我們也必須考慮指數化本身有很多寡頭的特徵[98]。僅僅三家公司加起來，就以合計80％的指數型基金資產市占率，主導這個領域，其中先鋒占所有指數型基金資產的50％；貝萊德占有20％；道富環球占有10％。如果這些指數型基金大公司確實如此「寡占」，問題就不在於特定產業內企業會互相競爭，而是美國決策官員把注意力放在機構股權力量十分強大又高度集中的問題上時，一定會出現的問題。

這種寡占會存在，主因是指數化領域很難吸引新參與者——不是因為進入門檻很高（不過新參與者應該難以複製大型指數化公司的規模），而是因為他們的價格遭到壓低，低到跟大宗商品價格一樣的水準。到2018年初，想在指數型基金市

---

98 雖然古典寡占的代表現象是：少數賣方試圖提高多數買方所必須支付的價格。但指數型基金中如果確實有「寡占」出現，卻是少數賣方競相降價、造成潛在競爭者無法達成目標——無法向潛在的買方，收取買方所能負擔最高價格的目標。

場中競爭，費用比率必須壓低到只占資產價值的0.04%（四個基點）。

「所有該死的錢都跑到基金股東手裡去了」

低費率造成低落的基金管理利潤。的確如此，先鋒以按「成本價格」的方式經營，從基金活動中沒有賺取半點利潤。簡單地說，大部分基金經理人避不進入指數型基金領域，主因就是「所有該死的錢都跑到基金股東手裡去了」。

首先，我們擔心寡占和獨占的一大原因是：這樣通常會讓消費者付出的價格上漲。指數化並非如此，反而像投資人了解的一樣，隨著指數型基金供應商的規模經濟提高，指數化投資人付出的費用比率，會持續趨近於零。確實如此，2018年8月，富達集團公布了費用比率為零的兩檔新指數型基金。

目前美國企業所有權快速高度集中，我們在指數型基金領域中需要新競爭者，但是，對主動管理型基金經理人來說，加入競爭的財務誘因很少，甚至毫無財務誘因，事實上，費用較低的誘因是強烈的負面誘因。

很多觀察家認為，指數型基金擁有的企業股權會繼續成長，有些觀察家認為我們仍然需要加強指數化，減少主動型股票投資管理，有些人甚至表示80%不會構成問題。我不同意這一點，如果少數指數型基金公司持有所有企業80%的投票權，最大的公司至少應該可能持有其中的30%，我不相信這麼集中會符合國家利益。

獨占力量？

我對指數型基金遭到攻擊會感到擔心，還有另一個原因，有人認為，我們的社會受到日益不平等、又走向第二個「鍍金時代」的廣泛威脅，指數型基金正是這種威脅的一環。這種攻擊背後的兩位學者是魏爾和波斯納，2018年5月1日，他們在《紐約時報》上發表一封讀者投書，標題為〈美國新鍍金時代背後真正的惡人〉，把責任歸咎於「獨占力量」，他們寫出下述主張時，當然有點道理：

> 過去20年，美國的成長率降到只有上世紀中期的一半，從1970年以來，前百分之一富人所得所占的比率增加一倍，勞工所得所占比率卻降低了10％，這些都是美國新鍍金時代的跡象。

我也深深關切這些問題，而且猜想很多深思熟慮的公民跟我一樣關心，但是兩位學者在他們的戰犯名單上，把投資機構擁有互相競爭企業的股權，列為頭號戰犯，重要性超過企業對勞動市場的控制力，也超過其他獲得獨占力量的新方式。兩位作者斷言「機構投資人獲得更高的市場占有率之際，消費者付出了更高的價格」，但是顯而易見的是，文中完全沒有其中因果關係的證據。

我們要進入新鍍金時代了嗎？

我幾乎不能否認，今天我們的社會有很多十九世紀末葉鍍金時代的徵象，今天的大部分財富都是在金融部門中創造的。

所有對投資管理的未來有興趣的人，都必須加入戰鬥，對抗大致上沒有證據支持的理論，以免這種理論對機構投資人及其客戶，造成難以估計的影響，又摧毀美國家庭買進長抱的股市指數型基金，這是藉著投資累積財富唯一最好的方法。

如果資金管理公司要做出對美國投資人、公民和社會最有利的決定，我們需要的不只是抽象的統計證據，不只是故事性的證據，不只是廣泛的推論。畢竟，帕斯卡說得對，後果比機率更重要。

19 — 2030 年的金融機構法

　　投資管理的未來，顯然大部分要取決於公共政策的制定者。今天，共同基金業已經變成投資管理的最主要形式，卻仍然由將近80年前制定的《1940年投資公司法》規範管理。從1940年以來，基金業已經出現無數變化，當年基金業總資產只有4.5億美元，只占今天20兆美元規模的0.002％。當年整個業界由68檔開放型基金構成，今天卻有7,956檔基金。

　　共同基金界也已經劇烈變化，不但成長方面如此，根本性質也一樣如此，1940年的法律怎麼能夠考慮到指數型基金？但是，今天的指數型基金卻擁有7兆美元的資產，代表共同基金資產的35％，也代表所有股票型基金資產的將近50％。1940年的法律怎麼能夠考慮到貨幣市場基金（現在資產規模為2.7兆美元）？或是考慮到ETF（現在資產規模為3.4兆美元）？不錯，今天投資公司的規模、範圍和力量，都已經和1940年大大不同。

　　的確如此，《1940年投資公司法》的基本目的是要規範封閉型投資公司，但是封閉型投資公司2018年的資產總額只有

2,750億美元，只占投資公司資產總額的1％。開放型基金（共同基金）已經徹底掌控大局。

基金與基金家族

《1940年投資公司法》最大的缺點是：專注於規範只管理一、兩檔基金的個別投資公司。今天這一行幾乎完全是由眾多基金家族構成的行業，十大基金家族持有業界資產的63％，平均管理184檔基金，把基金管理公司納人管理，根本就是常識而已。

《1940年投資公司法》的一條規定，或許最能凸顯基金和基金家族的不同，本質上，這項規定限制一檔共同基金，不能持有單一公司10％以上的投票權[99]。我不會在這裡爭辯這種限制（甚至比較一般的限制）是否應該適用於一家特定基金家族的整體投資，但是基金業經過這麼重大的變化後，仍然假設一套專注個別共同基金的古老法律還會行之久遠，未免失於天真。

基金企業變成大眾擁有的公司

《1940年投資公司法》也沒有考慮到，大眾會變成擁有基金管理公司的所有權。早年美國領袖之一的保險證券公司（Insurance Securities, Inc.），是第一家想把自己賣給新東家的基金管理業者，證管會大力反對這件銷售案[100]，經過冗長的法律之爭後，證管會在1958年敗訴。到1960年，大眾擁有基

---

99 嚴格說，這種限制只適用於 75％的投資公司資產，然而，實務上這種分別已經沒有意義。
100 我在第三篇前面的篇章，已經檢討大眾所有權的其他層面。

金管理公司所有權的例子開始激增，十多家基金公司很快就跟
進，沒有多久，巨型金融集團企業就開始併購上市或未上市的
基金管理公司。

今天，大眾擁有共同基金業所有權是常規，不是例外，50
大分散投資的基金管理公司中，有41家不是由大眾持有所有權
（14家）就是由金融集團企業擁有（27家），8家未上市，只
有一家先鋒公司由基金股東持有。

我對公共服務的監督管理不敢恭維，但是在產業特性和結
構都變化過後，在小型企業變成龐然大物後，在大多基金經理
人的行為受到大眾的檢討時，共同基金業必須接受更適當、更
有意義的監督管理。

機構投資人與公司治理

開放型投資公司在公司治理上的角色，《1940年投資公司
法》幾乎完全視而不見，未來的《2030年金融機構法》（年度
是我的猜測）一定不能重蹈同樣的覆轍。大約持有63％美國企
業股權的法人，如共同基金、退休基金和其他投資機構，必須
扮演決定性的角色，以便確保我們的企業經營時，完全以股東
與所有權人的利益為重，這點似乎不言可喻。

所有權固然有權利，卻也有責任。目前的州法顯然已經不
足以確保這些責任的遂行，我們需要聯邦受託責任標準，要求
接受委託代管他人資金的機構，必須把他們服務的業主利益，
放在最優先的地位上，包括要求機構投資人必須為委託書投票
的行使負責。

過去十年來，共同基金和其他金融機構在發展更積極的治

理政策上，已經有了長足的進步，但是，有待完成的事情仍然很多，未來的立法必須處理整個機構投資經理人的問題，也必須處理他們在公司治理中的角色問題。

《1940年投資公司法》範圍狹隘

《1940年投資公司法》最大的問題是：完全為投資公司而設計，這種做法當然很容易解釋，原因包括當時企業退休基金還不存在（第一檔企業退休基金要整整十年後，到1950年才成立）；捐贈基金當時還毫無重要性。當時最大的機構投資人是銀行信託基金，一般認為，這種基金歸屬聯邦和州的銀行法規管轄。

1945年時，各種機構投資經理人擁有的美國公開上市公司股權的比率，只有5％而已，今天股權比率已經飛躍上升到接近63％[101]。實際上，美國企業的所有權大致上已經從代表本身利益的散戶手上，移轉到通常代理業主投資的機構股東手中，他們的業主大致上是共同基金股東和退休基金股東，機構股東監督他們的投資，也責無旁貸地必須代表他們的利益。

企業所有權型態的這種劇烈變化比表面上複雜多了，因為最大型共同基金的經理人，同時也是大多數大型退休基金經理人。2018年時，估計美國300大機構擁有的美國企業股權，價值大約達到17兆美元，占威爾夏5,000指數總市值的70％，其中大約一半持股由共同基金持有，另一半由退休基金和其他投資人持有。我們很難想像會有一種明智的制度，能夠適用每一種機構的監督管理。

---

101 美國家戶持股比率已經因此從95％，降為37％。

指數型基金主導大局的含義

指數型基金經常代人受過，因為美國投資經理人持有和共同主控美國企業的股權，卻在美國企業的公司治理方面有所失職，而備受批評。指數型基金是容易攻擊的大目標，但是，指數型基金雖然是被動型投資人，卻逐漸變成主動型的所有權人，因為從受託責任方面來說，除了行使投票權之外，似乎沒有替代方法。

主動型投資經理人不滿意企業的管理、營運或策略時，可以乾脆賣掉股票。指數型基金因為性質的緣故，不能這樣做，他們唯一的替代方法是對經營階層施壓，要求改善，或是換掉經營階層。整體指數型基金很快的就會有就這樣做的投票權了。

投票權集中的情形（事實上，這樣代表投票控制權）是值得美國證管會、聯邦政府和社會立刻注意的地方，我們需要為機構投資經理人，發展出行為和營運原則與標準。照《1940年投資公司法》序文所說，要「為全國公益和投資人利益，繼續努力奮鬥」。

很多學界觀察家和我一樣擔心，哈佛法學院教授約翰・柯茲（John C. Coates）在2018年9月20日的論文草稿中，把重點放在指數化及其重新塑造公司治理的影響上，他寫道：「由擁有無與倫比權力……對大多數美國公開上市公司擁有實際權力的少數個人控制。」[102]柯茲教授不喜歡自己看到的景象，也提出暫時性的政策選項——全都是會造成痛苦但又必要的選項。他的結論是：「這個問題不可能消失。這點顯然無可置疑。

---

102 論文題為〈公司治理的未來第一篇：12個人的問題〉，作者用12的數字，代表有12人擁有無與倫比權力，用12的目的，是把12當成人數不多的代稱，我個人認為這種人大約只有6位。

另外兩個投資議題

　　會影響機構投資管理，又需要在這裡列出的問題太多，但是，我要簡短提到跟我有關的兩個議題。首先，我們可能面對股票與債券報酬率低於歷史標準的時代，管理他人資金的經理人必須盡其所能，確保個別投資人、退休基金和退休計畫全都了解這種可能性。

　　如果退休基金的龐大赤字反撲，我會特別擔心退休基金，但不只是特別擔心州與地方政府的退休基金而已。我認為，退休基金經理人有義務針對他們所管理的退休投資組合，公布他們對未來報酬率的假定看法，今天流行假定未來會有7.5％年報酬率的假設，似乎太樂觀了。

　　第二，退休基金受託人對「付費服務」（pay-to-play）做法的利用和濫用，也必須保持警覺。州與地方政府的退休基金，經常付出「服務費用」給中間人，以便他們去接觸據說很高明的另類投資策略經理人。難道《2030年金融機構法》不應該禁止這種費用嗎？難道不應該至少要規定，必須完全揭露付給投資顧問業者的所有費用嗎？新法也應該要求每一位經理人清楚地揭露報酬率。

第三篇最核心的主題：受託責任

　　我在第三篇中所說跟「投資管理的未來」有關的主要建議，都有一個共同的主題，所有建議的目的，都意在服務直接、間接把大約30兆美元儲蓄，託付給美國金融機構的個別投資人。

　　籠罩這一切大小變化的重點，是大家逐漸了解，最重要的是投資機構只是受託人，只是受託管理客戶資產的管理人。美國勞工部為銷售退休計畫給投資人的賣方，制定了一套明智的受託責任規則，雖然這套規則遭到新政府取消，而且現在還不清楚證管會要怎麼處理這個問題，但是，不管有沒有政府制定的法規，受託責任標準都應該左右投資經理人的所有作為，而且適用於所有接觸他人資金的任何個人或公司。

　　不錯，機構投資經理人的行動必須像真正的受託人一樣，把客戶的利益放在超越一切的最優先地位上。投資管理業是美國金融、投資和公司治理制度的主要驅動力量，業者必須和決策人士結合，抓住這個機會，開始解決未來時代的問題，包括投資管理業者的所有權、保存現有指數型基金結構、投票權集中，以及制定明智規範與法律的問題，而且必須以制定同時能造福投資人和國家的政策為目標。

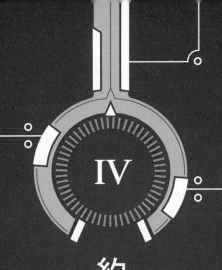

IV

約翰・柏格的個人反思

　　大多數投資大眾似乎都至少略微知道我的事業生涯、我的指數化革命，以及我的投資哲學，這一切都已經在前面章節中詳細描述過。現在我要在本書最後一章裡，披露一些我是什麼人，我怎麼努力服務社會，我的一些喜怒哀樂，甚至我的一些恐懼（請小心閱讀！），以及我從幫助別人中（還有數十年前得到別人的幫助時）得到多少歡樂。我想向影響我一生的一些人致敬，想引用讓我覺得能夠啟迪人心的幾段文字。

　　我要在這本有點回憶錄味道的書裡，按照字母順序，列出一些我認為重要的東西——包括協助我培養心靈、讓我有機會回饋社會的機構；一些協助我塑造自己的人；一些協助我塑造品行的特質，和很多很多其他的事情。本章的文筆背離我平常的風格很遠，希望你喜歡。

　　如果說，按照字母排序不算古怪，卻也的確不太尋常。我壓抑了用上所有26個英文字母的誘惑，以免陷入窠臼、產生可能令人尷尬的結果，我希望每位讀者，都能從中找到一些可以獲益和享受的地方。

20 真正重要的那些事

　　建議──古老的波斯諺語「一切都會過去」（This too
shall pass away），提供了我應付人生不可避免的起伏、應付人
生最好和最差時機最妥善的建議。

　　美國印地安大學基金（American Indian College Fund）
──我愈研習美國的歷史，愈認清美國早年的盎格魯──歐洲殖
民主義分子宣稱屬於別人的土地屬於他們。自從哥倫布登陸美
洲以後，美洲印地安人一直受到我們的侵略者、我們的聯邦政
府和我們社會的卑鄙對待。我覺得有義務設法矯正這種錯誤，
每年捐助美國印地安大學基金合宜的數字（對我來說可能很
多），協助據說大約500位年輕的美洲原住民學子。

　　1996年到2002年間，我擔任美國印地安大學基金受託
人，每年我都會收到這些年輕學生歡笑或嚴肅面容的照片，看
著他們盡力在我們的社會中尋找自己的地位。

「鷹與熊」傳奇

　　1996年，我在等待換心手術時，決定自己「要是有什麼萬一」，那麼我希望在紐約州阿第倫達克山脈（Adirondacks）寧靜湖（Placid Lake）的家庭度假屋，留下一樣紀念品。因此，我透過華盛頓州西北部的倫米（Lummi）部落，訂購了一支高約25英尺，由美洲原住民藝術家戴爾‧詹姆斯（Dale James）雕刻的圖騰柱，22年來，這支圖騰柱一直屹立在俯瞰寧靜湖的小山丘上。

　　圖騰柱是用高大的西洋杉雕成，本身附有一個「鷹與熊」的傳奇。

　　　　老鷹拜訪人類雕刻師父，說：「我的生命可能很短暫，我感受到兩個世界的拉扯，我看到妻子和小孩時，感受到濃情蜜意，我想請你替我雕刻一支高大的柱子，留給他們當紀念。這支柱子要敘述家人的故事，演繹一位具有老鷹精神的男人和一位具有大熊精神的女人之間的愛情，他們的六個子女會把他們的故事告訴他們的子子孫孫。

　　布萊爾中學──這所優秀的寄宿學校設在紐澤西州，從過去到現在，一直是我漫長人生中主要的基礎。我和雙胞胎哥哥大衛從1945年9月入學，1947年6月畢業（大哥威廉1945年6月畢業）。

　　對我們來說，脫離壓力重重的家裡是最好的事情。我們根本繳不起學費，但是我心愛的母親不知道怎麼說服了學校，讓我們免費入學，我們獲得獎學金和工作機會，在餐廳裡當服務生，到高三時，我升任服務生領班。

我在布萊爾經驗豐富的師長（其中四位從1912年就加入教職員陣容）似乎看出我值得造就，不甘於我差勁的學業成績。傑西‧凱吉（Jesse Gage）老師在我的第一次代數考卷上打了40分的成績，害我難以承受，但是學年結束時，我在期末考中拿到滿分100分。亨利‧亞當斯（Henry Adams）和馬文‧梅森（Marvin G. Mason）老師拿著紅筆，嚴格無情地批改我的英文作文，我的作文評分相當慘不忍睹，但是在他們的教導下，我的寫作能力開始成形。

我努力用功，決心克服自己起步落後的問題，最後以優異成績畢業，還得到「最優秀學生」的獎勵，或許這是我有能力堅持不懈的第一個預兆。

回饋

接受這麼多恩情後，我希望回饋。今天，柏格兄弟獎學金獎助了160多位年輕學子唸布萊爾中學，我們每年還在名單上增加十幾位。柏格廳（1989年）和阿姆斯壯—席普金斯藝術中心（1999年）是為了紀念我父母和祖父母而命名的建築。

我也設法為母校服務，從1973到2002年，我在布萊爾受託董事會中，扮演活躍的成員，然後改任名譽董事長迄今，一共在校董會中任職45年，其中有16年擔任董事長。領導學校董事會自然有其挑戰之處，但是我很幸運，得到傑出前輩、已故的1936年班畢業生霍夫曼博士的一路提攜。

布萊爾重返榮耀

董事長最重要的任務是在時機來臨時，選擇新校長，這個時機在1989年來臨，我想找一位風度翩翩、精力充沛的年輕

人，領導布萊爾發揮本身的龐大潛力。結果，36歲的錢德樂‧哈德威（T. Chandler Hardwick）接受了我們的邀請，和夫人孟妮共同領導布萊爾中學重返榮耀，重新登上全國頂尖大學預校的地位。

校董會長和校長關係穩固，是良好治校的關鍵，這一點對布萊爾的力爭上游很重要，而且我相信，我遵循的自訂規則「校長是領袖，校董會長在校長提出要求時，一定要幫忙」，（在大部分情況下），都有助於良好治校。哈德威夫婦在布萊爾中學奉獻24年後，在2013年另謀高就，內人和我跟他們培養出來的深厚友誼一直延續到今天。

布萊爾中學的使命是什麼？2007年我在校友會上說的一席話，應該最為清楚：

> 我們學校負有重大任務⋯⋯我們要保存、保護、和防衛這一個自由教育的源頭、這個機會之島、這個教學相長的社區。我們在布萊爾中學裡，把希望賦予這塊土地上前途光明的年輕男女，讓他們有希望學到超過他們原本可能學到的更多東西，達成超過他們原本可能達成的更多成就，培養超過他們原本可能培養的更多品行與價值觀。如果這一切看來是平庸無謂的目標，那麼我可以向你們保證絕非如此。這樣的年輕公民是我們文明的中堅，是我們未來歲月的希望⋯⋯

書籍——我喜歡寫書，和共同基金業又常有「愛侶之間的爭吵」，因此促使我寫了12本書，其中10本有助於推動先鋒公司成功創立一種新產業，像第10章中所說，「經常認定自己

叛逆不羈，喜歡代表受到差勁服務的顧客，挑戰自己所屬行業及其標準⋯⋯」。

我為什麼要寫書，因為我喜歡，因為寫作會促使腦中漫無邊際奔馳的初步想法，變成專注、明確、甚至熱情的事物。

因為書本的生命超過我們現世的生命，我的第一本書《柏格談共同基金》，和第六本書《約翰柏格投資常識》特別受到讀者的喜愛，另外九本也很暢銷[103]。到2018年中為止，我的書大約總共賣出941,000本。將近1,000位讀者在亞馬遜網站上發表評語，其中絕大部分都是肯定的評論（74%評為五顆星，16%評為四顆星）。負評我記得比好評還清楚，但是我不會輕易忘掉對《約翰柏格投資常識》的兩段特別稱讚，作者怎麼可能會不因為這兩則好評而欣喜不已呢？

一、本書是每位成功的投資人最後都要去喝水的綠洲。

二、哇！我剛剛看完這本書，根本沒想到自己會這麼喜歡，光是因為我太喜歡看，我就為這本書沒有更厚一點而難過不已⋯⋯非常好的投資建議，又用非常好讀的筆調寫作（像知交對我說出誠實的建議一樣）。我也喜歡最近更新過的新版，但是，即使你是在十年後才看這段評語，我認為這本書還是會非常精確、又跟時事非常貼切。柏格又藉著這本書，為投資界提供另一次完美的服務，我極度推薦每個人都看這本書（我已經買了第二本送給家人看）。

---

103 你正在看我寫的第 12 本書《堅持不懈》，錯不了！

華倫‧巴菲特——有人說，這位奧瑪哈股神比我還會推銷先鋒500指數型基金，他曾經在波克夏公司七年的股東年報中，推薦先鋒500指數型基金，也曾經以實際投資這檔指數型基金，證明自己的說法，包括賭贏標準普爾500指數績效會勝過多檔精選避險基金的打賭；指示他太太的遺產受託人，把90％的資產，投資在先鋒500指數型基金中。我25年前結識這位腳踏實地的紳士後，他也曾經為多本拙作背書。

至於他對我個人，則是在2017年，波克夏公司在奧瑪哈一座巨型體育館中舉行股東會時，巴菲特先生當著大約4萬位股東的面，慷慨地「大聲誇讚」我：

> 柏格對美國投資人做出的貢獻，很可能超過任何一個美國人……傑克，你可以站起來嗎？

如雷的掌聲讓我很尷尬，我無法自持，卻又異常欣喜。

溝通——我總是體認到，人類彼此之間必須親自、直接、誠實而具有同理心地溝通，而且最好是很優雅地溝通。我評估自己的溝通方法時，要靠長期友人和助理傑瑞米‧杜菲德（Jeremy Duffield）幫忙。杜菲德確實是我所見過最優雅、受過最好教育又最具有誠信品德的人。

杜菲德是澳洲人，1969年來到美國，1979年加入先鋒公司，1996年替我們創設了澳洲子公司，用企業家追求完美的精神，經營這家子公司，到2010年離開公司為止。他用下述說法描述我的溝通風格：

　　要成為偉大的溝通者，對溝通這件事抱著強迫性、用絕對瘋狂而紀律森嚴的精神溝通，會很有幫助……因此第一個教訓是你必須非常、非常努力……他的眾多著作……他575場的演講、發表在《投資組合管理期刊》和《財務分析師期刊》上多達29篇的論文、上100次的電視節目、寫給股東看的250份年報……柏格這麼有影響力，祕密或許在於他把戲劇化為方程式的能力，其中很多能力來自他在道德上，對投資人的困境，時時抱著深惡痛絕的能力。柏格的思想中沒有灰色地帶，他遵循道德絕對主義。

「先鋒號的海上航行」

　　杜菲德也用嚴肅的筆調，寫了一首要在我離開塵世時朗誦的詩——這是他溝通能力的絕佳範例，我讀這首題為《先鋒號的海上航行》的詩時十分感動。

> 先鋒乘風破浪，
> 浪花掠過船上，
> 蓋滿他的故鄉；
> 海鷗飛過天上，
> 依然高聲歌唱，
> 炮聲依稀傳來。
> 接受敵我之爭，
> 我的雙手無力，
> 向你拋出火炬，
> 願你高高舉起。
> 海風依舊吹襲，

先鋒航程繼續，

如你將我背棄，

我將無法安息。

決心——多年前，我問一些朋友和大部分的家人，他們認為我最重要的特質是什麼，每個人都說出相同的答案——決心。我認為他們可能說對了，我承認決心是達成目標的要件，偶爾卻可能變成不太受歡迎的執著。我也以反向操作聞名（「一定有更好的方法。」）。也有人說我果決、有彈性、有毅力、有自信（希望不會過度而變成傲慢）。

狄倫·湯瑪斯（Dylan Thomas）——不要如此溫順地向良夜道別，怒吼，怒吼，不讓生命之光暗淡消逝。

發動機——《小火車做到了》（*Little Engine That Could*）提供了我追求成功事業生涯最好的簡短建議：

我認為我可以，我認為我可以，我認為我可以。我知道我做得到，我知道我做得到，我知道我做得到。

家人——我的家人是我至高的福氣，賜予我最完整的人生，跟我結婚62年的內人伊芙是我們家的中心，她深具愛心、仁慈、堅強、精明與彈性。很多年前，有人把我介紹給聽眾，說我們正在慶祝結縭50年的金婚紀念；在後來的答客問時段，第五個問題是：「維持婚姻的祕訣是什麼？」我毫不猶豫，說出後來十多年都想不出更好的答案。我說：「有兩個祕訣，第

一是跟道德崇高的人結婚，第二是千萬別忘掉英文中最重要的兩個字眼：『遵命，親愛的。』（Yes, dear.）」

我們蒙受無上的福氣，有6個子女，12個孫子女，全都是良善公民，健康快樂，善於應付人生中一定會有的挑戰。曾孫有6個，都是男孩，有兩個是在2018年誕生。

我們今天看到很多有關「工作與生活平衡」的文章，好像工作不是人生中的一環似的！但如果檢驗標準是「工作與家庭平衡」，那我不會懷疑自己過度偏重工作。然而，我盡力跟家人共度，我相信他們全都會同意，我得到比及格還高的分數。

寬恕——我坦承自己總是喜歡「以眼還眼、以牙還牙」這種簡單的說法，但是我很快就後退到「沒有悔悟，就不會有寬恕」的境界。1974年，我先前的波士頓幫合作夥伴突然中斷我在威靈頓管理公司的事業生涯。那是冷酷無情的政治鬥爭，因為是他們的投資失敗害公司幾乎關門，因此我回到先前的哲學：「去他的懺悔，報仇最重要！」我很快就意識到聽從這句話會把我生吞活剝，然後我得知約翰・亞當斯（John Adams）和湯瑪斯・傑佛遜（Thomas Jefferson）兩位前美國總統之間，在1801年傑佛遜卸下總統一職前是政敵，然後兩人之間的裂痕癒合，變成朋友。兩人之間維持長久的通信，一直到1826年7月4日，美國獨立宣言簽字50周年紀念日當天，兩人同時去世為止。

我受到這個故事啟發，因此在1991年，也就是1966年6月6日我們簽訂併購協議25年後，決定採取主動，修補裂痕，即使我在威靈頓管理公司的接班人並不後悔，我也要原諒他

們，我跟（我敢說）帶頭發動陰謀詭計的杜蘭和桑戴克見面，我說的話很簡單：「25年夠久了，我們當朋友吧。」結果就是如此。確實如此，他們親切地以向內人和我致敬的名義，在鄉村俱樂部（在波士頓附近）辦了一場美好的小型晚宴，要我對一大群人發表談話，我相信我的寬恕一定發揮了一些作用（我不是英雄，我坦承不太能完全驅除「以眼還眼」的念頭）。

上帝──上帝存在嗎？存在。

護衛天使──就像你在第10章結尾看到的「沒有人是孤島」一樣，我終生都仰賴別人的支持，最明顯的例子莫過於我跟心臟病的長年奮鬥。1961年，我才32歲時，在一座網球場上第一次心臟病發作，要到十年後，醫生才發現我患有遺傳性心律失常性右心室心肌病變（arrhythmogenic right ventricular dysplasia），心房顫動突如其來，如果不及時治療，就可能致命。內人必須把我緊急送進醫院大約十次（對於開始時有三個小孩、後來有六個小孩的媽媽可真不容易），讓我的心臟接受電擊，恢復正常心律。這種例行公事讓我相當厭煩，因此我開始尋找美國頂尖的心臟病專家，找到大家公認的頂尖醫師──波士頓彼得班布里根醫院〔Peter Bent Brigham Hospital，現在改名為布里根婦女醫院（Brigham and Women's Hospital）〕的伯納‧羅恩醫師（Dr. Bernard Lown）。於是我從1967年起，成為這位一流名醫（兼1985年諾貝爾和平獎得主）的病人。他像我的護衛天使一樣，極度用心、深切關懷地照護著我20年，直到1987年，他發現我經常住院、經常到他在波士頓的診間看病，會對我造成負擔為止。

急徵心臟！

這時，我的心律失常性右心室心肌病變，因為在費城用實驗性藥物治療，已經沒有那麼頻繁發作。但是到了1996年，我的半邊心臟已經停止作用（天意如此，不能動的是心臟的右半邊，左半邊還繼續跳動），該找一顆新的心臟了。

我65歲了，只是一個順位墊底的換心候選人，但是哈尼曼醫院（Hahnemann Hospital）的蘇珊‧布羅珊納（Susan Brozena）醫師接受了我，把我納入醫院的移植計畫（移植部門某扇門上標示著「此路不通」（NO EXIT），害我相當擔心）。

接受新心臟的潛在病人（如同我所觀察的一樣）「像塞車車陣」般納入醫院的某種程序中時，很像蓋上了郵戳日期。我有問題的心臟在持續注射靜脈藥物的協助下，繼續跳動了128天，才在1996年2月21日，等到新的心臟（來自一位26歲的男性，祝福他）。兩周後，跟適應換心略為奮鬥一番後，我又回到了家，我跪下來，親吻土地。

布羅珊納醫師

從此以後，我的護衛天使變成了布羅珊納醫師，她是另一位典型的護衛天使，精明、經驗豐富、專業、活潑、迷人、精通最新的藥理學和繁複的換心治療（包括終身必須服用的抗排斥藥物），我能夠盡心享受多活22年的日子，主要都是她的功勞，就65歲才換心的人來說，這種情形可能也是破了紀錄。

不錯，布羅珊納和羅恩醫師是不可思議的護衛天使，在我靠著兩顆心臟（第一顆有問題，第二顆不算盡善盡美）支撐下的漫長人生中，我也受到另外十多位護衛天使照護，他們知道自己是我的護衛天使，我對他們全都要……噢，致上發自心底

的至深感謝。

應付心臟病及其後遺症將近60年，還能存活下來，顯然有一種心理基礎存在，我要請羅恩醫師說個明白。

> 在心臟為下一次不確定的跳動、為下一次猶豫不決的收縮奮戰之餘，你怎麼可能完成你的重大成就？我對你鋼鐵般的意志感到驚訝，現在仍然如此，醫學的進步的確能夠為你添加壽命，但是光靠科學，無法解釋柏格的奇蹟。
>
> 你教導我一個更深層的道理，就是：要逆天存活下來，需要科學規律無法輕易衡量的無形力量，尤其是定義我們自我意識的人類精神力量，包括為人服務的決心、無畏無懼的無常意識和樂於有所作為的心態。這種自我形象讓你能夠培養出真誠家人和親朋好友構成的網絡，甚至能夠跟稍縱即逝的未來可能性建立關係，因此你掌控了有意義的人生。

刺蝟與狐狸——下面的引文出自大約西元前670年的希臘哲學家阿爾基羅庫斯（Archilochus）出土作品中的斷簡殘篇：

> 狐狸懂得很多事情，
> 但刺蝟懂得一樣大道理。

對我來說，這種說法讓我得以洞察美國的投資經理人。我們有一堆狐狸，靠著懂得複雜的市場行銷相關事務生存下來，日進斗金，但這個圈子裡的刺蝟只知道一樣大道理，就是投資要想成功，要靠著純粹的事物——普通的服務和誠實的管理

（唉，這個圈子裡的刺蝟好少）。需要我告訴你我把先鋒帶到哪一邊嗎？

公正無私的旁觀者（Impartial spectator）──下文出自亞當·斯密寫的《道德情操論》（*Theory of Moral Sentiments*），不需要我狗尾續貂：

> 是什麼東西促使慷慨大度的人犧牲自己的利益，成全別人更大的利益？是公正的旁觀者震聲發聵、喚醒我們情感中最肆無忌憚的一環，讓我們了解自己只是眾人中的一員，沒有勝過別人的地方，如果我們極為無恥地盲目看重自己、看輕別人，我們就會變成令人怨恨、憎惡和詛咒的目標。
>
> 我們只能從這位公正無私的旁觀者，學習自己是真正微不足道的人，這位公正無私的旁觀者……讓我們知道慷慨多麼合宜，不公不義是何等畸形，抑制自己的最大利益，成就別人更大的利益，以後就能讓自己獲得最大的福祉。
>
> 這不是我們對鄰居的愛，不是對人類的愛，這兩種愛會在很多場合中，促使我們實踐聖潔的情操，但這是更強烈的愛、更有力的情感，是我們榮耀、高貴、偉大、具有尊嚴和高超品行的愛。

現在請再念這些段落一次，或是兩次。

投資公司協會（Investment Company Institute）── 1969到1974年間，我曾經擔任投資公司協會董事，這段期間是我事業生涯的核心，我在協會裡碰到兩位大貴人，一位是投資公

司協會總裁羅伯・歐根布里克（Robert Augenblick），一位是擔任富達公司執行副總裁的董事長喬治・沙利文（D. George Sullivan），他們都是完美的領袖，都為我指引迷津。

今天的投資公司協會領導階層讓我困惑，他們會飛快地跳出來，為控制美國共同基金的投顧公司辯護，經常犧牲共同基金股東。協會的名字難道不該改成投顧公司協會（Investment Managers Institute），好反映協會的真正功能嗎？

基金業呼籲推動改革。顧問費是不是升高了？侵略性的行銷是否已經失控？基金的董事是否真正獨立？為什麼指數型基金的報酬率超越絕大多數主動管理型基金的報酬率？券商的佣金是用來為股東服務，還是用來為經理人服務？

這只是一長串主題清單的開端，我認為應該放進投資公司協會年度會員大會的議程中，但是沒有人這樣做。我為了找到反省所有問題的蛛絲馬跡，曾經參加會員大會，可惜的是，每年都空手而回。

投資公司協會董事長，1969 — 1970 年

我在投資公司協會執行委員會任職五年，從 1969 到 1970 年間，擔任投資公司協會董事長。我致力協調推動《1970 年投資公司法修正案》的通過（我不確定我對這件事有多自豪！），我拉拔後來的四位投資公司協會董事長進入基金業，我創立的指數型共同基金擁有的資產，現在占到會員股票型共同基金資產的將近一半。而且我創辦了投資公司協會的最大會員公司，繳納最多的會費。然而，連這些光榮事跡，都不足以讓我有資格像 2017 年倫敦《泰晤士報》一篇文章所建議的那樣，受邀到 2017 年投資公司協會的年度會員大會去發表演講。好好想想吧！

家母畫像——家母約瑟芬・席普金斯・柏格（Josephine Hipkins Bogle，1896–1952）是個道德崇高的人。她真的很漂亮、很活潑、極為迷人，會為每位有幸認識她的人帶來歡樂。

直到今天，我都不知道她在不安穩的婚姻和持續的財務壓力下，怎麼能夠這麼自立自強，她的頭胎雙胞胎女兒胎死腹中，但是我從來沒有看過她愁眉苦臉、哭泣或抱怨自己面對的挑戰。

她把一生奉獻給三個兒子，盡了最大力量，讓我們跟可靠的朋友一同成長（全壘打），確保我們得到最好的教育（大滿貫）。

她把三個兒子都送進布萊爾中學，把最小的兒子送進普林斯頓大學，天意注定她活著看到我畢業，還用她的柯達鷹眼小相機，在我走上舞台，領取經濟學優異學業成績畢業文憑時，替我拍了一張照片（到今天我還留著）。八個月後，她就離開人世，但是沒有離開我永恆的愛和記憶，從來沒有離開。

寧靜湖（Lake Placid）——從1958年起，內人伊芙和我都愛上紐約州寧靜湖的家庭度假屋，現在，我們的子女、孫子女和曾孫子女整個夏季裡，都在那裡來來去去。我們喜愛自己的老地方、喜愛那裡寬廣的老船屋，尤其是我們的電動船「藍天號」和我們的湖泊。我曾經用下面的祈禱文，紀念這座湖泊。

> 為了地球之美
> 為了天空之光
> 為了永恆山脈
> 為了靜湖至愛

我們向主敬致
感恩感謝聖詩
阿門

生活——桑頓‧懷爾德（Thornton Wilder）在 1938 年的劇作《我們的小鎮》（*Our Town*）中，敘述了新罕布夏州虛構小鎮葛洛佛鎮（Grover's Corners）一群凡人的故事，主角是名叫艾蜜莉‧韋伯（Emily Webb）的年輕婦女。她嫁人後，在生第二個小孩時去世。很多年後，墓地精靈准許她離開墳墓一天，重回葛洛佛鎮探望家人。她觀察到，活人極不重視日常生活的歡樂，這點讓她痛苦難安，因而提早回到墳墓去。下面是女主角艾蜜莉的一段台詞：

再見，媽媽；再見，爸爸；再見，世界……我不了解世界走得這麼快，生活中的一切我們從來沒有注意到。啊，地球，你太美妙了，美妙到世人都不知道你。有人活著的時候曾經了解……每一分鐘的生活嗎？所有的人都是這樣，都只是盲人而已。

貴人、門徒、朋友——這個主題可以寫一整章，但是我把它濃縮，只有在必要時，才提名字。

我的第一位貴人是詹姆斯‧哈林頓（James P. Harrington，普林斯頓大學 1947 年班工程學士，1950 年班哲學博士），他是普林斯頓大學運動員協會學生票房經理，他訂定了我終生願意盡力奉行的標準：負責、可靠、及時、勤奮和精確。因為我先當副理、再當經理，我們（連同他太太安妮）因此共事過兩

年，我們一直很親密，直到時空距離把我們分開為止。

1951年，我從普林斯頓大學畢業，進入威靈頓管理公司，普林斯頓大學1920年班的創辦人摩根是我的貴人。但我的貴人不是只有他而已，執行副總裁約瑟夫·威爾許（Joseph E. Welch）、銷售副總裁衛爾金斯（A. J. Wilkins）、法律顧問安德魯·楊恩（Andrew B. Young）似乎都渴望跟我分享他們在漫長事業生涯中累積的見識，他們是否可能在我身上，看出我有值得他們指導的地方？一定是這樣，摩根100歲去世時，我結識他的時間已經有50年，我後來聽說，他認為我「是他從來沒有過的兒子」。

門徒

我在自己幾乎所有的事業生涯中，都依賴所謂的「總裁助理」，他們通常是擁有大學學歷、而且通常也有研究所學歷的年輕男性，這些年來，我跟十多位這種門徒共事，他們的事業生涯結果差異相當大，有些人獲得相當高的事業成就，有些人的成就較低，有些人到今天都還是朋友，有些人顯然很忙，跟我二、三十年沒有聯絡。事實上，我得到的結論是，假設今天的門徒會變成明天的朋友，似乎不太明智（我不是說要感激自己的貴人，這樣可能很好，卻不一定會永久如此），整體而言，我的助手依然照亮了我的人生。

其他朋友

我的摯友名單相當長……而且很多元：一位全國最受尊敬、專攻另類投資策略的大企業領袖；兩位著名的財務學教授，我們1951年班的普林斯頓大學同學（我們正在快速凋

零），和另一位1949年班的普林斯頓大學校友、擔任美國聯邦準備理事會主席的人；領導布萊爾中學24年的夫婦。

還有跟我一起長大、我已經認識75年的特別朋友；一位大型共同基金家族的前執行長；一位美國中西部的參議員；一位在家族辦公室工作的投資經理，他好心到租了一架塞斯納獎狀（Cessna Citation）飛機，載內人、我和我們的幾個孩子飛到奧瑪哈，參加波克夏公司2017年的股東會；美國兩家最大大學捐贈基金的經理人；三位編輯人，其中一位掌理一家主要的區域性報紙，一位是傑出的利率觀察家，另一位是《時代》雜誌前總編輯。

結束這段文字前，我最後要大聲讚揚我們先鋒公司廚房裡，能力高強、每天為我們員工上菜的夥伴艾力卡和羅莉塔，以及準時而安全載我上下班和出差的鮑伯、比利等同事。

事實證明，朋友要自己去找，我把音樂劇《南太平洋》（*South Pacific*）中的一首歌詮釋為：

> 找到朋友後，絕不讓他走！

國家憲法中心── 1998年，一個為國服務的大好機會出現，這一年裡，我開始擔任國家憲法中心理事長。當時我的前任費城市長艾德‧藍德爾（Ed Rendell）獲得提名，即將領導民主黨全國委員會，他覺得自己應該卸下理事長一職。於是他和當時的總裁喬伊‧陶瑟拉（Joe Torsella）聯手，要求我出任新理事長。我婉拒說：「有很多理事遠比我更能有效地領導理事會，總而言之，我找不出時間來做這件事！」

「真正的理事長？」

他們一直逼著我，因為時間緊迫，我答應了……「但是只做到你們找到真正的理事長為止。」七年後的2005年，我卸下理事長之職，把重責大任交給前美國總統柯林頓，後來另一位美國前總統（老布希總統）又接下柯林頓的職位。我任職七年的時間一晃即逝，其間我領導理事會、募款、規劃、到國會作證，把這項大業從構想化為現實。請大家了解，陶瑟拉承擔了大部分的重責大任（參見本章前文有關「布萊爾中學」校董會董事長角色的說明）。

我們的國家憲法中心博物館現在傲然聳立在費城獨立廣場的北端，遙對坐鎮廣場南端的獨立廳。我在博物館2000年的破土典禮上先發表談話，然後，由前總統柯林頓發表激勵人心的演講「成為美國公民的意義」。博物館在2003年7月4日盛大開幕。

能夠為「把憲法融入美國公民生活中」的偉大美國使命奉獻心力，讓我興奮莫名。我和中心總裁、羅德獎學金學者（Rhodes Scholar）陶瑟拉共事的經驗十分愉快。2016年，他當選賓州財政廳長，在我追求為國家、為美國的價值觀和制度奉獻心力期間，陶瑟拉是完美的（資深）合作夥伴。

總統群像 —— 1969年，我在紐約世界博覽會會場上，剛從經過米開蘭基羅《聖殤》（*Pieta*）像的電動人行道上下來時，看到了一張熟悉的臉孔，看到前總統杜魯門似乎獨自佇立，身旁沒有隨扈，於是我上前去，第一次跟美國總統握手。

1970年5月27日，我在白宮第二次跟美國總統握手。那次是因為股市劇跌，白宮邀請我和華爾街公司35位執行長和員

工，進白宮共進晚餐，聚餐的目的是安撫緊張的投資人（這種事可不能隨意編造）。

「總統先生，請問……」

尼克森總統要大家提問時，沒有一個人站起來，因此我挺身而出，問道：「總統先生，鑒於你在競選期間保證要把我們凝聚在一起，你在我們的世代和種族之間鴻溝日益擴大的方面，採取過那些作為？」美國友善的華爾街聽眾提出這樣的問題，顯然讓他驚慌失措，因而回答得有點不安。我們離開白宮餐廳，我們面對面握手時，他似乎不太高興。

後來我在紐約市一場大約30人參加的晚宴上，見到前總統詹森，他在自己的照片上，為我和我的幼子安德魯簽名，我把簽名照裱框起來，送給犬子。

另外兩位總統

擔任憲法中心理事長，也讓我有幸和我頭兩位接班人柯林頓總統和老布希總統認識。我後來跟柯林頓總統變得相當熟，他為2010年出版的拙作《夠了》（*Enough*）第二版，寫了一篇美好的序言。

根據我的觀察，這些人似乎都擁有風度、聰明、演說技巧等共同特質，但是每個人都有自己的獨特風格，杜魯門總統顯得很簡練，尼克森總統和我見面時，似乎有點緊張（我想像不出是什麼原因）。詹森總統很有自信，自信到了幾乎接近傲慢的程度。柯林頓總統具有特別的的魅力，不論是一對一的見面，還是在發表國情咨文演講，這種魅力都會明顯表現出來（他還以《夠了》序言作者的身分，親切地在12本這本拙作

上，為我的12個孫子分別簽名）。老總統布希似乎比較像在康乃狄克州莊園出生的人，比較不像他力求成為的強悍德州人。

努力奮進，不顧一切——這句出自聖經的座右銘可以追溯到聖保羅的告誡「努力奮進」，這句話會成為我們家族的座右銘，要感謝我舅舅克里夫頓‧席普金斯（Clifton Armstrong Hipkins）。他曾經長期擔任康乃狄克州格林威治遊艇俱樂部的隊長，他把自己的遊艇命名為「努力奮進，不顧一切」，這個船名是一種激勵人心的挑戰，但是別忘了這一點：這個座右銘不只是表示艱困時要「努力奮進」而已，在安逸時也要「努力奮進」，這才是「不顧一切」的意義。

普林斯頓大學——

　　陌生人，你已經抵達地球上最高貴的家園。

希臘悲劇作家索福克勒斯（Sophocles）寫下這句話〔出自索福克勒斯的劇作《伊底帕斯在柯隆納斯》（*Oedipus at Colonus*）〕二千多年後，銘刻在普林斯頓大學校園戈興小道（Goheen Walk）上的一塊牌匾上，今天這句銘文引起我的共鳴，讓我認為，這句話是總結普林斯頓大學在我生命中所扮演角色的最佳說法。前面說過，我就讀普林斯頓時，得到豐厚的獎學金，努力研讀課業，而且從大一開始，就在學校富麗堂皇的大餐廳工作。

從貧賤中平步青雲

念大二時，我從貧賤中平步青雲（像我喜歡說的一樣），普林斯頓大學運動員協會學生票房經理哈林頓（參見本章前文中的〈貴人、門徒、朋友〉一節），把我從餐廳服務生提拔起來，擔任他的副理，一年後，又出任他的經理。這份工作要承擔龐大的責任，還要長時間辛苦工作，尤其是在1950年美式足球季，普林斯頓大學校隊贏得常春藤盟校冠軍那年，更是辛苦，我看了每一場比賽的開球，卻從來沒有看過整場比賽（總是有工作要做）。籃球季沒有那麼辛苦；就票房而言，棒球季好比一場笑話。

從墊底到名列前茅

我喜歡工作，還認真追求更多的責任，但是工作很耗時間，因此到了1948年可怕的第一學期，我的成績暴跌到危險邊緣，但是隨後情況改善，我的課業從三、四等（C和D+），升到二等，最後還升到一等（B和A），並在學士論文上得到一等一的最後好評，這是我早年堅持不懈決心的另一個例子。

我念大學期間，大致上「都在工作，沒有玩樂」，卻結識了一些至交，還定期參加年度班級聚會，每年在普大遊行中自豪地前進，也仍然定期參加普林斯頓的研討會，經常選擇「道德和金融」的主題。

獎助學金

我也花很多時間，跟得到柏格獎學金的青年才俊聚會，到目前為止，已經有160位學生得到這個獎學金，而且得獎人數還

在持續增加。我也繼續贊助佩斯公民參與計畫（Pace Center for Civic Engagement）。2016年，因為犬子小約翰‧柏格和琳恩夫婦慷慨捐助普林斯頓大學，設立了約翰‧柏格公民服務獎助學金計畫。2017年內，有28位普林斯頓大學2022年班的大一新生，獲得這項資助他們參與暑期公民實習計畫的獎助學金，能夠協助這些年輕人走在人生道路上的確是無比樂事！

身為普林斯頓之子的我，受到深愛母校的無比尊崇，頒給我「威爾森總統服務國家傑出成就獎」（1999年）、榮譽法學博士學位（2005年）和「歷來最有影響力25位普林斯頓人獎」（2008年）。

取材自1951年版大學母校之頌：

> 讚頌古老的拿騷樓，莘莘學子，
> 歡呼、歡呼、再歡呼！
> 學子一生努力奉獻，
> 古老的拿騷樓三呼萬歲！

貴格會──雖然我在聖公會受洗，孩童時期，還跟家人不定期上長老會教堂，我卻逐漸認為，在我內心深處，我是個真正的貴格會教徒。我盡力親身奉行貴格會嚴格的價值觀，事後回想，我認為自己一生和我為先鋒公司所做的設計，反映了威廉‧潘恩（William Penn）樹立的很多貴格會基本價值觀，如簡單、經濟、節儉、效率、服務別人、相信貴格會創辦人喬治‧福克斯（George Fox）所謂：「真理就是道路」這句話（我坦承自己在貴格會的其他價值觀方面，沒有奉行得這麼嚴謹；在共識、耐心、沉默和謙虛等方面，更是如此）。

　　員工——要是沒有我資深助理艾蜜莉・史耐德（Emily A. Snyder，在先鋒公司任職33年）、麥可・諾蘭（Michael W. Nolan，任職17年）和同事凱瑟琳・楊克（Kathleen M. Younker，任職16年）的鼎力協助，這本書會怎麼樣？還沒有問世！如果沒有他們的熱心參與和無限的耐心，由先鋒公司和指數革命志業開創人寫的這本書，有可能出版嗎？大概可能，但一定會比較不像一本書，讀起來會讓人難受多了，花的時間會長多了，而且會無趣多了。

　　教學相長——有人問我怎麼好好過一生的祕訣時，我經常回答說：「第一條守則是早晨要起床，如果你不起床，你不會有什麼成就。然後每天都要教導別人和學習一些事物，要稱讚值得稱讚、而且過去可能從來沒有見過的人。然後你可以賺到一夜安眠，隔天醒來後，要再度實踐這些守則。」

　　鄧尼生——在艾佛列德・鄧尼生（Alfred Lord Tennyson）的名詩《尤利西斯》（*Ulysses*，1842年）結尾處，水手開始揮動船槳，送尤利西斯出海，登上旗艦，進行最後一次出航時，詩篇的尾聲於焉開始：

> 來吧，朋友們！
> 探索新世界為時未晚，
> 出發、坐定、揮動船槳！
> 我要一心一意，乘風破浪，
> 航向西沉夕陽，
> 前進群星掩映的西方。

至死方休⋯⋯

儘管生命失去了許多，剩下的也還足夠；

雖然我們不再擁有像從前那樣的力量

去撼天動地，但是我們將一如既往

雄心不已，豪情依舊

形體被命運時光摧殘，但意志仍舊剛強

繼續奮鬥，繼續探索，繼續尋求，永不屈服。

　　普信集團──我總是欣賞這家公司〔搭配同樣能力高超的道奇・考克斯（Dodge and Cox）和象限基金顧問（Dimensional Fund Advisers）兩家投顧公司〕的專業、低調（或完全沒有）的行銷和優秀的人才。1980年，我的左右手、當時擔任先鋒公司執行副總裁的賴普離開先鋒，跳槽普信集團時，我為自己失去接班人而深感沮喪不已，但是我深信他找到了完美的家園（事實證明我完全正確）。

　　但是，普信集團也讓我尷尬不已。早在1994年時，我為了蒐集先鋒公司競爭對手的最新資訊，象徵性地投資公開上市的普信共同基金投資顧問──普信公司（T. Rowe Price, Incorporated）股票，我以每股42美元的價格，買進100股，總成本為4,200美元。

完美的投資

　　從此以後，我都會收到該公司精美卻有趣的年報，卻很少注意該公司的股價。但是我的天啊！我做了一次完美的投資，那100股經過五次分割，現在變成了3,200股，以2018年中普信公司每股121美元的股價計算，我1994年隨意投資的4,200

美元，現在價值384,000美元，我一年收到的8,960美元股息，是我期初投資金額的兩倍多。我投資這麼多錢在我們的主要競爭對手身上，真的是好主意嗎？這是讓我「尷尬」的地方。

我身為把絕大部分獲利回饋基金股東，而不是回饋管理公司所有者的共同公司創辦人，對於普信集團和共同基金同業的驚人利潤，難免會大為驚嘆，這些利潤有一部分靠著管理和行銷賺來，但是大部分是靠著大多頭市場股價飛躍上漲，加上管理共同基金令人震驚的可觀經濟規模賺來，只是這種規模經濟的絕大部分利益，都由管理公司據為己有，幾乎沒有分潤給共同基金公司客戶，也就是那些共同基金公司董事和職員負有服務義務的客戶。

工作——我從九歲開始工作，先當送報童、店員、郵政員工和服務生，靠著餐桌服務的工讀方式（暑假和假日也要工作），念完中學和大學。大學畢業後，我進入共同基金業，努力創造自己的事業生涯。

然而，在我的整個事業生涯中，只有一樣工作我可以稱之為真正的「苦工」，就是在紐澤西州席格特（Sea Girt）消防隊保齡球館裡負責排球瓶，此外，所有的工作都很有趣、很有成就、非常充實，甚至還帶有性靈方面的啟發。

湯瑪斯·卡萊爾（Thomas Carlyle）曾經用下述說法，美妙地表達工作之樂：

> 找到工作的人有福了，因為無須求助別人賜福……工作中有著永恆的高貴、聖潔。

　　林一曼紐爾‧米蘭達（Lin-Manuel Miranda）在百老匯熱門音樂劇《漢彌爾頓》（*Hamilton*）中，用下述說法形容漢彌爾頓在工作上出人頭地的標準。

> 這位建國先賢自小失怙
> 出頭全靠工作比人辛苦
> 才智出眾並且積極自主

　　米蘭達曾經對國家公共廣播電台這樣描述漢彌爾頓：「一切繫乎他的寫作力量，他體現了文字的影響力[104]。」

　　我認為，漢彌爾頓應該會同意卡萊爾話語中的精神，可以藉由下述大家熟悉的詩歌反映出來，甚至因此更為有力。

> 趕緊工作，夜將臨，
> 趁此加深暮景；
> 夕陽西移彩霞新，
> 再過成灰影；
> 最後一線的光陰，
> 不久就要沒落；
> 趕緊工作，夜正臨，
> 就在工作結束的時候。

　　你、我和宇宙──我的最後感想從一個存在主義問題開始，這個問題跟你我有關，跟活在地球上的每個人都有關。

---

104 參見www.npr.org/2017/12/26/572622911/lin-manuel-miranda-on-disney-mixtapesand-why-he-wont-try-to-top-hamilton。

我們可能認為自己很渺小，只是地球70億（上下）人口中的一個人。不錯，我們享受生存之美，但是就時空而言，我們只生存短暫片刻，然後就繼續前進，但是，我們的重要性遠不及此。

我們的地球只是太陽系中的一顆行星，太陽系又是銀河系中的一部分，我們的銀河系極為廣大，直徑大約有10萬光年，但我們的銀河系又只是宇宙中至少2,000億個銀河系中的一個，每個銀河系都有超過1,000億個星球。如果你想衡量一個人的相對重要性，就去計算一下吧！

然而──然而，光是想著我們在如此浩瀚宇宙中的渺小，並沒有什麼幫助，我們在地球上還有任務有待完成，我們必須盡心盡力去做，我們可能要開始行動，拯救我們自己的星球，以免為時過晚。此外，我們的使命是過著有生產力的生活、撫養家人、奉獻社會、服務國家和我們的全球社會。

我們每個人在人生旅途時，都必須盡心盡力，幫助別人，尤其是幫助比較不幸的人，我們必須改善我們所見到的一切。不錯，人生在世轉瞬即逝，善用每一分一刻，難道不是我們的義務嗎？

我們每天都必須提醒自己，「就算只有一個人，也可以大有作為。」（記得把這種道理運用在自己身上！）這是我努力過自己不完美人生的方式，甚至可能是我能倖存這麼久的原因。從自己90高齡的有利角度回顧時，我可以輕易地想像，我為投資人服務的使命、我為1974年所創先鋒公司建立的價值觀，應該會長久存續。

保持航向，堅持不懈

　　我經常把「堅持不懈」這句話，當成投資成功的重大規則，忽視股市的日常波動，注重美國經濟的長期成長。但是在我即將完成這本回憶錄之際，「堅持不懈」也是我們對抗短短人生必不可免的波濤起伏，享受有利、有義生活的不二法門。

附錄一
繼任者們

　　1996年1月31日，我卸下先鋒公司執行長的職位，繼續擔任公司董事長。雖然我認為把經營管理交給比較年輕的團隊理所當然，我的決定卻是因為健康惡化促成的。我從1960年，31歲心臟病發作開始，一直為心臟問題所困，隨後的36年裡，我每隔一段時間，就要跟併發症奮鬥。但是經過似乎永無休止的128天等待後，我終於在1996年2月21日，在費城哈尼曼醫院接受心臟移植（哈，又有了一個難以忘懷的里程碑），換心手術22年多後，我現在活得很好，謝謝你們。

　　換心20多年來，我在柏格金融市場研究中心總裁的崗位上，一直保持活躍，甚至可以說是過動。我們在中心裡，推動金融方面的研究，焦點主要放在共同基金業上，我每天到先鋒公司的辦公室，我的研究主任麥可・諾蘭、我珍視的助理艾蜜莉・史奈德和凱瑟琳・楊克在這裡做出的研究分析，變成我的演講和著作（包括這一本）的基礎。

　　我繼續跟先鋒團隊中的不同成員合作，慶祝他們的周年紀念和退休，自豪又喜悅地觀察先鋒繼續依賴一般指數型基

金、尤其是依賴我1975年所創傳統型指數型基金帶動的成長動能。

約翰・布瑞南

我選擇的接班人是約翰・布瑞南（John J. Brennan），他1982年加入先鋒公司，擔任我的助理幕僚，這是他步出哈佛商學院後的第二個工作，我們培養出極為密切的關係（包括固定的壁球比賽），他在工作上快速升遷，從1985年起，他適才適所地出任財務長，迅速贏得精明能幹經理人的名聲，我共事過的人當中，沒有一個人擁有布瑞南那種達成目的的能力。

1996年1月31日，他出任先鋒公司執行長，任職期間的成就包括在先鋒公司中，把行銷的地位推升到更受重視的境地，以及推動全公司依據資料驅動的績效管理。

布瑞南也做出創造先鋒ETF的最後決定，也做出建立一個部門支持ETF的最後決定。雖然我先前推動先鋒打進國際業務的決定顯得小心翼翼，他卻開始以比較積極的方式打進世界市場。然而，他對太過大膽的國際擴張有所懷疑，所以我們大力擴張，打進歐洲、亞洲和南北美洲的行動，要留待他的接班人威廉・麥克納布（F. William McNabb）來完成。

威廉・麥克納布

布瑞南擔任執行長12年後，於2008年卸職，他選擇麥克納布為接班人，一點也不會讓人意外，麥克納布是華頓商學院畢業的管理碩士，1986年，麥克納布離開大通銀行（Chase Manhattan Bank），加入先鋒公司，開始迅速升遷，1995年，出任先鋒機構行銷部門主管。

麥克納布是我們所說的「善於社交的人」（據我根據明確資訊所知），他跟員工交往之際，甚至還能夠把我們的法人業務部門，改造成業界最強大的單位，這一點可能不太夠資格當作里程碑，但他讓先鋒回歸我心目中比較個人化、人性化的工作場所，讓我們激增的員工可以在這種場合中工作，確實是一種里程碑。

2015年，麥克納布大膽決定對個別投資人提供顧問服務，也稱得上是個里程碑。這項勇猛的策略性行動促使先鋒公司，跟提供先鋒基金受益憑證給客戶的註冊投資顧問（registered investment adviser）直接競爭。

一些註冊投資顧問和經紀商對新競爭可不覺得高興，但這個問題後來逐漸消失，事實證明，先鋒打進日漸成長的「機器人顧問」市場（基本上是對個人提供低費率的電腦驅動資產配置策略），是時機正確的決定，到2018年中已經吸引了1,000億美元的資產，其中大部分資產來自先鋒既有的客戶。

先鋒幾乎是美國每一家上市公司的大股東，我特別讚賞麥克納布積極進取，採取行動，強化先鋒在這方面日漸重要的角色。2018年時，先鋒持有美國每一家公開上市公司8%以上的股權，對我來說，我們在公司治理上的角色，總是盡我們所能，確保上市公司經營時，把股東的利益列為最優先，我很滿意麥克納布在這方面的大膽行動。

莫蒂默・巴克禮（Mortimer J. Buckley）

麥克納布於2017年12月31日卸下執行長一職，但繼續留任董事長，他的接班人巴克禮在1991年加入先鋒公司，擔任我的助理。兩年後，巴克禮進入哈佛商學院深造，獲得管理碩

士學位後，重返先鋒公司。

　　我發現巴克禮是非常泰然自若、非常聰明的年輕人，隨後的19年裡，他在我們的個別投資人部門、科技部門逐漸擔任領導角色，然後負責領導投資部門，他在先鋒公司廣泛的領導經驗，讓他做好出任執行長的準備，我們的客戶應該深感慶幸。

　　巴克禮在管理擁有5兆美元資產的企業時，要面對不少重大挑戰，包括在駭客時代維持股東隱私權和資訊安全；避開今天基金業流行的討價還價；加入即將來臨的資料管理革命；判定人工智慧的影響；處理美國龐大上市公司股權，由指數型基金和其他大型投資法人持有後，在大企業所有權和控制權公共政策方面的影響。

　　跟我面對的挑戰多麼大不相同！我的任務是在接近無中生有的狀況中創業，發展出能夠讓新公司存活下去的策略，監督策略的執行，領導新公司走向成功。巴克禮要領導擁有驚人動能的公司，但是處理先鋒公司的巨大規模、因應先鋒在業界動見觀瞻的地位絕非易事，我祝他順利成功。

附錄二

從數字看先鋒

年度	總資產*（年底）（百萬美元）	長期資產市占率	總成本（百萬美元）	費用比率+	市場增值（百萬美元）	淨現金流量（百萬美元）	現金流量占資產比率五年移動平均值	基金檔數（含ETF）	員工總數	員工／10億美元資產比率	長期資產中指數型基金比率
1974	$1,457	4.3%	$10	0.66%	—	-$52		6	28	19	—
1975	1,758	4.16	11	0.66	$360	-60		8	47	27	—
1976	2,035	4.26	11	0.59	411	-133		10	97	48	0.8%
1977	1,831	4.02	12	0.60	-105	-99		13	99	54	1.4
1978	1,919	4.15	12	0.62	105	-17	-4.4%	13	106	55	4.1
1979	2,380	4.48	12	0.58	315	146	-2.0	15	133	56	4.1
1980	3,326	4.97	16	0.58	840	106	-0.3	18	167	50	4.3
1981	4,161	4.86	20	0.53	781	54	1.6	20	272	65	3.9
1982	5,660	4.82	31	0.63	913	586	5.4	21	360	64	3.4
1983	7,316	4.95	40	0.61	306	1,350	10.3	24	431	59	4.8
1984	9,877	5.40	48	0.56	821	1,739	13.6	32	663	67	4.4
1985	16,408	5.19	69	0.53	2,222	4,308	21.4	37	886	54	2.9
1986	24,961	4.73	101	0.49	2,736	5,817	28.2	44	1,124	45	2.5
1987	27,007	4.13	102	0.39	1,874	173	25.5	48	1,497	55	4.5
1988	34,172	4.42	120	0.39	6,942	222	20.9	53	1,588	46	5.1
1989	47,562	5.07	145	0.35	9,080	4,311	18.6	53	1,873	39	6.8
1990	55,711	5.40	172	0.33	3,792	4,357	11.7	57	2,230	40	9.7
1991	77,027	6.19	211	0.32	8,198	13,117	9.4	57	2,631	34	12.8

*指美國國民共同基金資產。非美國國民資產總額為4,000億美元。

+成本占平均資產的比率，包括付給外部投顧公司的管理費。

年度	總資產*（年底）（百萬美元）	長期資產市占率	總成本（百萬美元）	費用比率+	市場增值（百萬美元）	淨現金流量（百萬美元）	現金流量占資產比率五年移動平均值	基金檔數（含ETF）	員工總數	員工／10億美元資產比率	長期資產中指數型基金比率
1992	$97,412	6.56%	$258	0.30%	$4,821	$15,564	13.3%	68	3,112	32	14.4%
1993	125,755	6.53	336	0.30	11,303	17,040	16.6	69	3,520	28	16.1
1994	130,743	6.49	392	0.31	2,853	2,135	14.4	79	3,545	27	18.8
1995	178,317	7.15	485	0.31	32,957	14,617	14.8	83	3,927	22	24.2
1996	236,006	7.82	606	0.29	31,498	26,191	13.1	87	4,798	20	31.0
1997	322,441	8.69	762	0.27	50,844	35,590	12.0	87	6,400	20	36.6
1998	431,693	9.77	1,044	0.28	63,087	46,165	11.4	92	8,113	19	41.5
1999	537,405	9.94	1,299	0.27	62,313	43,399	13.1	94	9,886	18	48.8
2000	561,236	10.42	1,479	0.27	4,183	19,649	11.6	99	10,129	18	47.2
2001	577,942	11.26	1,521	0.27	-18,604	35,310	9.9	96	11,200	19	46.5
2002	555,789	11.80	1,466	0.26	-59,473	37,320	8.2	115	10,495	19	44.0
2003	689,980	11.77	1,623	0.26	100,170	34,021	6.5	121	10,007	15	47.2
2004	818,513	12.20	1,753	0.23	72,999	55,534	6.1	132	10,251	13	49.3
2005	928,862	12.37	1,888	0.22	63,062	47,287	6.5	133	11,205	12	50.5
2006	1,122,722	12.58	2,187	0.21	145,238	48,621	6.3	148	12,000	11	53.4
2007	1,304,606	12.86	2,280	0.19	101,388	80,496	6.5	154	11,944	9	56.2
2008	1,045,935	14.62	2,060	0.18	-331,385	72,714	6.4	157	12,534	12	55.0
2009	1,336,082	14.82	2,409	0.20	167,843	122,304	7.1	165	12,587	9	56.3
2010	1,563,797	15.25	2,594	0.18	137,260	90,454	7.3	181	12,483	8.0	60.7

年度	總資產*（年底）（百萬美元）	長期資產市占率	總成本（百萬美元）	費用比率⁺	市場增值（百萬美元）	淨現金流量（百萬美元）	現金流量占資產比率五年移動平均值	基金檔數（含ETF）	員工總數	員工／10億美元資產比率	長期資產中指數型基金比率
2011	$1,649,177	16.21%	$2,551	0.16%	$8,087	$77,294	7.2%	180	12,872	7.8	62.3%
2012	1,973,503	16.85	2,643	0.15	184,861	139,465	7.5	180	13,500	6.8	65.2
2013	2,441,655	17.62	3,091	0.14	338,693	129,459	7.7	182	14,000	5.7	69.7
2014	2,848,111	19.13	3,513	0.13	187,680	218,776	7.1	177	14,200	5.0	71.6
2015	3,073,030	20.91	3,671	0.12	-5,189	230,107	7.4	194	14,000	4.6	72.7
2016	3,612,844	22.80	3,738	0.11	263,776	276,039	8.2	198	15,000	4.2	75.0
2017	4,547,219	24.06	4,174	0.10	591,101	343,274	8.4	210	17,000	3.7	77.4
6/2018	4,671,986	24.23	4,610	0.10	43,175	81,593	7.8	217	17,000	3.6	77.9

新商業周刊叢書　BW0715

堅持不懈
指數基金之父約翰‧柏格

原 文 書 名	Stay the Course: The Story of Vanguard and the Index Revolution
作　　　者	約翰‧柏格（John C. Bogle）
譯　　　者	劉道捷
企 劃 選 書	黃鈺雯
責 任 編 輯	黃鈺雯
版　　　權	黃淑敏、吳亭儀
行 銷 業 務	周佑潔、林秀津、王瑜、黃崇華、賴晏汝

總 編 輯／陳美靜
總 經 理／彭之琬
事業群總經理／黃淑貞
發 行 人／何飛鵬
法 律 顧 問／台英國際商務法律事務所
出　　　版／商周出版　臺北市中山區民生東路二段141號9樓
　　　　　　電話：(02)2500-7008　傳真：(02)2500-7759
　　　　　　E-mail：bwp.service@cite.com.tw
發　　　行／英屬蓋曼群島商家庭傳媒股份有限公司　城邦分公司
　　　　　　台北市104民生東路二段141號2樓
　　　　　　電話：(02)2500-0888　傳真：(02)2500-1938
　　　　　　讀者服務專線：0800-020-299　24小時傳真服務：(02)2517-0999
　　　　　　讀者服務信箱：service@readingclub.com.tw
　　　　　　劃撥帳號：19833503
　　　　　　戶名：英屬蓋曼群島商家庭傳媒股份有限公司城邦分公司
香港發行所／城邦(香港)出版集團有限公司
　　　　　　香港灣仔駱克道193號東超商業中心1樓
　　　　　　電話：(825)2508-6231　傳真：(852)2578-9337
　　　　　　E-mail：hkcite@biznetvigator.com
馬新發行所／城邦(馬新)出版集團
　　　　　　Cite (M) Sdn Bhd
　　　　　　41, Jalan Radin Anum, Bandar Baru Sri Petaling,
　　　　　　57000 Kuala Lumpur, Malaysia.
　　　　　　電話：(603)9057-8822　傳真：(603)9057-6622　email: cite@cite.com.my

封 面 設 計／萬勝安　　內文設計暨排版／無私設計‧洪偉傑　　印　刷／鴻霖印刷傳媒股份有限公司
經 銷 商／聯合發行股份有限公司　電話：(02)2917-8022　傳真：(02) 2911-0053
　　　　　　　　　　　　　地址：新北市231新店區寶橋路235巷6弄6號2樓

國家圖書館出版品預行編目(CIP)數據

堅持不懈：指數基金之父約翰.柏格／約翰.柏格 (John C. Bogle)著；劉道捷譯. -- 初版. -- 臺北市：商周出版：家庭傳媒城邦分公司發行, 民108.06
面；　公分. --（新商業周刊叢書；BW0715）
譯自：Stay the Course: The Story of Vanguard and the Index Revolution
ISBN 978-986-477-656-6(精裝)

1.先鋒集團(Vanguard Group of Investment Companies) 2.基金管理

563.525　　　　　　　　　　108005989

ISBN／978-986-477-656-6　　版權所有‧翻印必究（Printed in Taiwan）
定價／450元

城邦讀書花園
www.cite.com.tw

2019年（民108）6月初版
2022年（民111）4月初版4.1刷

商周出版

廣 告 回 函
北區郵政管理登記證
北臺字第10158號
郵資已付，免貼郵票

10480　台北市民生東路二段141號9樓

英屬蓋曼群島商家庭傳媒股份有限公司城邦分公司　收

請沿虛線對摺，謝謝！

書號：BW0715　　　　　書名：堅持不懈

 商周出版

讀者回函卡

不定期妠
立即加入
Faceboo

感謝您購買我們出版的書籍！請費心填寫此回函卡，我們將不定期寄上城邦集團最新的出版訊息。

姓名：_____ 性別：□男　□女

生日：西元_____年_____月_____日

地址：_____

聯絡電話：_____　傳真：_____

E-mail：

學歷：□ 1. 小學 □ 2. 國中 □ 3. 高中 □ 4. 大學 □ 5. 研究所以上

職業：□ 1. 學生 □ 2. 軍公教 □ 3. 服務 □ 4. 金融 □ 5. 製造 □ 6. 資訊

　　　□ 7. 傳播 □ 8. 自由業 □ 9. 農漁牧 □ 10. 家管 □ 11. 退休

　　　□ 12. 其他_____

您從何種方式得知本書消息？

　　　□ 1. 書店 □ 2. 網路 □ 3. 報紙 □ 4. 雜誌 □ 5. 廣播 □ 6. 電視

　　　□ 7. 親友推薦 □ 8. 其他_____

您通常以何種方式購書？

　　　□ 1. 書店 □ 2. 網路 □ 3. 傳真訂購 □ 4. 郵局劃撥 □ 5. 其他_____

您喜歡閱讀那些類別的書籍？

　　　□ 1. 財經商業 □ 2. 自然科學 □ 3. 歷史 □ 4. 法律 □ 5. 文學

　　　□ 6. 休閒旅遊 □ 7. 小說 □ 8. 人物傳記 □ 9. 生活、勵志 □ 10. 其他

對我們的建議：_____

_____

_____